Janice Galloway

Die Überlebenskünstlerin

Roman

Aus dem Englischen von
Christine Frick-Gerke

Fischer Taschenbuch Verlag

Deutsche Erstausgabe
Veröffentlicht im Fischer Taschenbuch Verlag GmbH,
Frankfurt am Main, Dezember 1993

Die englische Originalausgabe
erschien 1989 unter dem Titel
›The Trick is to Keep Breathing‹
bei Polygon, Edinburgh

Umschlaggestaltung: Buchholz / Hinsch / Hensinger
Gesamtherstellung: Clausen & Bosse, Leck
Printed in Germany
ISBN 3-596-11840-9

Gedruckt auf chlor- und säurefreiem Papier

Für Alison und Margaret und Drew

Ich kann mich nicht deutlich an die vergangene Woche erinnern.

Ich möchte mich daran erinnern können, weil da zuletzt alles ganz gewöhnlich war. Essen und Trinken wie üblich, Schlafen, wann ich wollte. Es wäre schön, sich daran zu erinnern, aber es geht nicht.

Jetzt erinnere ich mich die ganze Zeit an alles. Du weißt nie, was du dir später wieder ins Gedächtnis rufen mußt, wenn vielleicht der Sinn des Augenblicks klar wird. Sie warnen dich nie.

Sie warnen dich nie.

ooo

Ich beobachte mich aus der Zimmerecke
sitze im Sessel, unten an der Treppe. Ein kleiner weißer Mond zeigt sich überm Zaun draußen. Wie dunkel der Raum auch wird, ich kann immer sehen. Er wirkt leerer, wenn ich Licht mache, also lasse ich es lieber. Helligkeit bekommt mir schlecht: sie schmerzt meine Augen, verschwendet Strom und ermuntert Motten, alles mögliche. Ich sitze aus verschiedenen Gründen im Dunkeln.

Die Vorhänge sind zu schmal und schließen nicht richtig, also sickert die Zugluft vom Dachboden direkt zum Sessel, und davon friere ich. Straßenlicht dringt herein und läßt die Möbel an den Kanten leuchten, wie Reste eines versunkenen Schiffs aus brandendem Grün ragen. Wenn der Fernseher abgeschaltet ist, merkst du es mehr. Der Teppich ist uralt, irgendwie persisch gemustert. Tagsüber sind in der Mitte rote und blaue Formen umrahmt von grünen Linien wie Efeuranken. Jetzt sieht es wie Seetang aus. Die abgetretenen Stellen sind kohlrabenschwarz, und da ist ein schwarzer Fleck. Flüssig schwarz. Immer noch naß. Er rinnt, wenn ich meinen Schuh danebensetze, blutet am Lederrand, saugt an der Sohle. Ich schaukle meinen Fuß im Nassen vor und zurück, bis er rutscht und mein Knie ruckt. Ein stechender Schmerz. Ich werde steif vom endlosen Sitzen: meine Gelenke rosten. Ich packe die Armlehnen, als hätte ich Angst zu fallen. Mir fällt nicht ein, wo ich meine Uhr gelassen habe.

Die grünen Zahlen am Stereogerät blitzen 03.25. Aber sie gehen vor. Ich weiß ganz sicher, es ist egal, wie spät es wirklich ist. Es ist ganz nebensächlich. Tatsache bleibt, es ist so spät, daß es schon wieder früh ist, und ich muß mich in Bewegung setzen. Ich muß nach oben. Ich muß morgen arbeiten, und ich muß nach oben.

Ich sehe an die Decke, wo oben ist, dann wieder auf meine Hände. Ich muß mich konzentrieren: ein Finger nach dem anderen, Druck freigeben und im Stuhl Gleichgewicht halten, Kippen kalkulieren, einpendeln, mich Stück für Stück umverteilen. Hände sind gemein: so viele Einzelteile. Oberschenkelmuskeln ziehen beim Vorschieben der Füße, und der Magen krampft und nimmt das Gewicht, dann bin ich aus dem Sessel, wacklig, aber aufrecht. Meine Knie schmerzen. Ich bewege mich, beachte den Teppich nicht, der durch die Sohlen zu drücken versucht.

Quadratisches Fenster im Treppenhaus matt königsblau. Schatten von Bäumen an der Wand. Es ist immer eine gute Idee, hier haltzumachen, zum Fenster hochzuschauen, bevor du die Treppe in Angriff nimmst; halt dich fest und denk dir eine Taktik aus. Manchmal habe ich das Gefühl, etwas Schreckliches geschieht, wenn ich die Treppe nicht auf einmal schaffe. Ein anderes Mal nehme ich jede Stufe einzeln und zähle, prüfe, ob alle noch da sind. Heute nacht ist nichts. Ich ziehe mich am Geländer hoch wie an einem Seil und werde schmutzig davon. Klebrige Fäden hausen in Ecken, winken mit Geisterarmen. Es wird Zeit, hier sauberzumachen.

Fünf Türen glänzen oben im Flur, und jede Tür ist zu. Bei den Türen passe ich auf, weil sie Geräusche machen; wenn es windig ist, klappern und rattern sie in den hölzernen Rahmen. Sie klopfen. Außerdem ist im Badezimmer ein Spiegel, den ich am besten meide. Ich gehe direkt ins Schlafzimmer, lasse die Schuhe fallen, obwohl es eiskalt ist – du kannst nicht in Schuhen schlafen –, dann schiebe ich mich zwischen Steppdecke und Matratze, mache mich flach wie Pappe. Ich habe einmal in einer Zeitung gelesen, um wärmer zu werden, sollst du dich nicht einrollen, sondern ausgestreckt liegen und die Wärme verteilen. Ich sehe aus dem Fenster, sehe nach, ob der Himmel sich ändert, dann schließe ich den Vorhang, strecke dabei einen steifen Arm aus. Ich horche, ob die Vögel draußen auf die Brüstung kommen. Es dauert immer lange.

Seine Finger zeichnen mein Rückgrat der Länge nach, bevor sein Schatten länger wird, auf eine Seite vom Handtuch fällt. Die Stimme ist überm Kopf, weit weg.

Ich gehe schwimmen.

Ich liege weiter flach, Gesicht in seinem Hemd vergraben, horche, wie bloße Füße sich auf den Fliesen entfernen. Ein schwaches Wasserglitschen; ein schwerer öliger Blumengeruch.

Mir wird heißer.

Gespanntes Gefühl auf meinen nackten Schultern. Ich muß aufpassen, damit ich keinen Sonnenbrand bekomme. Die Uhr auf dem Handtuchzipfel sagt fast Mittag. Fünfzehn Minuten. Ich klebe an den blauen Schlaufen. Sie zeichnen sich auf meinem Bauch ab.

Ich schäle mich vom Handtuch, drehe mich im Stehen. Das Becken ist in der Sonne sehr hell. Losgelöste Glieder durchdringen das Weiß, Kindergeschrei: Wellen schlittern über die Oberfläche.

Mit ist leicht unwohl. Zittern.

ooo

Ich klebe. Mein schwarzer Jackenärmel, der nach dem Radio greift, ist pelzig vom Weiß der Bezüge. Ich habe in meinen Kleidern gedöst. Draußen ist es bedeckt, regnet aber nicht. Blätter drängen sich im Abfluß, und in den Regenrinnen bewegt es sich. Ich greife nach dem Radio und gehe nach unten. Das Wasser braucht eine halbe Stunde, bis es warm ist.

Donnerstagmorgen

Morgens ist das Waschen zweckentsprechend, kein volles Ritual. Während das Wasser läuft, ziehe ich mich oben im Flur aus, stecke die Sachen, in denen ich geschlafen habe, direkt in den Wäschekorb. Das spart Arbeit. Außerdem fasse ich sie ungern wieder an, wenn ich sauber bin. Ich hole ein Handtuch und knie mich in die Wanne. Sitzen ist Zeitvergeudung.

Hallo

Der Spiegel hinterm Wasserhahn zeigt einen knieenden Torso, Kopf glatt abgehackt am weißen Plastikrand. Ich habe den Spiegel da aufgestellt, weil ich nicht wußte, wie ich ihn aufhängen konnte, ohne Löcher in die Wand zu schlagen. Jetzt gefällt er mir da: als sähe ich durchs Fenster jemand anderen. Eingeklemmte Taille und blasse straffe Schenkel mit einer rosa Narbe, wo ich mich vor langer Zeit verbrannt habe. Die Narbe ist nur beim Waschen sichtbar, aber sie ist immer da: bereit, auf der Haut aufzutauchen, wenn ich Wasser berühre, wie Zaubertinte. Weniger sichtbar, wenn es lauwarm ist. Ich spritze und gewöhne mich an die Temperatur, dann hebe ich die Arme und zähle die Rippen. Die Spiegelbrüste neigen sich, Brustwarzen knittern in der Zugluft, die unter der Tür herkommt. Dann wasche ich mich. Nur die Seife und meine Hände, die den nächtlichen Schweiß wegwaschen. Mich süß machen.

Bis ich nach unten gehe, habe ich den Landfunk gehört, den gegenwärtigen Stand des Dollars, den Straßenzustand in

East Anglia, das Wetter in Humber, Fisher, German Bight. Während ich Tee mache, gibt es ein Interview mit jungen Priestern. Immer morgens Tee, es sei denn, ich habe abends zuvor etwas gegessen: dann gibt es schwarzen Kaffee. An schlechten Morgen trinke ich nur heißes Wasser. Aber ich trinke etwas, soviel ich kann. Das hilft gegen Kopfweh und trockenen Hals: das Gewicht der Flüssigkeit beruhigt. Mit der Tasse in beiden Händen lehne ich mich über die Arbeitsplatte, als ein Notizzettel auf dem Linoleum hin- und herruckt.

DR. STEAD ANRUFEN

Könnte alt sein: schwer zu sagen. Ich schaue auf die Uhr und überlege, ob sie steht. Manchmal muß ich sie von der Wand holen und horchen, ob sie tickt, um völlig sicher zu gehen. Alles in Ordnung. Es ist immer alles in Ordnung: es liegt nur am Warten. Ich werde nervös vom Warten. Wenn ich fertig bin, spüle ich die Tasse ab, wische das Becken aus und hebe meinen Mantel auf. Mein Mund ist immer noch trocken, als ich die Hintertür abschließe. Mein Mund ist immer trocken.

ooo

Donnerstag 9.05
Der Haupteingang ist schon müllübersät und das Schild hängt schief.

Besucher bitte im Büro melden

Das Büro ist geöffnet, und niemand schaut hoch. Unten ist immer Licht, weil die Flure den ganzen Tag dunkel sind. Sie riechen nach Krankenhaus: später riechen sie nach Turnhalle. Wenn du nach oben gehst, kommst du an einem Bild mit einer phantastischen häuslichen Idylle vorbei: ein ganzes Haus in posterbunten Farben mit Mami in der Küche und

Papa in der Garage, während diverse Sprößlinge im Bett liegen oder fernsehen oder auf einem schlangengrünen Rasen spielen.

Marianne dachte, es wäre schwierig, wieder zurückzugehen. War es, und war es nicht. Nicht, was sie dachte. Arbeit ist nicht das Problem. Dies ist mein Arbeitsplatz.
Hier verdiene ich mir mein Etikett, hier sagt man mir, was ich bin.
Arbeit ist nicht das Problem. Ich arbeite in einer Schule.
Ich unterrichte Kinder.
Ich unterrichte sie:

1. in Routine
2. wann sie den Mund halten sollen
3. wie sie mit Langeweile und Ungerechtigkeit fertig werden
4. wie sie ihre Wut höflich sublimieren
5. keine Lehrer zu werden

Das stimmt nicht. Oder doch. Ich bin mir nie sicher, was ich eigentlich tue.

Schultertasche, Notizblock, Kreide. Ich kontrolliere den Stundenplan, ob ich den richtigen Tag erwischt habe. Als die Kinder kommen, bin ich fertig. Ich stelle Programme zusammen und plane Unterrichtsstunden, ich belehre, berate, ermahne, rede zu schnell, als daß mir jemand folgen könnte, und schwenke meine Arme wie eine Windmühle. Sie kommen beim Mitmachen ins Schwitzen. Ich drehe auf wie eine Aufziehmaus, entlocke Antworten, tobe zur Abwechslung. Stillstand macht mir angst: ich werde steif, wenn ich aufhöre. Also schauspielere ich höllisch und unterrichte wie der Teufel.
Dies ist mein Arbeitsplatz.
Hier erfahre ich, was ich bin.
Was ich bin, möchte ich gut sein.

Das Gute ist, daß ich beim Arbeiten nicht anwesend sein muß. Ich kann außer mir sein, aus einer Zimmerecke zusehen. Zur Arbeit kommen ist problematisch, mit den Mahlzeiten fertig werden ist problematisch. Aber die Arbeit selbst nicht. Irgendwie geht es immer. Kinder mögen mich. Ich bin nur die Lehrerin für Laienspiel und keine echte Bedrohung. Ich lasse sie Schminke tragen und spielen. Heute gibt es Improvisationen und Vertrauensübungen, stumme Spiele. Nein, die Arbeit ist kein Problem. Ist es nie gewesen.

Ich bin das Problem.

Die Frauen warten im Auto. Wir haben diese Abmachung: Ich sitze immer hinten, immer auf der gleichen Seite, und sie sagen nie viel. Sie sind sich bewußt, daß sie mir einen Gefallen tun, und ich bin es mir auch. Mir oder ihnen ist immer noch nicht klar, ob ich ihnen Benzingeld anbieten soll. Leute sind so leicht zu beleidigen. Ich merke es immer erst, wenn sie komisch gucken. Ich gucke dann zurück, weil mir nichts Besseres einfällt und weil meine Reflexe in letzter Zeit langsam sind: das paßt zum trocknen Mund. Heute abend sagt eine von ihnen, sie sieht sich Fatal Attraction an, da können wir uns alle entspannen. Schließlich, schweigend, erreichen wir die Bushaltestelle. Ihre Lippenstiftmünder blitzen durch die schmierigen Fenster, als sie gemeinsam davonfahren und ich auf den Bus warte, der mich zur nächsten Bushaltestelle bringt.

Ich fahre mit zwei Bussen, wohin ich fahren muß.

ooo

Auf dem Stadtplan steht Bourtreehill, nach dem Holunder, Fliederbeerbaum, Judasbaum; der schützt vor Hexen. Die Anwohner sagen Boot Hill. Boot Hill ist eine neue Siedlung weit außerhalb der Stadt, von der sie ein Teil sein soll. Als man dort anfing zu bauen, hieß es, die Unerwünschten kämen dorthin: schwierige Mieter, Leute auf dem Abstellgleis, in Glasgow überflüssig. Wie die meisten Gerüchte stimmt es zum Teil. Boot Hill besteht aus gewundenen Sträßchen, Zierbeerensträuchern, damit es ländlich wirkt, Kneipen mit Plastikbiergläsern und Kindern. Die Straßen sind gewunden, damit die Kinder nicht überfahren werden. Auf den Straßen sollen die Autofahrer langsam fahren, damit sie die Kinder rechtzeitig sehen und anhalten können. Das ist doppelte Fehlplanung. Kaum jemand hat ein Auto. Erscheint eins am Horizont, verstecken sich die Kinder in den Kurven, um die Fahrer zu erschrecken, machen sich absichtlich klein und springen aus Spaß im letzten Moment hervor. Die Straßen sind also für Kinder tödlicher, als wenn sie gerade wären. Allerdings fahren so die Busse langsam. Die Busse kommen selten, also sind die Wartehäuschen voll Graffiti, und vom Dach baumeln Kinder. Niemand benutzt die Häuschen zum Warten, auch nicht wenn es regnet. Es regnet viel. Die Busse brauchen lange.

Als ich klein war, wollte ich eine rote Haustür haben. Diese Haustür ist flaschengrün. Der Schlüssel läßt sich nie sofort finden. Ich durchwühle alle meine Taschen und die Handtasche, stehe vor der Tür wie eine, die gern überfallen würde. Als wir einzogen, waren an der Tür zwei Hausnummern; eine groß und schwarz; die andere aus Messing und viel kleiner. So:

13 13

Wir haben gelacht und sie gelassen, uns gefragt, ob die vorigen Mieter eine Wahrnehmungsstörung oder eine Phobie hatten. Als ich allein zurückkam, habe ich beide Nummern abgenommen. Auf der Tür sind jetzt noch vier kleine Löcher

• •   · ·

und darunter eine andere Farbschicht. Ich habe mich gefragt, weshalb die früheren Mieter mit ihren Wahrnehmungsstörungen oder ihrer Phobie ausgezogen sind. Ich habe mich gefragt, wo sie jetzt sind. Jedenfalls wollte ich diese Nummern nicht an der Tür: auf so ein Zeichen konnte ich verzichten. Ich habe mich geärgert, daß ich es nicht eher getan habe. Das Namensschild hatte er gekauft, also ließ ich es. Sein Name steht darauf. Nicht meiner.

Beim Türöffnen quillt mir Sand entgegen. Immer ist die Veranda voll welker Blätter. Sie liegt anscheinend am Ende eines echten Windtunnels und ist selbst an milden Tagen ein Problem. In den Stufenecken sammelt sich Müll: die Veranda ist voll gewellter brauner Blätter. Asseln rennen wie wahnsinnig, weil es über ihnen plötzlich leer ist und ich mich ins Haus kämpfe. Ich zittere dabei. Jedesmal. Ich sehe eine kleine tote Hülle jetzt schon wochenlang daliegen, weil ich sie nicht aufheben kann, auch nicht mit Papier. Ich hasse das Gefühl, sandige kleine Päckchen. Insekten ekeln mich. Sie haben außen ihr Skelett, zu viele Augen, unberechenbare Beine, und nie kann man sagen, wo ihre Münder sind. Spinnen sind schlimmer. Aber heute sind nur Käfer da. Sie ekeln mich, aber ich habe keine Angst vor ihnen. Ich schiebe die Briefe mit dem Fuß beiseite, weit weg von den Toten, und hebe sie mit Fingerspitzen auf.

Eine Rechnung vom Rechtsanwalt, eine Nachricht vom Sozialpsychiatrischen Dienst und eine Postkarte von Marianne.

Ich war Wildwasserflößen

Auf der Postkarte ist ein Schmetterling und im Hintergrund ein tosender Wasserfall. Die Worte auf der Rückseite sind verschmiert, als wären sie vom Wasser auf der Kartenvorderseite bespritzt und die Tinte zerlaufen. Deshalb ist sie schwer zu lesen, aber die Hauptsache entziffere ich.

Camping besser als vermutet. Fahre morgen zur
kanadischen Grenze. Wunderbare Landschaft.
Du würdest es hier hassen. Alles Liebe Mxx

Ich vergesse die Käfer und versuche den anderen Kontinent durch die Karte zu fühlen. Es geht nicht. Ich mache Tee und untersuche das Wohnzimmer. Der feuchte Fleck auf dem Teppich ist fast trocken. Ich finde die Flasche von gestern abend offen, aber nicht den Korken. Ich lege einen Umschlag auf die Öffnung, stelle die Flasche beiseite, damit ich sie später nicht umstoße, schüttle dann die Kissen auf, versuche mit den Füßen auf dem Teppich zu bleiben, weil meine Schuhe auf den Dielen entsetzlichen Lärm machen. Von der Stille hängt später viel ab, und jetzt muß ich meinen Bewegungsdrang loswerden. Stille hilft, wenn ich allein bin. Sie hält mich zusammen.

Marianne und ich haben viel darüber geredet, wie es sein würde. Ich wollte eine Vorstellung davon haben. Wir dachten, darüber hinwegzukommen sei nur eine Frage der Zeit. Die Lage besserte sich, wenn ich ausharrte, einfach wartete, die Tage abhakte. Wir redeten darüber, als wir am Abend vor ihrer Abfahrt im Auto umherfuhren. Ich sagte: Was soll ich tun, wenn ich durchhalte? Was soll ich tun?

Heute abend habe ich jede Menge Auswahl:

drei Seifenopern
vier Comedy Shows
drei Ratespiele
eine Sensationsserie
zwei Katastrophenfilme
ein Western
zwei Talkshows
ein Naturdokumentarfilm
zwei gesellschaftspolitische Dokumentarfilme
sechs Sorten Nachrichten verschiedener Länge
drei Sportsendungen
eine Sendung über parapsychologische Vorgänge
eine Kirchenfunksendung

Der parapsychologische Versuch kommt um elf Uhr dreißig. Ich warte, während es dunkel wird, versuche aus der eigenen Haut zu schlüpfen und in die Zimmerecke zu gelangen.

Ich schaue übers Wasser, meine Hand über den Augen wie ein Bilderbuchseemann. Mein Mund verzieht sich vor dem grellen Weiß der spiegelnden Sonne auf dem Becken.

Etwas sticht mir ins Auge.

Ein roter Wasserball.
Männer werfen nasses Haar zurück.

Am Beckenrand sind Männer. Sie bilden neben dem Wasser ein flüchtiges O, sehen nach unten. Ich bin mir des Starrens bewußt und setze ein Lächeln auf, falls jemand mich ansieht, dann drehe ich den Kopf die Wasserfläche entlang hin und her, suche.

Ein roter Wasserball.

Kinder sitzen am Rand der Fliesen.
Aber um die Mitte ist etwas Unumgängliches, das Loch im flüchtigen O. Ich wende mich ihm zu. Das Wasser ist sehr hell.

ooo

Die Küche ist hell, selbst so früh am Morgen. Gelbe Wände und weißes Holz. Im weißen Schrank eine große grüne Schachtel mit undichten Ecken, die bräunliche Spuren auf dem Regalboden hinterlassen. Familiensparpackung Green Label Tee (stark). Ich habe kein Recht auf eine Familienpackung, aber sie kostet weniger: Ich trinke viel Tee. In einem Plastikbehälter, der wie eine Milchflasche aussieht, ist Milchpulver und in einer weißen zylindrischen Dose Süßstoff. Der Schrank riecht immer nach Green Label, obwohl genug andere Sachen darin stehen. Einmal habe ich eine Inhaltsliste gemacht und auswendig gelernt, nur um zu sehen, ob ich das schaffe. Zwei Dosensuppen, Kartoffelflocken, mehrere Gläser Rote Bete, Gelee, Vanillepuddingpulver, eine Dose Ananasstücke, Tütensaucen (Käse und Petersilie) und die Teeutensilien. Alles riecht nach Tee. Heute morgen liegt dazu ein Zettel da

SOZIALPSYCHIATRISCHER DIENST 12.30

also rufe ich in der Schule an und sage, daß ich nicht komme. Sie fragen nie warum: sie sind es schon gewohnt.

Freitagmorgen 10.23

Es gibt viel zu tun, bevor sie kommt, aber es ist Routinesache, also muß ich nicht denken. Nur mein Körper ist gefordert und läuft von selbst, Hände heben das Tuch auf und wischen die Wasserhähne, nachdem ich die leere Tasse ausgespült habe. Ich fange an, das Haus sauberzumachen.

Ich mache mich jedesmal verrückt, damit das Haus sauber und ordentlich ist, wenn Leute kommen. Als Teenager habe ich meiner Mutter dabei zugesehen und gedacht, so werde ich nie: es ist so sinnlos. Ich erzählte ihr, ich hätte gelesen, mein Kopf wäre wichtiger als die Staubschicht auf dem Kamin, und sie rauschte mit dem Staubsauger haarscharf an meinen Füßen vorbei und schrie PLATZ DA, um mich zu übertönen. Ich dachte wer weiß was. Ich rümpfte die Nase über den Putzmittelglanz im Haus meiner Mutter und wußte es besser, wenn meine Mutter im Hintergrund den Staubsauger schob und mich eine faule Ziege schimpfte.

Ich säubere die Küche, bis meine Hände vom kalten Wasser geschwollen sind, schinkenrot. Meine Knöchel schrubben, bis sie lila sind und die Küche aussieht wie im Fernsehen und nach künstlicher Zitrone und Wachs riecht. Das Wohnzimmer beunruhigt mich. Nie sieht es richtig aus. Ich versuche mich nicht zu beunruhigen. Ich versuche dankbar zu sein, schließlich hat es lange genug gedauert hierherzukommen, mit dem engstirnigen Mr. Dick von der Wohnungsbaugesellschaft zu feilschen. Jedes vierte Haus in dieser Siedlung steht leer. Kinder zerschlagen die Fenster, und die Gemeinde muß für die Reparaturen aufkommen, also steigen ständig die Mieten. Immer wenn die Mieten steigen, leeren sich die Häuser, manche über Nacht. Aber Mr. Dick behauptet, es gäbe Schwierigkeiten mit meinem Mietvertrag. Sie müssen sich aufspielen, damit du weißt, wer der Boß ist. Es gab Mietrückstände. Ich war nicht haftbar, aber Mr. Dick verkündete, wenn ich zahlte, würde es die zuvorgenannten Schwierigkeiten verringern. Ich sagte, ich hätte das Geld nicht.

Mr. Dick sah mir direkt in die Augen.

Versuchen Sie uns doch etwas entgegenzukommen. Wir versuchen das Unmögliche möglich zu machen. Sie tun sich keinen Gefallen, wenn Sie Schwierigkeiten machen. Genaugenommen sind wir nicht verpflichtet, Ihnen eine Wohnung zu verschaffen, nicht wenn Sie nie als Mieter registriert wurden. Wir brauchen gar nichts zu tun, genaugenommen. Es muß schon ein bißchen Geben und Nehmen geben. Wir machen das Unmögliche möglich, das Unmögliche möglich.

Ich sagte, ich bedauerte den ganzen Ärger meinetwegen, und ich wüßte ihr Entgegenkommen zu schätzen. Aber ich hätte kein Geld. Sicher verstünden sie, daß ich in einer Zeit wie dieser alle möglichen Schulden hätte? Außerdem hätte das Haus keinen Mülleimer. Erwartete er von mir, daß ich für einen nichtvorhandenen Mülleimer zahlte?

Mr. Dick machte sehr schmale Augen.

Es war sicher einer da, als Mr. Fisher einzog, Miss Stone.

O ja, es gab sicher einen Mülleimer auf dem Grundstück.

Seine Augen verschwanden fast.

Ich gehe davon aus, daß Sie vom Verbleib des Mülleimers mehr wissen, als Sie sagen. Miss Stone.

Ich bezahlte die fehlenden Sachen, und sie gaben mir die Schlüssel wieder. Ich bekam das Haus.

Es ist eigentlich zu groß. Es gibt vier Zimmer. Eins ist als Schlafzimmer eingerichtet und die anderen irgendwie. Es sind nicht genug Möbel da. Die beiden Sessel haben lose Überzüge. Staub quillt von unten auf, wenn sich jemand draufsetzt oder draufbewegt, wirklich alte Sessel. Die Vorhänge schließen nicht und sind blau. Die Regale gehören ihm: gezimmert, bevor wir in die Ferien fuhren. Deshalb sind sie nicht fertig. Sie wollten eine Quittung sehen zum Beweis, daß die Regale neu sind, dann haben sie sie mir gnädig überlassen. Seine Frau wollte sie sowieso nicht. Die Regale sind weiß, immerhin so fertig, daß Plattenspieler, Bücher, Zeitschriften und das Telefon Platz haben. Von dem Stapel Schallplatten gehören die meisten ihm. Das Bowie-Poster verdeckt den Weinfleck, wo ich das Glas an die Wand geworfen habe. Ein kleiner Unfall.

Ich rücke die Sachen zurecht, plaziere Sessel auf die kahlen Stellen im Teppich, fege die Dielen. Es sieht nie so gut aus, wie ich es mag.

Um zwanzig nach laufe ich die gewundene Straße zwischen den Häusern entlang, Kekse kaufen. Sie mag Kekse. Ich hole jedesmal andere und hoffe, es sind wieder welche, die ihr gefallen. Ich kann in der Eile nichts aussuchen. Bei gefüllten Keksen kenne ich mich nicht aus, also kaufe ich sie erst gar nicht. Schokoladenkekse sind zu teuer. Ich warte zu lange in der Schlange, weil ein umständliches Kind mit zu wenig Geld Zigaretten für seinen Vater kaufen will, deshalb muß ich zurücklaufen, halte Feigenrollen und Mokkacremekekse fest und lasse beinah die Milch fallen. In solchen Situationen bin ich ganz durcheinander, doch ich weiß, ich schaffe es, wenn ich mich mehr anstrenge. Diese Besuche sind gut für mich. Dr. Stead schickt diese Frau aus Liebe. Er besteht darauf.

Ich sagte, Fremde sind bei mir zwecklos.

Er sagte, aber dies ist etwas anderes. Die Sozialarbeiterin ist dazu ausgebildet. Er sagte, sie wüßte, was zu tun wäre; sie würde mich schon richtig einschätzen und reden lassen. Mich *zum Reden bringen.*

HAH

Ich stelle den Kessel auf, bin immer noch außer Atem, als sie ohne anzuklopfen hereinkommt und mich erschreckt. Was wäre, wenn ich gerade laut über sie geredet hätte? Ich sage, sie soll sich ins Wohnzimmer setzen, damit ich Zeit zum Denken habe.

Tablett
Milchkännchen
Süßstoff
Teller
Tassen und Untertassen
noch einen Löffel
Herrgott

die Kekse
die Kekse

Ich reiße die Hülle geräuschlos auf und arrangiere sie dekorativ. Ich poliere ihren Teelöffel mit meinem Jackenbündchen. Keine Teekanne. Ich koche Tee in der Tasse, benutze den Beutel zweimal und tu so, als wäre er in der Kanne aufgebrüht und gerade eingegossen. Manche Leute finden Teebeutel unmöglich. Es schwappt, als ich aushole und meine Haare aus den Augen streiche, dann merke ich plötzlich, ich habe immer noch meine Pantoffeln an, verdammtnochmal. Egal. Sie lächelt und sagt

Das soll soviel heißen wie: der Tee ist eine Überraschung, was nicht stimmt. Sie macht es jedesmal. Wir sitzen uns gegenüber, weil die Sessel so stehen. Die Sessel husten unter den Bezügen Staub, als sie die Beine übereinanderschlägt

und sich auf ihre Rolle konzentriert. Als sie endlich anfängt, knirsche ich schon mit den Zähnen.

SOZIALARBEITERIN: So, wie gehts / was macht das Leben / was war los / was gibt es Interessantes zu erzählen / was gibt es Neues?
PATIENTIN: Oh, gut / nichts Besonderes.

Ich rühre mehrmals im Tee. Sie klaubt eine Fluse von ihrem Rock.

SOZIALARBEITERIN: Arbeit. Wie geht es mit der Arbeit? Werden Sie gut fertig?
PATIENTIN: Gut. (Pause) Es fällt mir schwer, pünktlich zu sein, aber es ist besser geworden.

Ich werfe ab und zu eine kleine Schwierigkeit ein, damit sie glaubt, ich erzähle die Wahrheit. Vermutlich werde ich sie so schneller los.

SOZIALARBEITERIN (steigert sich): Wie geht es so mit dem Alltag? Werden Sie gut fertig?
PATIENTIN: OK. (Tapferes Lächeln) Es geht schon.
SOZIALARBEITERIN: Das Haus sieht gut aus.
PATIENTIN: Danke. Ich tu mein Bestes.

Das war zu dick aufgetragen. Sie blinzelt mich an, und ich sehe zu Boden. Sie greift nach einem Keks.

SOZIALARBEITERIN: Die sehen lecker aus. Ich mag Kekse zum Tee.

Wir improvisieren ein bißchen über die Kekse, ihr Hut rutscht beim Kauen nach hinten. Sie mag den Tee nicht. Vielleicht ißt sie so viele Kekse, nur um den Geschmack loszuwerden.

SOZIALARBEITERIN: Nehmen Sie keine? Sie sind sehr gut.
PATIENTIN: Nein, danke. Vielleicht später. Esse bald zu Mittag.

Sie kaut weiter, weiß, daß ich sie nicht hier haben will / daß ich sie hier haben will, aber nicht mit ihr reden kann.

Wir haben dieses verfluchte Spiel zum vierten Mal gespielt.

Das erste Mal war am schlimmsten. Ich erledigte die Teezeremonie in fünf Minuten, dann versuchte ich die Sache zu eröffnen.

Weshalb kommen Sie hierher? fragte ich.
Sie machte große Augen.
Wozu das Ganze? Worüber sollen wir reden?
Sie sagte, ich bin hier, um Ihnen zu helfen. Zu helfen, daß es Ihnen bessergeht. Ich bin hier, um zuzuhören.
Aber Sie sind mir restlos egal. Ich kann das nicht.
Sie sagte, Sie können mir erzählen, was Sie wollen. Ich versichere Ihnen, es geht nicht weiter, und ich habe das alles schon oft gehört.

Ich konnte meinen eigenen Atem hören. Ich wußte, Dr. Stead tat sein Bestes für mich, und deshalb war sie hier. Ich mußte es versuchen. Es war vernünftig. Ich schluckte schwer. Ich weiß jetzt nicht mehr, was ich gesagt habe. Egal was, ich geriet in Fahrt, sah nach unten, weil ich ihr nicht in die Augen sehen konnte. Als ich fertig war, geschah nichts. Ich sah auf.

Sie stippte einen Ingwerkeks ein. Ich beobachtete, wie ihre Hand hin- und herwippte, damit er sich richtig vollsog. Im entscheidenden Moment schob sie den Keks fix in den Mund, um das Durchtränkte zu saugen, und ihre Zunge ringelte sich wie ein Wurm einem Teetropfen hinterher. Sie verpaßte ihn. Der Tropfen rann ihr am Kinn herunter, und sie hustete, kicherte. Und ich hatte vergessen, was ich zu sa-

gen hatte. Ich wußte, wenn ich meinen Mund öffnete, würde auch etwas Schreckliches hinausfließen, wie der Tee, würde sich über mein Hemd ergießen, über ihre Schuhe und den Teppich bedecken wie
wie
wie

Sie saugte an den Zähnen und lehnte sich vornüber, flüsterte.

Sie wußte, wie ich mich fühlte. Glaubte ich, der Arzt hätte ihr das Krankenblatt nicht gezeigt? Sie wußte über all meine Probleme Bescheid. Sollte sie mir eine wahre Geschichte erzählen? Ihre Nichte hatte mal einen Fahrradunfall. Und sie dachte, was wird, wenn Angela stirbt? Was dann? Aber sie betete zu Gott, und die Familie scharte sich um ihr Bett, und sie halfen ihr über den Berg. Daran sollte ich denken. Sie wußte, wie ich mich fühlte; sie wußte genau, wie ich mich fühlte.

Sie kommt jedenfalls immer wieder. Ich mache Tee und hole Kekse, und wir vergessen jenen ersten kleinen Ausrutscher. Diesmal ißt sie nur die Mokkakekse, also notiere ich mir in Gedanken: Keine Feigenrollen mehr. Mir wird ungemütlich, so verrenkt wie ich sitze. Ein Fuß ist eingeschlafen, und auf meinem Tee schwimmt ein Belag. Ich stelle ihn auf den Teppich und richte mich auf.

SOZIALARBEITERIN	(irritiert durch die Veränderung): Sonst nichts zu erzählen?
PATIENTIN:	Nein. Nichts Besonderes.

Sie schaut ratlos und leicht enttäuscht. Ich gebe mir keine Mühe.

PATIENTIN:	Heute abend kommmt ein Freund zu Besuch. Das ist alles.
SOZIALARBEITERIN:	Jemand Besonderes? Gehen Sie aus?

PATIENTIN:	Nur in die Kneipe, etwas trinken, sonst nichts.
SOZIALARBEITERIN:	Sie Glückliche. Ich kann mich nicht erinnern, wann ich das letzte Mal ausgegangen bin. Glückliche.

Sie lächelt und steht auf, aber die Erleichterung wird von Schuldgefühlen verdorben. Ich fühle mich zunehmend schuldig, als sie zur Tür watschelt, Krümel die Falten ihres blauen Mantels hinunterpurzeln, sie den obersten Knopf zuknöpft, bereit, hinauszugehen. Meine Schläfen pochen donnernd, als sie die Klinke berührt, und in meinen Ohren rauscht es.

DU ERWARTEST IMMER ZUVIEL.

Der Auspuff knattert, bis sie mit ihrem Schwergewicht und dem Lenkrad kämpfend in der Kurve verschwindet.

Ich reibe die Sitzfalten aus den Sesseln, dann hole ich das Geschirr und knalle es ins Spülbecken. Eine der roten Tassen hat am Rand einen hauchdünnen Sprung, fein, aber tief genug, um sich zu schneiden. Ich werfe die Tasse in den Müll, jemand anders als ich könnte sich daran verletzen. Ich nehme die restlichen Kekse vom Teller und zerbrösele sie überm Mülleimer. Werfe die offenen Packungen hinterher. Sie werden nur weich. Die Hüllen knistern lebendig in den Mülltütenfalten, also lasse ich den Deckel schnell fallen und ertränke das Geräusch im Wasserrauschen. Der Strahl ist zu hart und macht mein Hemd vorn naß. Ich habe keine Zeit, mich umzuziehen. Ich nehme meinen Mantel und laufe wie der Teufel zur Bushaltestelle.

ooo

TESCO. Rotes Neonlicht bis zum anderen Ende des Areals, Wegweiser zu Lichtern, Reihen hübscher Dosen, Pastelltöne und Grundfarben, Kitschfarben; Büchsen, eingeschweißte Päckchen, Silberfolienhäute, die aufgebrochen werden wollen. Mir wird trocken und warm beim bloßen Gedanken an den Supermarkt. Ich fühle mich reich, und ich brauche nicht zu denken. Ich kann Stunden zwischen den krummrädrigen Einkaufswagen verbringen, dem Obst und frischen Gemüse, den Dosen voller Blaubeerkuchenfüllung, Papaya und Mango, ich betäube meine Finger an Beuteln mit tiefgekühltem Broccoli und festem Schokoladenkuchen. Die Bäckerei, der Duft der warmen frischen Brötchen und Zuckerkuchen. Adrenalinspiegelhebender Kaffeeduft zieht bis zum Delikatessenstand, Edamerstücke, Stilton und Danish Blue. Aber nie zu lange an einem Fleck. Ich bin nicht wild aufs Einkaufen. Manchmal kaufe ich Backzutaten: Zucker und Mehl, Dörrobst und Töpfe mit Fett, Kirschen vielleicht, Ingwer und Zitronat. Gewürzmischungen, Zimt, Eier. Oder ich gehe durch den Gang, wo die Getränke stehen, und lese immer wieder die Etiketten, quäle mich, welche Sorte ich kaufen soll. Am Ende ist es immer die gleiche.

Nachmittage sind am leichtesten. Der Berufsverkehr am frühen Abend verwirrt und ängstigt mich. Nachmittags fühle ich mich dazugehörig. Vielleicht gibt es eine neue Zeitung: voll Reklame und Rezepten, Kleidern und dünnen Frauen. Ein neues Horoskop. Ich werde aufgeregt, wenn mich am Regal vor der Kasse über Kaugummi und Schokolade ein neues Titelblatt anlächelt. Ich kaufe das Heft und schiebe es vorsichtig gefaltet in meine Schultertasche, gehe dann am Supermarkt entlang, umgehe die Skateboards, und meine Absätze klappern hallend. Am Ende des Shoppingcenters muß ich aufpassen, weil die Leute von der Arbeit kommen und nicht schauen, wohin sie gehen. Wie Aufziehspielzeuge. Es gibt Tage, an denen es mich wütend macht (ich halte nicht aus, wie unfähig sie sind): an anderen Tagen macht es mich depressiv. Als ob ich in einem Korb voll Hühner gefangen bin, die auf dem Weg zum Schlachthof sind. Heute ist wichtig, daß ich nicht an die Sozialarbeiterin denke und einfach in Bewegung bleibe. Ich habe gelogen. Niemand kommt mich heute abend besuchen. Oder morgen abend. Früher kamen sie, aber jetzt nicht mehr. Ich habe gelogen. Ich lüge die ganze Zeit.

Am Ende des Shoppingcenters öffnet ein Wachmann mit einem Lederhandschuh die Tür und bietet mir ein Bonbon an. Ich lächle und nehme es. Um die Ecke werfe ich es in einen Plastikbehälter in Kaninchenform.

Bobby das Kaninchen sagt: Halte dein Land sauber.

ooo

Die erste Nacht, die ich hier allein war, glaubte ich, die Türen ratterten, etwas schlitterte draußen im Matsch. Am Tag darauf ging ich zur Polizei. Sie sagten, ich sollte mich setzen, und jemand kam mit einem Notizbuch und sprach langsam. Entweder hielten sie mich für überreizt oder für übergeschnappt. Vielleicht beides. Aber es war ein gutes Gefühl: mir wurde warm, und ich wurde fügsam. Ich besah seinen Ringfinger, und er war nackt, gespickt mit kleinen ingwerfarbenen Haaren. Er hatte dunkelingwerfarbenes Haar, das hinten im Nacken kurz geschoren war, und ums Kinn wuchs es blond und glitzernd. Ich nahm mich zusammen, um ihn nicht zu berühren, so nah, wie er da saß in seiner dunkelblauen Uniform, ordentlichen Manschetten und ordentlichem Kragen, in der Hand einen Bleistift, um zu schreiben, wenn ich etwas sagte. Als ob es wichtig wäre. Dann sah er mich direkt an und sagte: Wohnen Sie allein? Ich mußte einen Augenblick nachdenken.

Ja, sagte ich. Ja, ich wohne allein.

Viele alleinstehende Frauen in Ihrer Gegend. Wir halten ein Auge drauf. Melden Sie sich, sobald Sie etwas Verdächtiges bemerken, egal zu welcher Tageszeit, tags oder nachts. Immer jemand da, der einen Anruf entgegennimmt.

Ich fragte mich, ob er auch freundlich wäre, wenn er mich so gut wie Mr. Dick kennen würde.

Nach wem frage ich? sagte ich, und er sagte Graham. Fragen Sie nur einfach nach Graham.

Ich schrieb es auf, als ich zu Hause war. Aber ich habe nie angerufen.

Bäume quellen gegen das Küchenfenster. Ich fülle die Wasserkanne am Spülbecken und sehe nicht hinaus. So spät schalte ich die Stereoanlage nicht ein: die Wände sind dünn. Manchmal kannst du nebenan das kleine Mädchen weinen hören, so nah, als könntest du es anfassen. Ein Mann und eine Frau schreien, pöbeln sich an, und das kleine Mädchen beginnt zu kreischen. Es geschieht nur nachts. Tagsüber könnte man annehmen, das Haus stünde leer. Hier kennt keiner keinen. Wir bleiben unter uns aus unseren unterschiedlichen Gründen.

SO IST ES.

Ich nehme den Tee mit ins Wohnzimmer und mache es mir im Sessel bequem. Heute abend habe ich etwas zu tun. Ich habe eine neue Zeitung.

> Jupiter in Ihrem Zeichen verleiht Ihnen Spannkraft, doch könnten Freunde und Partner die persönliche Ausstrahlung derzeit belasten. Nehmen Sie Ihre neuen Chancen wahr und überwinden Sie Ihre Bedenken – sonst werden Sie es später bereuen. Ist Ihr Leben anstrengend, vergessen Sie nicht, nur Anstrengung führt zum Sieg. Große Veränderungen stehen bevor, wenn Sie die Entwicklung geduldig abwarten.

Gebackener Alaska-Kabeljau – neues Rezept.
Nutzen Sie die späten Früchte des Sommers.
Unser bester Schokoladenkuchen.
7 Mahlzeiten, in Minuten zubereitet.
Diät für ein neues stärkeres Ich.

So wird aus einem viktorianischen Schulhaus ein todschickes Zuhause!

Wie die königliche Familie immer gut aussieht.

Gern geküßte Lippen – wir zeigen Ihnen, wie!

Melyssas letzte Tage: eine bewegende Geschichte vom gebrochenen Herzen einer Mutter und dem mutigen Kampf eines kleinen gelähmten Mädchens.

Liebe Kathy,
Bitte hilf mir. Mein Sohn ist Alkoholiker. Seit Jahren habe ich versucht diese Tatsache zu übersehen und trage deshalb Mitschuld. Ich habe nie für möglich gehalten, daß er jemandem etwas antun kann, höchstens sich selbst, doch neuerdings macht meine Schwiegertochter Andeutungen, daß er zunehmend Gewalt gegen sie und die

Liebe Kathy,
Ich habe einen wundervollen Mann und zwei reizende Kinder. Meine Ehe würde ich als glücklich bezeichnen und ich habe finanziell und gesundheitlich keine Sorgen. Doch neuerdings betrachte ich meine Familie und denke, uns könne vielleicht etwas Schreckliches passieren. Manchmal kann ich meine Angst benennen, z. B. Tod oder Atomkrieg; dann wieder hat sie keinen Namen. Nur etwas, das darauf lauert

Liebe Kathy,
Mein Mann und ich haben uns vor zwei Jahren getrennt. Ich habe mein Leben einigermaßen erfolgreich wieder aufgebaut, nur in einer Hinsicht nicht. Ich vermisse

Blasen. Kleine Mondkrater auf glattem Papier. Ich lege die Zeitschrift beiseite und lasse die Tränen auf den Teppich tropfen, bis ich mich rühren kann und Papiertücher aus der Küche hole. Meine Nase ist voll und tropft auch, mein Gesicht ist sicher geschwollen. Ich spüle es überm Waschbecken und setze den Kessel auf. Als ich klein war, hatte meine Mutter eine große, chinesisch gemusterte Teedose mit einer kleinen Schaufel drin. Auf der Schaufel stand: TEE BELEBT. Ich wußte nie, was das hieß.

Meine Zähne klappern. Ich halte meine Hände über die Kesseltülle, spüre die Hitze von der Kochplatte, bis meine Haare ansengen. Oben ist eine Wolldecke. Ich könnte den Fernseher anschalten und eine Weile dasitzen.

Freitagabend 7.13
Ich sage es mehrfach, aber es ergibt trotzdem nicht mehr Sinn. Das Telefon läutet, als ich die Zeit aufschreiben will, und ich lasse den Stift fallen. Ich frage mich, ob das Telefon etwas mit meinem Sachenaufschreiben zu tun hat. Ich höre es im leeren Haus läuten. Ich will nicht abheben, doch wer auch immer es ist, weiß das vielleicht. Sie wissen ganz genau, ich bin hier und hebe absichtlich nicht ab. Das Telefon läutet weiter, während ich überlege und Spinnweben unter der Treppe betrachte. Ich mache nicht besonders gründlich sauber. Es läutet weiter. Ich streife die Schuhe ab und gehe darauf zu, geräuschlos, auf Zehenspitzen. Etwas Dunkles bewegt sich draußen am Zaun, und ich frage mich, ob sie hereinsehen, zusehen, wie ich nicht ans Telefon gehe. Um es ihnen zu zeigen, hebe ich den Hörer ab. Ich passe auf, daß er nicht meinen Mund berührt. Das Geschrei beginnt, bevor ich ein Wort sage.

> IST VIOLET DA? SAGEN SIE VIOLET ICH WILL SIE SPRECHEN: HALLO? IST DA VIOLET?
> Ich sage, Sie sind falsch verbunden.
> NEIN ICH HABE RICHTIG GEWÄHLT; IST DA NICHT VIOLET?
> Sie sind sicher falsch verbunden. Pause.
> WER SPRICHT DA? IST DAS JIM? BIST DU DAS VIOLET?
> Ich sage, Violet ist nicht hier. Ich kenne niemanden, der Violet heißt. Hier ist niemand, der so heißt.

Dann rauscht es nur dumpf in der Leitung. Ich höre das Rauschen, bis es klickt und ein Heulton kommt, ein hohler Ton. Es war vielleicht Ellen. Oder David. Marianne, die von weither aus Amerika anruft. Aber ich lege den Hörer nicht wieder auf, für alle Fälle.

Etwas sticht mir ins Auge.

Ein roter Wasserball.
Kinder am Rand der Fliesen.

Zittern.

Ein kühler Wind trifft meinen Rücken, und ich greife nach dem Hemd. Ich verbrenne, wenn ich hier bleibe, die Brüste von der Sonne schwer. Meine Uhr wirft einen Goldkranz auf das Handtuch. Zwanzig Minuten. Ich ziehe die gestreifte Baumwolle über die Schultern, dann drehe ich mich um, betrachte prüfend die Bäume, den Fliesenboden. Eine dünne Frau zeigt auf etwas, ihr Arm ein Pfeil. Ich folge der Linie ihres Armes.

Männer bilden ein flüchtiges O, starren mit gesenkten Augen. Wasser tropft ihnen von den Armen.

In der Ferne nichts. Mein Hals knirscht im Drehen.

Die Männer schweben ins Blickfeld zurück. Immer noch da und starren. Zwischen ihnen liegt etwas, flach auf den Fliesen. Mein Hemd bewegt sich, und ich neige mich dem Gewicht entgegen. Ein kleiner Junge, fünf oder sechs, steht mit einem Stück des Hemds in einer braunen Faust. Zerren.

Signora, Signora.

Ich verstehe nur dieses Wort.
Er zeigt auf die Männergruppe. Ihr Kreis wächst.

Signora. Ihr Mann ist tot.

Ich sehe das Kind an.
Seine Augen leuchten.

ooo

Samstag

Ich ziehe mich mit großer Sorgfalt vor dem Spiegel an.

Samstags arbeite ich mit Männern.

Manchmal

Manchmal holt mich Tony ab, manchmal gehe ich zu Fuß. Heute gehe ich zu Fuß. Die frische Luft wird mir guttun.

Mr. Poppy sagt Hallo. Allan sagt Hallo und winkt von seinem Sitz hinter dem Annahmeschalter. Tony schaut auf und zwinkert. Ich lächle: es gehört zur Arbeit. Männer schneiden Schwaden in die verräucherte Luft und lassen mich vorbei, manche nicken. Der Rest dreht mir den Rücken zu, kritzelt, lutscht am Bleistift, überprüft Papiere. Ich komme zur Tür in der Trennwand und drücke zweimal, weil sie immer hakt, dann gehe ich zu den zwei Männern hinter dem Schalter. Sie erwarten mich: der Heizofen ist schon eingeschaltet. Der Stuhl dreht sich, wenn man ihn unter der Theke hervorzieht und sich auf den Sitz quetscht. Ich bleibe fünf Stunden auf diesem Stuhl hinter dem Schalter sitzen. Es ist ein ungeschriebenes Gesetz, daß eine Buchmacherin nicht zu einladend aussehen darf.

Sie sind mitten in der Arbeit, als ich komme. Allan sortiert und tippt Zahlen in einen Rechner, während Tony die Scheine in Stapeln aufeinanderlegt. Tony rechnet die großen Gewinne aus. Ich darf die großen Gewinne nicht auszahlen, weil ich nur das Mädchen an der Kasse bin. Ich tippe die Scheine ein und stelle die Gewinner fest. Manchmal fülle ich auch die Scheine aus, aber die meisten Männer machen es lieber selbst. Ein Mann schreibt in gotischen Lettern:

St Elmo's Joy : Chepstow

wie in einer mittelalterlichen Bibel. Ein anderer schreibt dick und schwarz, voll verquerer, verschieden großer Buchstaben. Sie sind Stammkunden. Der Mann mit der Schönschrift lächelt immer: der andere nicht. Manchmal denke ich, sie wissen, ich bin Lehrerin.

Allan ist heute blendend gelaunt. Er fängt beim Auszählen an Witze zu erzählen, leise, weil Tony schlecht gelaunt ist.

> Drei alte Männer liegen auf einer Pflegestation
> Eine Hure kommt zum Priester und sagt
> Ein Mann hatte seit Ewigkeiten keinen Sex und er

Sein Gesicht strahlt, wenn er diese Witze erzählt. Alles andere paßt nicht zu ihm. Bei der Beerdigung, als er im schwarzen Anzug und Krawatte vor Hitze fast umkam, machte er es sich auf dem Rasen bequem und bot mir eine Stelle im Wettbüro an. Die Lust, kleine Regeln zu verletzen. Er erzählt die Witze lauthals wegen Tonys Laune. Tony weiß das. Er bewegt sich zwischen uns, stört absichtlich bei der Pointe.

Viel auf dem 2.30 Rennen. Wie ist die Kasse?
Er kontrolliert immer wieder die Einnahmen, um uns zu beschäftigen.

Das Telefon läutet, und er geht zur Seite, um abzunehmen, während Allan hinter seinem Rücken eine Grimasse schneidet. Personen mit Codenamen schließen fernmündlich Wetten ab: Tony nimmt die Gespräche an, tippt die Scheine selbst ein, läßt mich mit meinen warten. Wenn er gereizt ist, versucht er alle Arbeit an sich zu reißen. Ich stehe auf und überlasse ihm die Kasse und koche für die Männer Kaffee. Mr. Poppy hört auf, die Notierungen an die Tafel zu schreiben, als er den Kessel hört: er sagt immer Dankeschön. Tony trinkt keinen Kaffee. Er verbringt den Nachmittag mit Zuckerdoughnuts und Cherry Cola, bis sein Lächeln klein und klebrig ist. Beim Austeilen der Tassen stelle ich fest, daß alle die gleichen Sportpullover und Hosen mit Bügelfalten anhaben. Tony nimmt es als Kompliment, quetscht sich dann neben meinen Stuhl, als ich mich wieder setze. Hinter der Trennwand ist nicht viel Platz.

Gegen 2.00 Uhr kommen viele Scheine auf einmal, schieben sich mit daran klebenden Händen durchs Gitter, warten auf Wechselgeld, während ich eintippe und die gestempelten Scheine für Tony stapele. Er schiebt sie hinter mir auf Haken. Ich erinnere die Leute daran, nicht ihre Chance zu verpassen. Manchmal tippe ich etwas Falsches ein und die Männer müssen Geduld mit mir haben. Sie nicken sich leidgeprüft zu. Sie geben sich lieber mit Männern ab. Sie gehen vors Gitter und reden mit Allan und Tony, den Geschäftsleuten. Wenn sie sehen, wie ich sie beobachte, werden sie verlegen, überspielen es lächelnd und machen Witze. Tippe ich falsche Zahlen ein, fühlen sie sich bestätigt. Bei guter Laune streicht mir Tony übers Haar und nennt mich einen Schatz.

Um vier sind nur noch ich und Tony da. Er beugt sich vornüber, während ich Scheine abhefte.

Was Besonderes vor heute abend?

Nur das Übliche, sage ich.

Ich weiß nie, ob dies eine echte Frage ist oder nicht.

Bringe den Hund auf die Bahn nach Glasgow, sagt er. Großes Rennen. Da kommst du in Fahrt.

Ich lächle, weil ich unsicher bin, was ich sagen soll. Er hat einen Windhund: Allan sagt, er behandelt ihn zuvorkommender als seine Frau. Ich habe noch nie den Namen seiner Frau gehört. Der Hund heißt Tonys Queen.

Schon mal zum Rennen gewesen?
Sein Blick zielt auf mich, und ich sehe weg. Ich schüttle den Kopf, fühle mich langsam unbehaglich. Ich fühle, wie er meine Gedanken lesen will.

Ich nehme dich irgendwann mal mit. Ich glaube, du wirst staunen. Besitzerloge, Champagner, wenn sie gewinnt. Das hat Stil.

Er benutzt literweise Aftershave. Ich habe einmal gesagt, sein Aftershave riecht gut, nur um etwas zu sagen, und seitdem benutzt er jede Woche mehr. Ich drehe mich um und lege die übrigen Scheine in die Kästen.

Großartig, sage ich. Ich bin mir nicht sicher, ob er es ernst meint, mache aber klar, daß ich es für einen Scherz halte. Er tätschelt mir wieder den Kopf, hält mir mein Geld hin. Hält es fest, als ich es nehmen will, und sagt: Sag schön bitte zu Tony.

Ich sehe hoch, werde aber rot und vermassle den Effekt. Ich soll lächeln, und das tue ich. Er lacht und läßt los. Ohne seine Hilfe darf ich meinen Mantel nicht anziehen. Jemand betritt den Laden, ein später Kunde. Ich rufe Cheerio und gehe schnell weg. Ich gehe an der Bushaltestelle vorbei und eile mich. Als das Wettbüro nicht mehr zu sehen ist, laufe ich.

Gitter rasten ratternd ein, als ich die Schaufenster besehe. Kleider hängen wie über lahmen Gliedmaßen, dahinter blasses Licht. Die Puppenkörper werden mit Tüchern verhüllt. Teezeit. Panik treibt mich den Berg hinauf, ich schnaufe wie ein altes Pferd, warte vor Ellens Tür, die Hand steht in die Luft, und ich atme tief durch, bevor ich klopfe. Nebel sammelt sich dort, wo die Stadt war, läßt das Licht um die

Straßenlaternen gefrieren. Blauer Rauch qualmt aus den Autos unten am Berg, und die Absätze auf dem Pflaster scheinen lauter zu klappern als sonst, selbst auf diese Entfernung. Ich gebe mir einen Ruck und klopfe.

Licht rinnt in die Veranda, als Ellen mit weißen wirren Haaren kommt. Wahrscheinlich hat sie am Kamin geschlafen. Ich sage, hoffentlich habe ich sie nicht geweckt, und sie sagt, ganz und gar nicht, ganz und gar nicht. Der Flur riecht nach heißer Suppe, Frischgebackenem. Ich sage, ich komme nur kurz vorbei. Trotzdem bringt sie mit dem Kaffee klebrigen Zitronenkuchen, mehrere Streifen Shortbread: ich weiß, sie hat sie für mich gebacken. Ich nehme ein Stück und bekunde Begeisterung: ich kann nicht widerstehen. Ellen kocht und backt, weil sie so ihre Zuwendung zeigt. Sie gluckt wie eine Henne und findet, ich bin dünn. Sie beobachtet, wie ich über dem Kuchen lächle, ahnt nicht, was es mich kostet, ihn zu essen, und schlürft ihren Kaffee, spreizt die Knie wegen der Hitze.

Also wie war die Arbeit? fragt sie.

Nicht soviel zu tun. Ich habe lieber viel zu tun, dann langweile ich mich nicht.

Deine Augen sind ganz rot. Sie peilt mich an. Zuviel Rauch.

Ich weiß.

Ich sage nicht, sie sind schon seit zwei Tagen so. Auf der Hut. Ich nehme den ersten Bissen Kuchen. Der Zucker knirscht und rieselt auf meine Jeans, Krümel fallen. Ich bezwinge mit jedem Bissen die Angst. Ich esse das ganze Stück, bevor ich es merke, und lutsche den Zucker von den Fingern. Es schmeckt, wie Kuchen schmeckt, wenn man sieben ist. Wunderbar. Ich möchte mehr, aber ich weiß, ich nehme nichts mehr. Dies hat schon seinen Preis.

Gab es etwas Interessantes heute?

Jetzt ist sie rundherum zufrieden, lehnt sich mit ihrem Strickzeug im Sessel zurück, weil ich den Kuchen aufgegessen habe. Das gibt ihr ein gutes Gefühl.

Tony hat gesagt, er will mich mit zum Rennen nehmen.

Das ist sicher interessant, sagt sie, und meint das Gegenteil. Wie ist er?
Sie meint, ist er verheiratet und sollte ich mir wirklich von fremden Männern über Rennbahnen erzählen lassen. Ich tue, als hätte ich die Frage falsch verstanden, und sage, er hat einen Schnurrbart. Ich hätte nicht davon anfangen sollen.

Sie lächelt in ihrem Sessel, Kekskrümel in den Mundwinkeln. Die Lampe, die ihr Strickzeug beleuchtet, läßt ihr Gesicht durchscheinend wirken, die Wangen rosig. Sie hebt das Strickzeug und verschränkt und kreuzt Strähnen pelziggelber Wolle. Marianne wird darin aussehen wie ein Autoschwamm. Ellen sieht meinen Blick und hält das Strickzeug ins Licht.

Bloß ein Weihnachtsgeschenk für Marianne. Meinst du, es gefällt ihr? Die Farbe ist so hübsch.

Ellen.
Manchmal vergesse ich es und nenne sie Mrs. Holmes. Sie kam von einem Ausflug nach Skye zurück und fand mich in ihrem Haus, vollgepumpt mit Beruhigungsmitteln, in ihrer Küche. Marianne versuchte zu erklären, warum. Ellens ganzes Gesicht schmolz. Ich erinnere mich, wie sich ihr Gesichtsausdruck veränderte und sie begriff, daß etwas nicht stimmte. Ich selbst mußte mich noch alle fünf Minuten daran erinnern, was war. Sieben Wochen später haben wir Marianne zusammen zum Bahnhof gebracht, weil Ellen nicht Auto fährt. London war zu weit weg, also brachten wir sie in Glasgow an den Zug. Wir standen auf dem Bahnsteig und sahen die winkende Marianne immer kleiner werden. Ich fühlte mich getäuscht, wie bei einem schlechten Film im Fernsehen. Ich konnte nicht glauben, daß sie weit wegfuhr: auf einer Insel kommt man nie weit. Am Ende gelangt man ans Wasser.

Anschließend gingen wir in ein Café am Bahnhof. Es war schmutzig, und der Kaffee war schlecht. Es gab einen Musikautomaten, und ich hätte gern etwas Lautes und Hartes gespielt. Spite. Aber Ellen ist kein Typ, der Rockmusik hört. Sie sitzt nicht einmal gern in Cafés. Keine von uns war besonders gesprächig. Ich wußte, Marianne hatte gesagt, sie solle auf mich aufpassen, aber ich fragte nicht danach. Ich wollte nicht, daß Ellen sich komisch vorkam, weil sie zugeben mußte, verpflichtet worden zu sein. Also sagte ich, ich hoffte, Marianne würde es da gefallen. Amerika.

Ellen sagte: Sie wäre dageblieben, wenn sie gekonnt hätte. Sie wollte dableiben. Aber es war alles schon vorbereitet. Wer hätte das geahnt.

Da waren wir uns einig. Ich erklärte, um mich brauche sich niemand Sorgen zu machen. Ich sagte, es sei besser, wenn sie jetzt ginge und ihre Besorgungen erledigte. Es würde sowieso nichts ändern.

Aber sie wollte nicht gehen, wirklich nicht. Nicht, wenn du in einem solchen Zustand bist.

Das überraschte mich. Ich war in gar keinem Zustand. Mir war überhaupt nichts anzumerken. Aber wir spielten jede die Rolle, die wir am besten fanden: als hätten wir Zuhörer.

Ellens Augen sehen lauernd über ihre Brillenränder.

Hast du diese Woche wieder einen Termin bei Dr. Stead?

Ich schaue vom Feuer hoch. Sie sieht auf die Maschen. Gelbes Zopfmuster.

Montag. Nach der Schule.

Wie findet er dich?

Sagt nicht viel. Ich soll mehr von den roten Pillen nehmen, obwohl ich noch reichlich von den anderen habe. Er schickt mir immer noch diese Frau ins Haus.

Also nicht so schlecht.

Wir warten eine Minute und horchen nach dem Feuer.

Tut sie dir gut?

Sie ist sehr nett, sage ich, schaue auf die Stricknadeln, auf die gelbe Spitze, die ihr von den Händen fällt.

Ich gehe nach Hause, bevor sie zu Abend ißt und ich mich gezwungen fühle zu bleiben. Es wird schon dunkel, kühl. Ich überquere mooriges Land, die Autobahnbrücken, die Baustelle in der Einöde. Die Arbeiter sichern die Baustelle für die Nacht und rufen mir etwas nach. Ich tue so, als hörte ich nichts, und gehe immer weiter. Ich halte meinen Oberschenkel beim Gehen fest, spüre die Muskeln anziehen und sich strecken. Gehen ist immer schrecklich.

ooo

Das Türenschließen ist ein ruhiger Vorgang, aber mir ist schwindlig, die Haare stehen mir vor lauter Wind und Kälte zu Berge, riechen nach Rauch. Die Geschäfte sind geschlossen und öffnen morgen nicht. Ein Bild kommt mir in den Sinn: Zement und Backstein. Ich bin wie eine ehebrecherische Nonne eingemauert bis Montag. Der Garten sieht durchs Küchenfenster aus wie die Szenerie für einen Film über eine Schlacht im Ersten Weltkrieg. Ich mache Tee. Wenn ich an den Kuchen in meinem Magen denke, fange ich an zu schwitzen.

Was mache ich, wenn ich durchhalte, Marianne? Was mache ich?

Am Tag, als Marianne weggefahren war, fand ich einen Zettel an meiner Küchenwand. Er war da, als ich ohne sie vom Bahnhof zurückkam, zusammen mit ein paar Bänden Gedichte, Adressen, einer ausländischen Telefonnummer, Geld und einer Flasche Gin. Der Gin und das Geld sind schon lange nicht mehr da. Der Zettel noch.

WAS DU ABENDS TUN KANNST.

Radio hören
fernsehen
ein Bad nehmen
Schallplatten hören

lesen
Briefe schreiben oder jemanden besuchen
spazierengehen
nähen
essen gehen
jemanden Nettes anrufen

Ich habe jede Radiosendung bestimmt zweimal gehört. Bis ich zu Bett gehe, kenne ich die Nachrichten auswendig. Außerdem muß ich mich beim Zuhören bewegen. Das ist keine wirkliche Beschäftigung.

Fernsehen ist schwierig: die Nachrichten sind deprimierend, und die Programme manchmal noch schlimmer. Ich hasse Werbung. Sie ist voller dünner Frauen, die ständig Gymnastik treiben und lächeln. Sie machen mir Schuldgefühle.

Das Wasser braucht ewig, bis es eingelaufen ist. Ich hasse Warten.

Allein Musikhören führt zu nichts Gutem.

Ich lese schon alles. Ich lese Gedichte und Theaterstücke und Romane und Zeitungen und Comics und Magazine. Ich lese die Aufschriften von Dosen im Supermarkt und Zettel, die unter der Tür durchgeschoben werden, unerwünschte Post. Nichts ist von Dauer, und nichts bringt Antwort. Zu schnelles Lesen tröstet nicht.

Schreiben ist problematisch. Ich bedecke Papier so schnell mit Worten, als würde ich malen. Manches ist unleserlich, und ich werfe es weg.

Jemanden besuchen ist unangenehm. Wo ich wohne, ist fast Niemandsland, und außerdem kann ich niemandem meine Gesellschaft empfehlen.

Gehen ist schrecklich. Das mache ich, wenn ich mich schlechter fühlen will. Ich laufe immer.

Nähen und essen gehen. Trickreiche Gegenüberstellung.

Früher habe ich viel genäht. So war ich beschäftigt. Tagsüber ging ich in die Schule, und abends schnitt ich Stoff zu. Ich zerschnitt den Stoff nach Papierschnittmustern und nähte ihn wieder zusammen. Nadeln zerstachen meine Fingerkuppen, bis sie wie Nadelkissen aussahen, und hinterließen kleine Kratzer an den Handgelenken neben den blauen Flecken vom Möbelrücken, den Brandblasen vom Backofen und den brüchigen Nägeln vom Putzen. Häusliche Wunden. Ich habe am Tisch genäht, wenn ich aus der Schule kam, bis ich fand, es sei Zeit, ins Bett zu gehen. Zwischendurch, je nachdem wie spät es war, habe ich etwas zu essen gemacht: eine Dosensuppe vielleicht, ein Butterbrot. Funktionales Essen. Eines Abends nähte ich so intensiv an einem Saum, daß ich es vergaß. Als ich schließlich auf die Uhr sah, war die eigentliche Essenszeit lange vorbei. Der Hunger hatte mich nicht unterbrochen. Ich saß da und dachte eine Weile darüber nach.

Im Schrank war eine Dose Gemüsesuppe: Einzelportion. Ich fand den Öffner und hackte ihn in den Deckel, hob ihn mit jedem Drehen des Griffs. Etwas vom Doseninhalt schmierte an meine Fingerknöchel. Es fühlte sich schleimig an, unangenehm. Die Oberfläche innen war wie breitgeklopftes Gelee, dunkelrot, aus dem grüne und gelbe Brocken stachen. Wäßriges Zeug wie Plasma sickerte aus dem ekligen Klumpen. Es sah überhaupt nicht wie Essen aus. Ich tauchte einen Finger bis zum Fingernagel ein. Die Oberfläche faltete sich, und rosafarbene Flüssigkeit schwappte hoch und über den ausgerissenen Dosenrand. Es war eklig, aber angenehm so. Wie ein kleines Kind, das mit Matsch spielt. Das nächste, woran ich mich erinnere, ich schob meine Hand mitten in die Dose. Das halbfeste Mus blubberte und platschte über auf die Arbeitsplatte, als meine Nägel den Boden antippten und der scharfe Dosenrand meine Haut ritzte. Beim Hinausziehen mußte ich achtgeben. Suppe ätzte die Wunden, also benutzte ich meine andere Hand und schaufelte soviel Zeug, wie ich konnte, und trug es in der hohlen Hand durch

den Raum, rote Suppe und Blut tropfte auf das Linoleum. Ich hielt die hohlen Hände übers Waschbecken und spreizte meine Finger, ließ das Püree glitschen, bis es unregelmäßig auf das weiße Porzellan pladderte. Während ich mir mit großen Augen zusah, begriff ich etwas; es war so offensichtlich, trotzdem war es mir nie in den Sinn gekommen, bis ich mit irrem Blick am Waschbecken stand, kalte Suppe bis hinauf zu den Handgelenken. Ich brauchte nicht zu essen.
Ich brauchte nicht zu essen.

Die ersten vier Tage waren die schlimmsten. Danach pendelte es sich ein. Ich schneide gelegentlich abends immer noch Stoff zu, jetzt ohne Unterbrechung. Nicht heute abend. Ich bin zu müde und bringe es nicht über mich, still zu stehen. Bleibt nur das Telefon. Das Telefon halte ich heute abend auch nicht aus.

> Minutenschnell perfekte Pasta
> Sachlicher Chic für die arbeitende Mutti
> Die Lüge bringt die Wahrheit ans Licht
>
> Diesen Monat kommt man Ihnen besser nicht ins Gehege, Sie verstehen keinen Spaß! Etwas, das Sie seit einer Weile stört, kommt endlich ans Licht. Inzwischen haben Ihre Mitmenschen es mit Ihnen schwer: nehmen Sie sich in acht, sonst sagen Sie etwas, das Sie später bereuen könnten. Besondere Vorsicht bei Nahestehenden. Ihr Liebesleben ist durcheinandergeraten – vielleicht macht Ihnen die überschüssige Energie

Letzter Monat. Sinnlos.
Aber alles ist doch sinnlos. Alles ist verflucht sinnlos.

Ein verängstigter kleiner Junge zischt durch salzweiße Zähne.

Die Rücken der Männer nähern sich, während ich gehe. Meine Füße heben sich geräuschlos vom Boden. Ich bin nicht wahrnehmbar. Am Schwimmbeckenrand drängen sich Menschen, die mich nicht sehen. Ich sage nichts, Schulter an Schulter mit blinden Leuten, lächle die ganze Zeit. Und auf den Fliesen liegt jemand.
Weißer Marmor gegen die roten Fugen.

Die gedämpften Stimmen lassen mich noch mehr lächeln. Ich habe keine Kontrolle über mein Gesicht. Die Zunge bewegt sich im weichen Schädel.

> *Jetzt ist es gut*
> *Es ist gut*
>
> *und etwas beginnt*
> *beginnt*

Ich sehe nach unten, und sein Mund ist ein rotes O. Weißes Wasser läuft durch sein Haar.

Sein Mund ist ein rotes O, Augen weit zum Himmel.

ooo

Ich sehe zur Zimmerdecke, bis es hell genug ist, um Listen zu schreiben.
Sonntag morgens schreibe ich eine Menge Listen.

Ich bleibe im Bett, weil es wärmer ist, und türme auf der Bettdecke Bücher, Zeitschriften, Bögen Schreibpapier, trinke Tee, bis ich prall wie eine Wasserbombe bin. Dann ist es Zeit aufzustehen, um die Sonntagszeitung zu holen – danach kann ich eine Weile Sachen ausschneiden, die ich per Post bestellen kann. Ich höre die Archers, die Hitparade, Desert Island Discs. Ich mache wieder Tee und werfe die Zeitungen der letzten Woche raus, Reste vom gestrigen Ausschneiden, trage dann den Müll in die Küche.

Sonntags backe ich.

Die Küchenwaage ist gut, ein Geschenk von Ellen. Zeigt im Zweifelsfall Bruchteile von Unzen und Gramm an: wenn ich backe, bin ich übergenau. Ich mache gutes Ingwerbrot, wundervollen Biskuitboden. Mein Shortbread zergeht auf der Zunge, weil ich mir Mühe gebe. Wenn ich backe, denke ich an Münder, vergrabe meine Hände in Mehl und Fett, mische Eier und Zucker und Milch. Wenn ich die Form ausfette, riechen meine Hände und meine Nägel haben Ränder von schmelzender Margarine.

Die Glasbehälter werden täglich poliert, die Küche blitzt also. Weinbeeren, Sultaninen, entkernte Datteln, Zitronat, Kirschen und Schokoladenraspel; brauner Zucker wie Treibsand. Die Pulver machen Wolken: Vollkornmehl, Weizenmehl, weiß und braun, Schrotmehl, Roggen und Buchweizen für Plinsen. Ich bin sehr experimentierfreudig. Ich mische und schlage und knete stundenlang zwischen Bergen von Zutaten, lasse Teig von Löffeln in glänzende Formen fallen. Ich lese Zutaten und Rezept laut, weil die Worte so schön klingen. In zwei Stunden gibt es Dundee Kuchen, Ingwerkekse, Haferbrötchen und frische Orangentörtchen. Danach koche ich vielleicht Marmelade. An mir ist eine gute Ehefrau verlorengegangen.

Ich habe fast sieben Jahre lang mit einem Mann zusammengelebt. Wir haben uns in der Schule kennengelernt: Romanze in der fünften Klasse. Unsere erste Verabredung fand in einem Café statt, als wir eigentlich Französisch hatten. Wir aßen Brötchen mit Salat und Doughnuts, die wie geweihte Hostien schmeckten, weil wir Schule schwänzten und weil wir das gleiche mochten: Doughnuts und Brötchen mit Salat. Einmal kamen wir gemeinsam zu spät zur Schule und aßen zusammen ein Eclair, jeder biß an einem Ende ab, wir kicherten, Köpfe ganz dicht zusammen, Gesichter mit Schokoladenguß und Sahne beschmiert. Als wir den Sportplatz halb hinter uns hatten, bemerkte uns ein Lehrer, der sich dorthin verirrt hatte. Er brüllte AUSEINANDER DA und zerschnitt die Luft zwischen uns mit der flachen Hand. Wir wichen auseinander. Er sagte, wir wären ein schlechtes Beispiel.

Ich wischte mir so aufreizend es ging die Sahne von der Nase und sagte, ich sähe nicht ein, warum. Er stutzte einen Moment.

Wie bitte? sagte er.

Sehen Sie, sagte ich, Sie rauchen eine Zigarette. Das ist ein schlechteres Beispiel für die Jugend als alles, was wir tun.

Ich wußte, daß das die Geschichte nicht besser machte, aber ich konnte nicht anders. Paul hielt den Mund und sah schuldbewußt aus. Dann war der Teufel los. Paul hat nie mehr mit mir Eclairs auf dem Sportplatz gegessen. Er hatte immer einen besseren Instinkt, wenn es hieß, Ärger zu vermeiden.

Wir hatten schlechte Zeiten, und wir hatten gute Zeiten, abwechselnd, die sieben Jahre lang. Ich habe gut kochen und den Haushalt führen gelernt. Der Eisschrank war immer gut sortiert und der Vorrat interessant. Ich habe die Fußböden saubergemacht und die Ränder in der Badewanne, die unsere Anwesenheit bezeugten, weggewischt, aber ich wußte, etwas fehlte. Ich spürte, wir leb-ten uns auseinander. Was wir taten. Es hieß Erwachsenwerden, doch damals wußte ich das nicht. Ich versuchte mit ihm zu reden, weil die Zeitungen, die ich damals las, behaupteten, Kommunikation sei wichtig. Er las andere Zeitungen: seine Zeitungen sagten ihm etwas ganz und gar anderes. Ich dachte, die Antwort hieße Seelen-Erforschen, und er dachte, sie hieße Reizwäsche. Also Pattsituation. Wir waren unglücklich. Er bestrafte mich für sein Unglück, indem er sich weigerte, mich anzufassen. Nacht für Nacht. Ich strafte ihn für mein Unglück, indem ich nicht redete, aber ich hatte nicht die gleiche Willenskraft. Seine Willenskraft hielt Monate durch. Ein Jahr. Länger. Die Praxis machte ihn perfekt und mich ausgehungert nach Küssen. Ich hatte eine Affäre. Ich begriff nicht, daß es nicht der Sex war, den ich vermißte, auch wenn ich ihn vermißte, sondern jemanden, der mich mochte. Die Affäre half nicht weiter. Paul kam dahinter, weil er meine Briefe las, wenn ich nicht zu Hause war, und alles wußte, was ich tat. Ich wußte davon nichts und dachte, er hat Röntgenaugen. Ich dachte, ich werde verrückt. Ich begann in meinem Tagebuch einen Code zu benutzen. Ich begann in Codes zu denken, weil ich dachte, er kann mein Hirn anzapfen. Ich hatte Angst, das Haus zu verlassen, weil er in meiner Abwesenheit womöglich die Wände abklopfte und etwas über mich herausfand oder mich vielleicht überwachen ließ. Ich dachte, er sei Supermann. Ich konnte mit Supermann nicht leben, ohne zu denken

a) Supermanns Schwächen seien mein Fehler (als sei ich das Kryptonit)

b) Ich sei in jeder Hinsicht minderwertig.

Er redete noch weniger mit mir, und ich redete immer mehr mit mir selbst. Er aß immer noch meine Mahlzeiten und ließ mich die Betten machen, seine Wäsche waschen, die Superwohnung in Ordnung halten, aber es war nicht mehr das gleiche. Jetzt gab es gar keine Gespräche mehr, nur noch das Geräusch von zwei Menschen, die in verschiedenen Kissen erstickten. Wir brachten einander um. Niemand war da, den ich um Hilfe bitten konnte, weil ich zu stolz war und mich zu sehr schämte, daß ich zum Zusammenleben unfähig war. Meine Mutter lag im Sterben, und es war nicht recht, mit ihr über so etwas zu sprechen. Das war eine romantische Einbildung. Selbst wenn sie gesund gewesen wäre, hätte ich nichts gesagt. Außerdem brauchte ich seinen Wagen, um das Sterben meiner Mutter zu überwachen. Krankenhäuser werden immer Millionen Meilen von den Leuten entfernt gebaut.

Am Tag der Beerdigung schüttelte er mir draußen vor dem Krematorium wie alle in der Schlange die Hand. Ich sah ihm ins Gesicht, und minutenlang fiel mir nicht ein, wer er war. Es war auch nicht besser, als es mir einfiel. Es war schlechter. Aber ich blieb immer noch in seiner Wohnung, wo es nichts von mir gab, wo es mich nicht gab. Ich fühlte mich immer schuldiger, daß ich seine Superkräfte schwächte, und dachte, ich kann nicht mehr. Ich wußte, ich mußte fort und ich brauchte Hilfe. Ich fand eine Schulter zum Ausweinen. Die Schulter fand es gemütlicher, im Bett zu weinen. Paul fand auch das heraus. Er wollte mich verletzen, also behauptete er, er vögele jeden Rock im Umkreis von fünfzehn Meilen. Ich sagte, es sei tröstlich zu wissen, ich hätte sein Schwellgewebe nicht auf Dauer geschädigt. Da spielte er sein As.

Ich brauche dich für gar nichts, sagte er, laut und deutlich. Ich brauche dich für überhaupt nichts.
Ich zerbrach mir den Kopf und wollte beweisen, daß es nicht stimmte. Ich fand die einzige Antwort, die noch übrig war.

Also gut. Ich mache uns etwas zu essen. Wenigstens kann ich das noch. Du brauchst mich doch. Du brauchst mich, weil du nicht kochen kannst. Du kannst verdammt noch mal nicht kochen. Ich schrie auch.

Er ging und schlug die Tür zu, aber ich kochte trotzdem etwas. Italienische Nudeln mit Meeresfrüchten, Knoblauchbrot, Salat mit Oliven und Paprika: seine Lieblingsgerichte. Ich hatte keine Lieblingsgerichte: Ich mochte, was er mochte. Ich fand seinen Geschmack großartig. Er kam bestimmt über kurz oder lang zurück.
Er kam nach einer Stunde mit einer Tragetasche. Einem chinesischen Take-away-Gericht. Für eine Person. Er aß es, ohne mich anzusehen, doch ich hörte die Botschaft laut und klar.

STECK DIR DEIN ESSEN

Ich brauchte einen Monat, um eine andere Wohnung zu finden. Er hatte recht. Er brauchte mich für gar nichts.

Ich glaube, ich bin mit dem Schock nie fertig geworden. Selbst als ich mir ein neues Zuhause einrichtete, nahm ich mir ab und zu Zeit, ihm einen Kuchen zu backen, Marmelade zu kochen. Inzwischen bleibt er fort. Er hat jemand anderen, der ihm Essen kocht. Der Schrank unterm Spülbecken birst vor Chutney.

Die Kuchen kommen verwandelt aus dem Ofen. Ihr Duft beim Abkühlen auf dem Drahtuntersatz macht mich schwach. Wenn sie nicht mehr dampfen, kann ich sie in Silberfolie einschlagen und in den Schrank stellen, weil sie Geschenke sind. Fertig, von anderen gegessen und von mir ignoriert zu werden, sind sie mir nicht mehr gefährlich. Ein starkes Gefühl. Es hebt meine Stimmung.

Ich schreibe einen Merkzettel für den Termin morgen bei Dr. Stead, weil ich nach der Backerei zuversichtlich bin. Jetzt schaffe ich es, an ihn zu denken, und mache mir eine Liste, was ich morgen sagen will, damit ich nichts vergesse, wenn es soweit ist.

MUSS ICH WEITER DIE ROTEN DINGER EINNEHMEN?

(In einer Zeitschrift habe ich gelesen, Antidepressiva machen dick. Seitdem habe ich panische Angst davor.)

BITTE SCHICKEN SIE DIE S.A. NICHT MEHR

SOLLTEN DIE SCHLAFTABLETTEN WIRKEN?

IMMER NOCH KEINE BLUTUNGEN.

Die Großbuchstaben lassen es selbstbewußt wirken. Das brauche ich morgen. Bei Dr. Stead brauche ich alle mögliche Hilfe.

ooo

Ich stelle die Heizung an und bekomme eine Gänsehaut. Das Haus ist von Freitag noch sauber, doch ich wienere ein bißchen, für alle Fälle. Dann gehe ich zum Laden am anderen Ende der Straße und kaufe Käse, Brot und Milch: damit der Kühlschrank bewohnt wirkt. Um fünf ist das Wasser heiß. Ich gehe nach oben. Es ist Zeit für das Baderitual. Vorbereitung für den Nachtbesucher.

> Liebe Kathy,
> Sie halten meine Sorgen sicher für albern, aber für mich sind sie das nicht. Ich habe einen sehr verständnisvollen Freund und wir wollen miteinander schlafen, doch jedesmal wenn es soweit ist, kann ich mich »nicht gehen lassen«. Ich kann ihm nicht sagen, was los ist, weil ich mich zu sehr schäme. Aber ich habe Angst, er ist abgestoßen, wenn er mich sieht, oder daß ich mich dumm anstelle. Sogar wenn wir uns küssen, sorge ich mich, daß ich hinterher unordentlich aussehe, nicht wie er sich vorstellt, wie ich ohne Make-up bin. Bitte helfen Sie mir. Es ruiniert meine Chance glücklich zu sein

Alle möglichen Leute kamen zuerst. Ich war nicht einmal da, wo ich eigentlich wohne, doch sie haben mich gefunden. Menschen können sehr freundlich sein. Es bringt mich durcheinander. Marianne hat geredet, und sie haben Besuche gemacht. Einige, von denen ich annahm, sie würden kommen, kamen nicht, doch statt dessen kamen andere. Es glich sich aus.

Sam kam.
Er hatte ein neues Motorrad und ein neues Gesicht: spärliche Bartstoppeln und geplatzte Adern auf den Wangen. Er holte mich hinaus, um mir das neue Motorrad zu zeigen:

Silber und Rot, glitzerndes Chrom, ölig heißer Geruch. Ich trug Michaels Lederjacke, und wir fuhren weit weit die Küste entlang zu irgendeiner Kneipe. Mhairi und Sean waren dort, Frank und Joyce. Ich mit meinen angeklebten Haaren und meinen vom Wind tränenden Augen. Sam gab mir einen Gin aus. Sam gab mir einen Gin aus. Frank, Joyce und Mhairi gaben mir Gin aus. Wir saßen um einen Space-Invader-Tisch und sahen durch die gläserne Tischplatte den sich bewegenden leuchtend grünen und gelben Formen zu. Sam fuhr, um die Maschine auszufahren, über die Autobahn zurück, und der Wind, der uns entgegenbrauste, nahm mir die Luft: Ich schrie, bis die Siedlung kam.

Die Zeit war voll Überraschungen. Ich fuhr nächtelang in fremden Wagen, aß mit Menschen, die ich kaum kannte. Aber ich war erleichtert, als es langsam weniger wurde. Ich machte mir zuviel Sorgen, und ich war nie so dankbar, wie ich gern gewesen wäre. Ich war angespannt und unsicher, warum sie kamen, warum sie so waren. Die Frage machte mir Schuldgefühle. Ich dachte immer, es gibt kein Essen umsonst, und fragte mich, wann der Preis dafür kommen würde. Er kam nicht, aber jedenfalls war ich erleichtert, als es aufhörte.

ES GIBT KEIN ESSEN UMSONST.
Es gibt kein Essen.
Witz.

Jetzt bekomme ich einzelnen Besuch. Ich möchte nichts für selbstverständlich halten. An diesem Sonntagabend kommt er. Vielleicht werde ich umarmt, dringt einer in mich ein, macht einer mich lebendig. Das Körper-Ich ist empfindlich.

Das Baderitual
Das Badewasser muß heiß sein: warm ist nicht genug. Ich warte, bis das Wasser kochend heiß ist, und wenn es Abend wird, lasse ich das Bad einlaufen, befreie mich von den täglichen Kleidern: stehe im Dampf, gewöhne mich.

Ich gieße Öl ins kochendheiße Wasser. Meine Haut wird rissig und rauh, seit ich dünner werde, wie Pauspapier: das Öl wird mich glätten. Ich steige ins Wasser, vorsichtig wegen der Hitze. Der Spiegel schneidet mir den Kopf ab, als ich mich hinsetze und ruhig durchatme, fühle, wie das Fleisch unter der Oberfläche roh wird. Wenn auf der Oberlippe Schweiß ausbricht, kann ich vor Dampf den Spiegel nicht sehen. Der Duft des Öls verliert sich im Dunst.
Auf dem weißen Badewannenrand, der Waschhandschuh
die Seife.
Der Handschuh ist aus geknüpften Sisalreihen. Ich tauche ihn einmal ins Wasser und streiche über die Seife: nur einmal, damit die haarige Oberfläche nicht glattgedrückt wird.

Wenn ich fertig bin, brutzelt die Haut: mein ganzes Äußeres singt. Ich richte mich in der Wanne auf, lasse die im Schmutz auf dem Wasser schwimmende Gewöhnlichkeit ablaufen, spüle mit frischem Leitungswasser nach. Das kalte Wasser läuft, und ich setze mich hin und seife jedes Bein einzeln ein, nehme den Rasierer, prüfe, wie scharf die Klinge ist. Die Oberfläche wird glatter, wenn ich von unten nach oben schabe, gegen den Strich: das trennt das Haar dichter an der Haut. Ich muß aufpassen, damit es nicht versehentlich blutet. Es wäre kein schöner Anblick. Das Wasser läuft beim Rasieren übers Schienbein, spült die verlorenen Tierhaare ins schwarze Loch unter den Armaturen. Fertig geschoren, drehe ich das Wasser ab und steige aus, rubble meine Haut mit dem Frotteehandtuch, bis es schmerzt. Davon wird mir wärmer. Dann bücke ich mich und wasche mir überm Waschbecken die Haare, spüle becherweise lauwarm nach, bis das Wasser wieder klar ist. Zweimal. Ich umwickle das feuchte Haar mit einem Handtuch und wische eine Stelle auf dem beschlagenen Spiegel frei.

Dosen und Flaschen auf dem Schlafzimmerfußboden: Cremes, Lotionen, Watte und Papier. Feuchtigkeitscreme. Um saftig zu bleiben. Klebriges Zeug für meine Ellenbogen, Knie und Knöchel, die rauh sein könnten. Ich zupfe meine Augenbrauen, das einzelne Haar auf meiner Oberlippe. Mit der Nagelschere trimme ich meine Schamhaare. Parfum für Ohren, Hals, Handgelenke und Nabel; die flache Stelle zwischen den Brüsten, am Rückgrat entlang, zwischen den Zehen. Ich feile meine Nägel, Hände und Füße mit Schmirgel und Bimsstein, schiebe die Nagelhaut zurück, zeichne das Weiße mit Kreide nach. Ich lackiere meine Zehennägel. Das Radio murmelt unter der Bettdecke am Boden ein Hörspiel. Ich lackiere ein zweites Mal. Dann die Fingernägel ebenso. An die Achselhöhlen lasse ich keine Chemie: Deodorant filzt, schmeckt schlecht. Dies ist mein Opfer an die Natürlichkeit, falls er das vorzieht. Ich stehe und klopfe statt dessen Puder aus einer Dose, streue weißen Staub auf Knie und Bauch, Wolken über meine Brust. Ich ziehe die hübscheste Unterwäsche an: schwarze Spitze und Satin. Strapse. Schwarz. Ich trage viel Schwarz.

Ich nehme den Fön.

Nicht mehr lange. Ich sitze auf der Bettdecke und breite die Utensilien für mein Gesicht aus. Dazu brauche ich Fingerspitzengefühl; gerade genug Make-up, um meine Augen größer wirken zu lassen, die Lippen runder, Augenringe zu verdecken und Falten, die sich wie Netzwerk unter den Wimpern bilden. Ich muß mein Gesicht tönen, denn bei kaltem Wetter bin ich blaß, puderblau. Das sieht unappetitlich aus und nicht küssenswert. Ich färbe mich mit Pfirsichtraum, tupfe violette Flecken auf die Lider, tusche die Wimpern schwarz. Ich schmiere einen Fettstift über die Lippen (rot ist zu auffallend und hinterläßt Spuren, er würde sich vielleicht in acht nehmen). Für alle Fälle muß ich ganz einladend wirken. Für alle Fälle. Wieder sehe ich auf die Uhr. Ich weiß nie, was ich anziehen soll. Ich kämme mich noch und befestige die Ohrringe, da höre ich draußen Räderknirschen, dunkles Surren der Maschine.

Sonntagabend 9.05
Es ist wichtig, nicht an Montag zu denken.

Helles Licht blitzt am Fenster vorbei, und die Maschine schleift. Ich denke an seine Hände am Lenker, rote Haare am Handschuhrand. Er kommt immer zu spät, aber er kommt. Die Maschine hält, als ich im Spiegel ein Lächeln probiere; es ist schwer, alles zusammenzuhalten, das Gesamtangebot zu übersehen und kein Wirrwarr von Einzelteilen. Ich glaube nicht, daß ich überhaupt will. Füße stapfen auf die Dielen draußen, ich lächle der Frau im Spiegel zu. Ihre Augen sind riesig. Doch was zurücksieht, ist nie was ich will. Jemand, der schmilzt. Und zu sehr wie ich.

Sie schaltet das Licht aus und öffnet die Tür.

Im weißen Gang
wieder und wieder, das gleiche
das gleiche Pochen
Pochen hart hinter der Tür

sag es ist nichts
sag es ist nichts sag es ist
Jesus
Jesus
Jesus

ein großer dunkler Junge kommt auf mich zu
starker Akzent und diese ruhigen braunen Augen
und ein schrecklicher Ton

mein Mund ist offen

Jesus
sag es ist nichts
sag es ist nichts
sag es ist

schrecklicher Ton
Pochen in meiner Brust und jemand

schreit
schreit
schrei

ooo

Montags
Rauch aus den Haaren, Fältchen unter den Augen voll Make-up-Resten, Aftershave und abgestandenes Parfum. Stau auf der M6, gestrandete Wale in Alaska, Erdbeben in Chile. Schreie und Fallen im Dunkeln.

Manchmal

Stürme mit allen Mitteln durch die Arbeit, aber sieh dich vor. Du würdest dich wundern, wieviel Aufruhr selbst kleinen Fehlern folgt. Schottische Erziehung: Verteile die Schuld, damit dir keine Schuld zuteil wird. Ich wars nicht, du / er / sie / irgend jemand wars und ist davongelaufen. Keine Erleichterung, wenn die Schulglocke läutet. Die Frauen meiner Mitfahrgelegenheit erklären *Dennis mochte schließlich doch keine Leber habe ich es dir nicht gesagt auch nicht mit Zwiebel und Evelyn Littles Hochzeit na sie muß mittlerweile doch mindestens sechsunddreißig* etc. etc. Sie öffnen nie die Fenster, und ich mit Rollkragen, der Flecken wegen wie die Jugendlichen. Der Wagen kommt zu dicht an den Bordstein, als sie sagt *er sagt nie was er ist draußen in der Autowerkstatt oder auf dem Golfplatz und sagt nie was.*

Blätter kratzen am Fenster.
Du hebst deine Hand und willst sie berühren, bevor du begreifst.

ooo

Sieben Minuten zu früh.
Die Warteschlange führt aus der Tür hinaus ins Nieselwetter. Ich gehe zu oft zu Dr. Stead und fühle mich deswegen ungut. Ich denke immer, ich vergeude seine Zeit, und ich hasse das, also sind die Besuche manchmal bitter. Also gehe ich immer früh los und mache Notizen. Es soll sachlich und kompetent wirken. Es soll ihm Zeit ersparen und mir meine Bedenken, aber so funktioniert es nie. Es funktioniert so:

ARZT: Wie gehts / was gibts Neues / wie war die Woche?

Ich versuche an die Sachen auf dem Zettel zu denken. Sie verheddern sich, und ich fange fast an zu weinen. Es ist schrecklich, also sage ich irgend etwas.

PATIENTIN: Ich schlafe nicht. Ich schlafe immer noch nicht.
ARZT: Versuchen Sie die gelben Dinger abends eine Stunde früher zu nehmen. Und die roten später. Die grünen können dabei nichts ausrichten. Lassen Sie die so wie gehabt. (Schreibt schon Rezept aus) Brauchen Sie mehr davon?

PATIENTIN: Danke. Ich fühle mich schrecklich.
ARZT: Na, lassen wir es erst einmal dabei, warten wir ab, wie es Ihnen nächste Woche geht. Alles schön der Reihe nach, nicht?

Als ich herauskomme, bin ich wie ein Pappkarton, der unter die Dampfwalze gekommen ist: anfänglich zweidimensional, dann immer flacher, bis ich nur noch Masse bin. Ich gehe mit gesenktem Kopf zur Bushaltestelle. Selbst an warmen Tagen trage ich einen Schal und verberge mein Gesicht.

Dr. Stead ist heute im oberen Sprechzimmer.

Er ist nie woanders, doch die Schwester an der Aufnahme sagt es immer so, als sei es eine vorübergehende Einrichtung: Der Arzt ist im oberen Sprechzimmer. Es beweist ihre Unentbehrlichkeit als einzige, die mit Sicherheit weiß, wo er ist. Klar hofft sie, daß du eines Tages zu dreist wirst und unaufgefordert nach oben gehst und jemand anderen vorfindest. Also nimm ihren Hinweis jedesmal als Neuigkeit entgegen: Mich erwischt sie bestimmt nicht.

Nehmen Sie Ihre Karten mit bitte.

Ich nehme sie und sage nichts. Einmal habe ich sie versehentlich Mrs. McKay genannt. Auf dem Schild am Kragen steht Mrs. McKay, deshalb dachte ich, das wäre richtig. Sie sah durch mich hindurch, als sei ich Luft, und rief DER NÄCHSTE BITTE, vielleicht hieß sie anders, oder sie mochte nicht, daß Leute ihren Namen benutzten. Sie hält die Patienten gern in Schach. Oder es ist ihre Rache für all das Gehuste, Geniese und Gekratze, das sie aushalten muß. Jedenfalls sage ich jetzt nichts, nur Namen und Daten. Ich nehme meine Karten und gehe nach oben und warte.

Vorbereitung auf den Arzt
Eine kurze Übung, die bis zu vierzig Minuten ausgedehnt werden kann.

[Das Sprechzimmer ist blau. Die Patientin steht, während der Arzt sich am Hals kratzt, sitzt, Papiere durchwühlt. Einige der Papiere fallen, und er hebt sie auf, seufzt, grinst verbissen vor sich hin, kratzt sich mit dem Ringfinger hinten am Hals, sieht dann hoch.]

ARZT: Setzen Sie sich. [Pause] So wie gehts was gibts Neues wer sind Sie überhaupt?

PATIENTIN: Ich bin müde, und ich brauche immer noch jemanden, mit dem ich reden kann. Ich will mich nicht immer über alles aufregen. Ich werde verrückt.

ARZT: Sagen Sie mir nicht, wie ich meine Arbeit tun soll.

Entspannen Sie sich. Sie können mit mir reden. Ich habe einen doppelten Termin gebucht, also können wir zwanzig Minuten reden. Fangen Sie an. Ich höre zu.

PATIENTIN: Was kann ich in zwanzig Minuten Sinnvolles sagen?

ARZT: Versuchen Sie es. Sie versuchen es ja nicht. Sie suchen etwas, das es nicht gibt, deshalb sind Sie nicht glücklich. Sehen Sie mich an. Ich mache mir keine Illusionen. Deshalb habe ich alles im Griff.

PATIENTIN: Wie kann ich mehr wie Sie werden?

ARZT: Das meine ich nicht, das meine ich überhaupt nicht. Neid ist ein destruktives Gefühl. Außerdem mußte ich mir hart erkämpfen, daß ich heute so empfinde. Ich werde den Teufel tun und die Früchte meiner harten Arbeit für nichts und wieder nichts verschenken. Sie müssen mir erzählen, wie es Ihnen geht.

PATIENTIN: Ich weiß nur, es geht mir schlecht. Ich habe immer nur Wut und die ganze Zeit panische Angst. Ich will nicht bitter werden, es ruiniert mein Aussehen.

ARZT: Vielleicht hilft ein Hobby. Sarkasmus macht eine junge Frau nicht attraktiver.

PATIENTIN: Ich weiß ich weiß. Ich kanns nicht ändern.

ARZT: Gut. Wir versuchen zur Abwechslung diese grünen. Und setzen die Antidepressiva herauf. Alkohol und Autofahren verboten. Lassen Sie sich einen Termin für die nächsten Tage geben und versuchen Sie in Zukunft kooperativer zu sein.

Während ich mir vorstelle, wie er den letzten Satz schreit, kommt er aus dem Sprechzimmer und holt einen kleinen Jungen mit einem riesigen Gerstenkorn am Auge herein. Vielleicht ahnt er, daß ich hier draußen probe.

ungeduldige PATIENTIN: Na gut, machen wir uns nichts vor. Sie sagen, ich soll reden, dann sehen Sie auf die Uhr. Was soll ich davon halten? Das ist doch lächerlich. Können Sie mich nicht zu jemandem schicken, der dafür bezahlt wird, daß ich seine Zeit vergeude? Sie wissen nicht, was Sie mit mir anfangen sollen, aber Sie bestellen mich trotzdem immer wieder. Und verschonen Sie mich mit dieser Frau. Die macht mir nur Schuldgefühle, und ich sage gar nichts mehr.

ARZT: Also gut. Sie haben eine reaktive Depression. Ich glaube nicht, daß ein Spezialist Ihnen helfen kann. Reden Sie mit Ihrer Familie, wenn Sie mit mir nicht reden können.

ungeduldige PATIENTIN: Ich habe keine Familie.

ARZT: Werden Sie nicht melodramatisch.

Klicken und Schlurfen. Dr. Stead steht mit seiner Patientenliste in der Sprechzimmertür und wartet. Er sieht kleiner aus als in meiner Erinnerung. Auf seinen Schläfen zeigen sich schon Krähenfüße, und seine Nägel sind bis aufs Fleisch abgekaut. Wir versuchen locker zu sein und bringen die Routine hinter uns: Pillen, Ängste, Schlaflosigkeit, etc. Es gibt kein Übereinkommen, keine Lösung. Keine Antwort. Als er nach dem Rezeptblock greift, spüre ich etwas wie warme Fingerspitzen unter mein Kinn rutschen. Sie laufen zusammen, kühlen ab und tropfen, machen dunkle Flecke auf meiner Hose. Es ist unvermeidlich, dennoch demütigend. Ich bin ein ständiges Leck auf seinem schönen Stuhl.

Dafür gibt es beim Abschied ein weiteres Rezept. Er seufzt und hält ein Kleenex hin. Ich bin seine letzte Patientin, und es war sicher ein langer Tag.

Hören Sie mir zu?

Ich nicke, und er redet weiter. Ich will nicht hinsehen. Er sieht sicher viele solche Fälle. Er kennt sich damit aus, wie ich. Er läßt das mit dem Kleenex, und wir tun so, als sei nichts. Beide professionell.

Gut. Noch nichts von der Überweisung gehört?

Ich schüttle den Kopf.

Na ja. Fast vierzehn Tage. Ich bin zwar immer noch anderer Meinung, was die ambulante Betreuung angeht, aber offensichtlich ist die Sache nicht besser geworden. Setzen wir also auf Foresthouse.

Ich denke an die Sache, die nicht besser wird, und bin mir bewußt DIE SACHE = ICH. Er seufzt. Ich weiß, er haßt dies hier. Er weiß, daß ich es weiß.

Man muß allerdings verstehen, sie haben immer viel zu tun. Es dauert ein paar Tage, bis sie schreiben. Das ist bei Krankenhäusern heutzutage so.

Es ist schon zwei Wochen her.

Er steht auf. Ich sammle die Rezepte ein und folge ihm zur Tür. Er öffnet sie immer für mich: einer von der alten Schule. Kurz bevor er sie öffnet, erinnert er mich, ich soll keine Wunder erwarten.

Nein, sage ich.

Nein.

Ein alter Mann sitzt im Gang. Er zieht den Mantel enger und sieht zu mir herüber, verunsichert, daß ich ihn warten sehe.

Ich warte eine halbe Stunde.

Er hustet.

Verdammte Ärzte. Denken, du hast nichts Besseres zu tun.

Er redet nicht mit mir. Er redet, falls jemand zuschaut, darauf wartet, daß er sich rechtfertigt. Oder nur um etwas zu sagen.

Wenn der Arzt kommt, sagt der alte Mann nichts. Der Arzt ist ein gebildeter Mann. Er tut sein Bestes. Der alte Mann ist nur alt.

Scheißkerle, sagt er.

Einer muß Schuld haben. Er gibt dem leeren Gang die Schuld. Wenn der Arzt kommt, wird er wie wir alle lächeln. Wenn der Arzt sagt, es tut ihm leid, daß er warten mußte, sagt er: Keine Ursache, keine Ursache. Ich halte den Kopf gesenkt, erwarte jederzeit eine plötzliche Bescherung, die vom Himmel fällt. Ich zucke zusammen, ziehe den Kopf vor dem Schlag ein, der nie kommt.

ooo

Zwei Wochen vor ihrer Abreise machte Marianne mit mir einen Ausflug per Auto. Wir hatten eine große Flasche billigen Wein dabei. Ich hielt sie zum Kühlen während der Fahrt aus dem Fenster. Unverantwortlich. Es war sehr spät: kaum andere Autos. Wir fuhren meilenweit über Land an Kilmarnock vorbei, bis sie den Motor abstellte und wir im Dunkeln saßen und Wein tranken und den Halbmond betrachteten. Sie sorgte sich, weil sie fortging, und wollte mit mir überlegen, wie ich durchhalte. Wir tranken viel Wein und beschlossen, es sei alles eine Frage des Durchhaltens, einfach Tag für Tag weiterzumachen, bis es weniger schrecklich war. Ich wollte wissen, was geschähe, wenn sie Amerika haßte.

Dann komme ich wieder, sagte sie.

Ihre Schultern verspannten sich. Sie tat locker, weil sie auch Sorgen hatte. Sie sorgte sich, wie sie es mindestens ein Jahr an einem fremden Ort mit Leuten aushalten sollte, die sich anstellten, weil sie den Akzent nicht verstanden. Selbst wenn es der schlimmste Job der Welt war, konnte sie nicht gehen: sie hatte Verträge unterschrieben, in denen es stand. Wir tranken noch mehr Wein.

Jedenfalls bekomme ich, wenn ich es hasse, wenigstens gutes Geld.

Das klang bitter. Wir wußten nichts mehr zu sagen, also

fuhren wir nach Hause, zick zack zurück über den Mittelstreifen, über die Autobahn und hinunter auf den Küstensand von Irvine. Sie hielt und sah aufs Meer: in Kentucky gibts kein Meer. Dann drehte sie sich um und sah mich an.

Halte einfach durch. Halte für mich durch. Es muß ja besser werden.

Ich weiß, sagte ich. Ich weiß das.

Das Rauschen der Wellen klang über die Dünen.

Aber was soll ich tun, wenn ich durchhalte, Marianne? Was soll ich tun?

Ich will nicht

Radio hören
fernsehen
baden
Schallplatten hören
lesen
Briefe schreiben oder jemanden besuchen
spazierengehen
nähen
Essen gehen

aus schon genannten Gründen.

Bleibt das Telefon.

Marianne ist eine geborene Telefoniererin. Ich habe dabei gemischte Gefühle. Meine Mutter hatte zu Hause keins: zu teuer. Ich habe meine Jugend ohne Telefon verbracht. Aber ich dachte, es müßte wundervoll sein. Ich dachte, alle außer uns hätten eins und eins zu haben sei ein sicheres Zeichen für Erfolg. Glattes Plastikgehäuse, verführerisch geringelte Schnur und behäbiges Schnarren beim Hörerabnehmen: ein begehrenswertes Objekt. Ich habe nie richtig darüber nachgedacht, wozu es war: das war nicht der Sinn der Sache.

Der Sinn der Sache war
Der Sinn der Sache war
Der Sinn der Sache

Ich wußte nicht, was der Sinn der Sache war: Nur die Sehnsucht zählte.

In Pauls Wohnung gab es ein Telefon, schon installiert. Eine Zelle in einem Schlafsilo, ein einziger Wohnraum, aber es gab ein Telefon. Schon bedeutete die Bindung an einen Mann etwas Besseres. Ich stieg auf: eigene Telefonnummer. Mehr oder weniger. Ich konnte meine Mutter nicht anrufen, denn sie hatte immer noch keins, aber ich konnte die Zeitansage anrufen und die Vermittlung. Ich konnte bei der Arbeit anrufen und sagen: Ich bin krank – was nicht oft geschah. Nicht damals. Ich war aufgeregt, wenn es läutete, und sprang triefend aus der Wanne, um festzustellen, wer am anderen Ende war. Meistens war es Paul, der sagte, er müsse länger arbeiten. Dann beantragte ich ein Telefon für meine Mutter: sie war krank, und ich fand die Idee gut. Sie rief mich häufiger an als ich sie. Sie rief an, weil sie nicht undankbar sein wollte, weil ich soviel Geld bezahlt hatte. Sie hielt den Hörer immer zu weit vom Mund weg und schrie. Manchmal läutete es mitten in der Nacht und machte ihr angst. Sie wußte nie, wer es war. Nachts legte sie den Hörer daneben. Für alle Fälle.
Bald mußte ich im Krankenhaus anrufen, um sie zu sprechen. Mehr als einmal wußte sie nicht, wer ich war. Es machte ihr bestimmt angst, aber ich rief weiter an. Einmal rief ich sie von einem Berg an, rief ICH RUFE OBEN VON EINEM BERG AN, als ob das wichtig war. Sie hing ein. Sie erinnerte sich nicht mehr daran, als ich es ihr eine Woche später erzählte. Am Tag, als sie starb, rief jemand während der Arbeit an. Ich ging zu ihr nach Haus und kontrollierte das Telefon auf dem Tisch im Flur, das ich bezahlte. Der Hörer lag daneben.

Im Cottage bekam ich am Tag, als ich einzog, ein Telefon. Schließlich dachte ich, jeder braucht ein Telefon. Heutzutage kann man ohne Telefon nicht leben. Michael rief spät nachts an, wenn seine Frau zu Bett gegangen war, und sein Flüstern drang durch die Leitung in mein Schlafzimmer. Dann kam der Anruf, der aus drei Worten bestand.

Sie weiß es.
Als er auflegte, habe ich mich übergeben. Haarscharf am Telefon vorbei.

Ich habe Norma gleich nach dem Spanienflug aus Heathrow angerufen. Aus einer lauten Telefonzelle, während ich auf den Anschluß nach Glasgow wartete. Ich wollte, daß sie wußte, was ich tat. Aus erster Hand. Gerüchte und Vermutungen können Schlimmes anrichten.

Marianne rief danach die ganze Zeit Leute an, damit sie Bescheid wußten. Norma tat ziemlich dasselbe. Man konnte ihnen anhören, wie peinlich es war, wenn sie es zum zweiten Mal erzählt bekamen. Sie hatte reichlich Zeit. Es dauerte drei Wochen, bis er in einer bleiversiegelten Kiste wiederkam. Die ganze Zeit hat sie telefoniert.

Das Telefon ist ein Eindringling in die Ordnung. Es bedroht die Kontrolle. Gerade wenn du denkst, du bist allein und sicher, kommt der Anruf, der dein Leben verändert. Oder ein anderes Leben. Es macht immer das gleiche monotone, mechanische Geräusch und keinerlei Andeutungen, was dich am anderen Ende der Leitung erwartet.

Man kann nicht vorsichtig genug sein.

ooo

Ich war allein zu Hause, und das Telefon läutete. Der Wind heulte, und die Türen klopften wie von abwesenden Händen, pochten vom Durchzug oben. Etwas fiel, schlug im leeren Zimmer über mir zu Boden und schleppte sich dort über die Dielen.
Ich war allein zu Hause. Und das Telefon läutete.

TELEFON:	Wer ist da? [Tiefer Atem] Wer ist das?
ICH:	Ich wohne hier.

TELEFON: Rede mit mir. Wer ist das?

ICH: Ich wohne hier. Sie haben mich angerufen. Sagen Sie, wer Sie sind.

TELEFON: Sprich mit mir. Es heißt, du bist krank.

ICH: Ich glaube, Sie sind falsch verbunden.

TELEFON: Komm mir nicht damit. Sprich mit mir, willst du nicht mit mir sprechen?

ICH: [Schlucke: versuche hart zu klingen] Lassen Sie mich in Ruhe.

TELEFON: Sei nicht dumm. Ich bin deine Schwester. Willst du nicht mit deiner Schwester sprechen? Ich bin deine einzige Schwester. Ich bin deine Schwester Herrgottnochmal.

Ein schwerer Duft verstopfte mir die Nase, bis ich fast ohnmächtig wurde, nur ich werde nie ohnmächtig. Ich wußte, sie wußte, ich bin es. Sie wußte, ich wußte es.

ICH: [Hilflos] Hallo. Wie geht es dir?

MYRA: Kann nicht klagen. Ich habe jetzt einen Hund. Trixie. Sie hat Schleimhautentzündung. Trixie. Aber was ist mit dir los. Es heißt, du bist krank. Ich mache mir Sorgen um dich. Jemand hat behauptet, du bist krank.

ICH: [Grotesker Versuch, verdammtgutdrauf zu klingen] Nein. Mir gehts bestens. Bestens. Großartig. Klinge ich krank?

MYRA: Du klingst komisch. Arbeitest du noch in dieser Schule?

ICH: Jawohl. Immer noch. Mir gehts bestens. Du brauchst dir keine Sorgen um mich zu machen.

MYRA: Gib mir deine Adresse. Ich will vorbeikommen.

ICH: Also das ist jetzt gerade schwierig.

Wenn ich ihr eine andere Adresse gebe, merkt sie, daß sie falsch ist, und findet mich trotzdem. Sie kann mich ausfindig machen und totstechen. Myra ist so. Sie kann einfach dastehen und mich zu Tode erschrecken.

MYRA:	Sag mir, wo du wohnst.
ICH:	Ich weiß nicht, ob ich das tun kann.
MYRA:	Sags.
ICH:	Ich weiß nicht, Myra.
MYRA:	Los, sags *sofort*.
ICH:	Okay, okay, ich sags schon. Ich wohne

dann drückte ich auf die Gabel und unterbrach das Gespräch. Ich konnte sagen, wir sind unterbrochen worden und es hatte nichts mit mir zu tun. Ich ließ den Hörer seitlich auf dem Telefon liegen, er schnarrte auf dem Teppich, damit sie nicht zurückrufen konnte, während ich nach oben lief. Ich beugte mich übers Waschbecken und putzte mir kräftig die Zähne, bis die Spucke dunkelrosa wurde, preßte die Bürste hart ins Zahnfleisch und peinigte mich selbst, damit Gott machte, daß Myra mich in Ruhe ließ. Die ganze Zeit murmelte ich durch die Borsten und verschmutzte das Becken mit Tropfen

sie weiß meine Adresse nicht
sie weiß meine Adresse nicht

Ich habe vor Myra Angst gehabt, solange ich denken kann. Sie und meine Mutter/ihre Mutter waren gleichzeitig schwanger. Sie hätte meine Mutter sein können. Daran denke ich, wenn ich mein Schicksal schwer finde, und weiß dann wieder die kleinen Wohltaten des Lebens zu schätzen. Myras Kind ist gestorben. Ich nicht. Vielleicht hat sie mich deshalb soviel geschlagen. Ich weiß nicht. Hände wie Schaufeln. Myra hat Spuren hinterlassen. Sie sind nicht sichtbar.

Ich spülte das Becken aus und wartete eine Weile, wußte nicht, was ich tun sollte. Nach einer Weile ging ich nach unten und spazierte auf dem Teppichrand hin und her. Ich überlegte, ob ich ausgehen sollte, aber mir fiel nicht ein, wohin. Außerdem wollte ich im Besitz des Wohnzimmers sein, falls etwas geschah. Das Telefon funktioniert nur einseitig.

Die gewundene Straße draußen war unter der Straßenlampe orange, glänzte vom Regen. Blätter wie kleine Orangenschalenstückchen in frischer Marmelade. Kinderhorden dröhnten am Ende des Wegs vorüber, schrien. Ich saß im Sessel, bis meine Knie hellblau wurden.

sie weiß meine Adresse nicht
sie weiß meine Adresse nicht

Der Raum füllte sich dunkel, als fiele Staub.

Ich wurde ganz starr, als das Klopfen kam. Klopfen und ein Geräusch wie ein Schlüssel im Schloß. Ich horchte auf mein eigenes Atmen. Das Klopfen kam wieder: Fleisch auf Holz, Kratzen. Der Briefkasten klapperte.

MACH DIE TÜR AUF

Alles war einen langen Augenblick still. Dann wurde die Tür geschüttelt und es schlug ein paarmal heftig, als stieße von draußen etwas Riesiges dagegen. Sie knarrte, als zersplitterte sie.

ICH WEISS DU BIST DA DRINNEN

Wie einen Fisch an der Angel zog es mich zur Innentür. Ich konnte die Außentür lauter klappern hören, je näher ich zitternd kam und mich innerlich unter der Gewalt der Schaufelhände krümmte. Aber ich ging weiter. Das Schloß hinterließ Frostbeulen an meinen Fingern. Aber ich ergebe mich. Ich ergebe mich. Wie immer. Ich habe den Schlüssel umgedreht und einen Schritt zurück gemacht.

Myra wirbelte aus dem Schwarz draußen herein, wie ein Derwisch: ihr Haar völlig grau. Ich mußte zweimal hinsehen, aber es war wirklich Myra. Älter. Nie hatte ich gedacht, ich sehe Myra, wenn sie älter aussieht. Ihre Wimperntusche war zu kohlenstaubschwarzen Dreiecken verlaufen, so lange hatte sie draußen im heulenden Wind und Regen darauf gewartet, daß jemand öffnete und sie hereinließ. Ihre Nase war rot wie ein zerbissener Daumen.

WO ZUM TEUFEL HAST DU GESTECKT?

Die Stimme war die gleiche. Dann wurde sie ein bißchen sanfter.

Ich habe endlos vor dieser Tür gestanden. Endlos. Du hast keine Ahnung, was mir alles durch den Kopf gegangen ist.

Sie hatte recht: das hatte ich nicht. Aber ich schämte mich, weil ich nicht geöffnet hatte und versucht hatte, mich zu verstecken. Ich schämte mich, weil sie so alt aussah. Ich hätte sie draußen gelassen, wenn ich gekonnt hätte. Ihre Hände waren rot und rissig, und sie trug keine Handschuhe. Es gab einen plötzlichen Luftsog, als ich die Außentür zuzog, so daß die Blätter auf der Veranda uns gegen die Gesichter flatterten wie Fledermäuse. Ich konnte kaum glauben, was ich tat. Ich holte Myra in mein Haus. Ich beobachtete mich ungläubig, und mein Mut sank schrecklich, und ich wußte, es konnte nur schlimmer werden.

Sie sieht entsetzlich aus, als ich Licht mache. Ich vermutlich auch. Blutschwestern. Die Schwestern Grimm(ig).

Aha, sagt sie und steht mitten auf dem abgetretenen Teppich. Du hast jedenfalls den ganzen Krempel ausgeräumt.

Ich weiß nicht, wovon sie redet. Ich wußte es nie. Als ich auf einen der überzogenen Sessel zeige, setzt sie sich, lächelt, schaut hoch.

Das ist gut. Das ist schön.

Ich erinnere mich, ich habe Angst und gehe nebenan in die Küche und sage, ich muß Tee machen. Sie ruft, daß sie keinen Durst hat, begreift nicht, warum ich weg muß, aber sie bleibt sitzen, während ich durch die Küche taumele, Tassen und Löffel fallen lasse, Milchpulver verstreue. Ich muß damit fertig werden. Ich muß mit ihr reden. Sie ist meine Schwester Herrgottnochmal. Meine Schwester.

Meine Schwester sieht mich über der Teetasse an, wärmt ihre aufgesprungenen Hände, sagt Sätze, die ich nicht besonders gut verstehe. Der Tee schlängelt sich beim Schlucken durch meinen Mund. Meine Schwester ist hier in meinem Wohnzimmer. *Myra.*

Myra ist dreiundzwanzig Jahre älter als ich. Fast fünfzig. Sie sieht älter aus mit der zerlaufenen Wimperntusche auf den Wangen und den grauen Haaren. Sie sieht verrückt aus. Ich lache bei dem Gedanken, und sie lächelt zurück, hält es fälschlich für eine freundliche Geste. Sie entspannt sich zusehends.

Mutters Obstschale. Habe vergessen, daß du sie hast. Du hast den Krempel ausgeräumt. Entsetzliches Zeug. Der ganze Elektrokram. Mensch, die Plastikblumen, die sie mochte? Die Binsen? Mein Gott nicht?

Ich erinnere mich, daß sie reichlich trinkt, und frage mich, ob sie deshalb so schleppend spricht und ich schwer verstehe, was sie sagen will. Sie klingt, als hätte sie einen Schlaganfall gehabt. Vielleicht hatte sie einen. Ich weiß nichts über meine eigene Schwester. Sie sagt beim Reden *weißt du noch?*, und ich lüge. Ich nicke und nicke und weiß gar nichts. Ich hole den Gin. Myra stellt fest, daß nicht viel übrig ist. Ich kippe ihn hinunter und gehe und hole etwas anderes. Ich gieße zwei große Gläser voll Sherry ein und stelle den Rest in Reichweite ab.

Wir lassen die Gläser klingen. PROST sagen wir. Prost. Großer Gott.

Der Sherry schmeckt wie Zuckerwasser, aber er dient seinem Zweck. Gleich stehen wir vor der schwierigeren Frage WIE ES IST.
Kleine Staubwolken plustern sich als Heiligenschein um

Myras Kopf, als sie es sich im Sessel bequem macht. Ich weiß, gleich gehts los.

So, sagt sie. Wie ist es?

Schön, sage ich. Zu schnell.

Sie sagt: Nein wie gehts dir wirklich. *Wirklich* meine ich. *Wirklich.*

Ich schüttle den Kopf und betrachte den Sherry. Das Glas ist nicht sauber.

Sie sagt: Nein im Ernst, sag schon im Ernst, ganz ehrlich. Es ist still, nur Myra schnieft, ihre Nase taut auf.

Nein, jemand ist doch gestorben, sagt sie. Wolltest du dir was antun oder was? Wer ist gestorben?

Ich sacke in mich zusammen. Aber ich muß es schaffen. Sie ist hier, und ich bin hier, und mir fällt nicht ein, wie ich die Frage verschwinden lassen kann.

Wer ist also gestorben?

Ein Mann, mit dem ich zusammengelebt habe. Ich hole mit dem Arm weit aus. Dies ist sein Haus.

Ein nettes Haus, sagt sie und wirft einen feuchten Blick auf die ruinösen alten Möbel und die Bezüge.

Ich muß mich zurückhalten, sonst werfe ich den Kopf in den Nacken und lache schallend los. Sherry schießt mir in die Nase, und ich würge. Vom Verschlucken wird mir fast übel.

Wie bist du drangekommen? fragt sie konfus.

Es war nicht einfach, sage ich. Ich hatte keinen Berechtigungsschein. Er war verheiratet, und die Trennung war noch nicht amtlich. Aber seine Frau war so nett und hat mir den Kram, den sie nicht wollte, gelassen.

Der Alkohol brennt in den Augen. Ich habe mehr getrunken als angenommen. Ich bin nicht vorsichtig.

Verheiratet, sagt sie, als ob es alles erklärte. Verheirateter Mann. HACH!

Er hat ein großes Haus gewollt, damit die Kinder kommen können. Oben sind zwei Schlafzimmer.

Kinder, großer Gott! Kinder! Verdammt immer das gleiche, nicht? Typisch.

Ich denke eine Minute nach und weiß nicht, was daran typisch ist. Ich muß etwas sagen. Ich sage: Nein, es war okay. Alles war anfangs okay. Eine Weile haben wir bei mir gewohnt, und alles war okay. Dann kamen wir hierher.

Woher? sagt sie und wühlt in ihrer Tasche. Jetzt läuft ihre Nase.

Och, Myra, so können wir ewig weitermachen.

So munter klinge ich, wenn ich angeheitert bin: erinnert mich an ein Neujahrsrennen. Ich schaue ins Sherryglas und versuche meinen Mund vom Weiterreden abzubringen.

Das Haus war winzig, aber billig. Direkt draußen vor der Tür war eine Bushaltestelle, und Leute ohne Sinn und Verstand sahen beim Warten herein, als sei ich ein Fernseher. Doch immerhin konnte ich wegfahren: Busse hielten und fuhren direkt vor meiner Tür, wenn ich irgendwohin mußte. So fühlte ich mich frei. Ich tapezierte jede Wand selbst und baute Regale, setzte die Steckdosen selbst und strich alles an. In der Küche roch es irgendwie feucht, aber es war meins, mein Zuhause. Paul half mir beim Umziehen. Die Trennung war nicht bitter. Wir wollten zivilisiert und höflich sein. Unerklärliche Weinkrämpfe störten manchmal die Abendruhe, aber ich hielt sie für ein gutes Zeichen. Jeder Mensch muß ab und zu weinen. Ich wohnte dort kaum ein halbes Jahr, als Michael anrief und seine drei Worte sagte

Sie weiß es.

Er zog in der gleichen Nacht mit drei Tragetüten ein. Sonst gab es keinen Platz, wohin er gehen konnte. Er vermißte die Kinder, aber es ging uns gut. Manchmal blieben wir die ganze Nacht wach vor Freude über den anderen warmen Körper, den wir im Dunkeln hielten und dessen Anwesenheit uns unerwartet schien. Wir standen mit rotgeränderten Augen auf, um zu arbeiten, fuhren zum selben Ort im selben Wagen und kamen abends gemeinsam zurück. Nach dem Abwasch sahen wir unseren Spiegelbildern in den nachtgeschwärzten Fenstern beim Küssen zu.

Eines Nachts stieg er aus dem Bett und kam eine Weile nicht wieder. Es war 2 Uhr. Das beunruhigte mich. Ich fand ihn in der Küche ganz hinten im Haus, ganz lila vor Kälte. Er kniete auf dem Betonboden und betrachtete etwas. Ein Pilz wuchs aus der Scheuerleiste. SIEH MAL sagte er, SIEH. Wir wußten nicht, was wir davon halten sollten. Ich bestocherte den Pilz mit einer Gabel, und er brach ab. Wir gingen wieder ins Bett und versuchten nicht mehr daran zu denken.

manchmal
sagen
die
Vorahnungen
aufhören
es ist zu spät
achte nicht
darauf
manchmal
das Gefühl
déjà

Wir waren in der Küche und kochten: ich warf ein paar Spaghetti an den Rauhputz, um festzustellen, ob sie gar waren, während er die Sauce rührte. Ein Spaghetti landete unglücklich, und ich entdeckte wieder einen Pilz direkt neben der Stelle an der Wand, wo die Nudel klebte. SIEH MAL sagte ich, und wieder sahen wir. Dieser saß fester. Er brach nicht gleich ab, so daß Michael ein Messer holte und ihn seitlich vom Fenster abschnitt. Er hinterließ, wo er gesessen hatte, eine kleine rosa Spur wie dünnes Blut. Nach einem Monat waren überall im Flur kleine Schößlinge. Schimmel malte oben um Wände Linien, und Babypilze erschienen über Nacht. Er sollte sie nicht anfassen, weil ich dachte, sie seien vielleicht gefährlich. Ich wußte nicht, woher sie kamen, und ließ sie jedenfalls lieber in Ruhe. Für alle Fälle. Vielleicht dachte ich, sie verschwinden, wenn wir nicht hinsehen. Ab und zu entdeckte ich ihn im Flur, wie er mit scharfem Blick nach unten sah und mit einem Taschenmesser kratzte und es schnell versteckte, wenn er mich kommen sah. Ich hörte, wie er im Bad das Wasser laufen ließ und sich die Hände wusch. Er holte aus der Bücherei ein Buch und las über den Pilz nach.

Holzfäule, sagte er sachlich.

Holzfäule, er gab mir das Buch, damit ich es auch nachlesen konnte. Es war übler als sein Name. Das Haus wurde davon innerlich aufgefressen. Die Sporen drangen durch Zement und Putz und vermehrten sich tausendfach, während wir schliefen. Wenn sie wollten, konnten sie den ganzen Bau in ihre Gewalt bringen. Nachts wurde ich wach und fragte mich, was im Flur geschah, während wir in unseren Betten lagen. Der Kostenvoranschlag für die Reparatur war unglaublich. Ich fing an, schlecht zu schlafen. Ich besah die Wände oder Scheuerleisten tagsüber lieber nicht.

Inzwischen bekam Michael eine Wohnung angeboten. Das Haus war zu groß, aber er sagte zu. Es war freundlich, hell, voll Fenster. Gelbe Wände und weißes Holz. Es war wichtig, daß er sein eigenes Haus hatte, damit er sich nicht abhängig vorkam. Ich wollte auch nicht, daß jemand bei mir wohnte, nur weil es nicht anders ging. Wir bekamen Einrichtungsgegenstände geschenkt. Wir brachten nachts unsere Kleider aus dem anderen Haus, fort von den stillen Sporen, den kriechenden roten Wolken. Wir legten Teppiche über die Dielen und überzogen die Sessel mit Tüchern, verdeckten so geplatzte Nähte und zerkratzte Rahmen. Wir hingen uralte Gardinen auf, die nur noch die Wäschestärke zusammenhielt. Ich briet ein Hähnchen in seinem Backofen, und wir aßen es mit reichlich Wein, machten Pläne für unser Leben. Mein Haus konnte repariert werden, während ich hier wohnte, dann konnte ich zu mir nach Hause ziehen. Wenn er mich besuchen würde oder ich ihn, dann weil wir die Wahl hätten. Es war sehr vernünftig. Die Frauenzeitschriften hätten ihre Freude gehabt. Wir konnten uns jetzt vernünftige Entscheidungen leisten: tun, was wir immer schon wollten. Alles würde gut sein. Leichtsinnig buchten wir eine Spanienreise, die wir uns nicht leisten konnten. Warme frische Luft, die Sonne. Der Strand. Schwimmbecken. Um mein Haus würden wir uns kümmern, wenn wir wieder zu Hause waren. Wenn wir erholt waren. Wenn wir wieder klar denken konnten. Geld würde da sein. Es stand in seinen Sternen.

> Geld ist knapp, aber der Sommersonnenschein bringt ungeahnte Erleichterung. Et-

was Neues ergibt sich für Sie und Ihren Partner. Ihre Sorgen gehören bald der fernen Vergangenheit an. Fürchten Sie die Veränderung nicht: es kann zu Ihren Gunsten sein!

Willst du noch mehr davon?

Eine grauhaarige Frau zeigt mir eine Flasche. Myra. Sie schenkt mir ein, und ich schlucke und würge. Whisky. Sie hat ihre eigene Flasche mitgebracht. Myra gurgelt den Rest aus ihrem Glas herunter und gießt nach.

Verheiratete Männer, sagt sie, und ich fröstle am ganzen Körper.

Ich sehe zu dieser Frau hoch und versuche mir vorzustellen, wie sie mir eine Spielzeugmickymaus gab, was mich so aufregte, daß mir davon schlecht wurde. Ich sehe nur eine grauhaarige Frau. Sie lehnt sich kumpelhaft vor und sagt: Das ist also dein Haus, he?

Ich denke an mein auseinanderfallendes Haus. Ich betrachte die gelben Wände und das weißlackierte Holz, die Staubflocken, die sich in die Ecken verkrochen haben.

Ja, es gehört ganz mir.

Wie bist du daran gekommen? sagt sie wieder beeindruckt.

Mr. Dick erscheint unangemeldet in meiner Erinnerung, sein breites Gesicht, das mir zu nahe kommt, wie ein Spiegelbild im Türknauf.

Wir machen das Unmögliche möglich, Miss Stone; vergessen Sie das nicht. Genaugenommen begehen Sie tagtäglich Hausfriedensbruch. Mrs. Fishers Anwälte haben mit ihrer Behauptung völlig recht. Sie haben kein Anrecht auf die Schlüssel. Ihnen scheint zu entgehen, wie heikel die Situation ist. Wir sind bereits großzügig, obwohl wir unter enormem Druck stehen.

Ich greife das Glas fester.

Lange Geschichte, sage ich.

Verheiratete Männer, sagt Myra. Ihre Augen schließen sich sanft.

Ihre Worte leiern immer mehr. Ich lasse mein Glas seitlich stehen und versuche mich aufzurichten, ohne sie zu stören. Sie ist zu Schrecklichem fähig, wenn sie betrunken ist. Ich stehe erst halbwegs aufrecht, als ich plötzlich einen Schluckauf bekomme. Der Schluckauf hat sie überrascht. Sie setzt sich augenblicklich erschrocken auf, dann schreit sie mir direkt ins Ohr.

Was ist mit Mutter, du gefühllose Ziege? Nie um deine Mutter getrauert. Und fängt an zu weinen.

Ich schreie etwas von Teemachen und renne wie wahnsinnig in die Küche. Am Ende der Straße gibt es eine Telefonzelle. Ich zermartere mir das Hirn, während ich Myra nebenan entsetzlich und geräuschvoll weinen höre, und mir fällt Paul ein. Sonst gibt es niemanden, der weiß, was ich meine, wenn ich das Wort Myra in den Mund nehme. Wenn ich sage: Myra ist bei mir, und du mußt mir helfen. Ich muß die alten Zeiten mißbrauchen.

Ich setze nur den Kessel auf, rufe ich, um das Geräusch des Schlüssels im Schloß der Hintertür zu übertönen. Mir wird eiskalt, als ich in der Küchenschublade nach Kleingeld suche und wie wahnsinnig zur Telefonzelle renne, hoffe. Sie hat keine Tür und funktioniert fast nie. Heute abend funktioniert sie. Es schnarrt, als ich den Hörer hochnehme, die Muschel ist schmierig vom Atem fremder Leute. Der Wind drückt die Seitenwände der Zelle, ich wähle und halte inne, wähle wieder und halte inne. Es ist fast Mitternacht, aber ich muß anrufen. Es läutet und läutet am anderen Ende, der Wind heult so laut, ich halte den Hörer krampfhaft fest und fürchte, ich verstehe nichts, wenn er abhebt. Dann hebt er ab. Genau die gleiche Stimme, Pauls Stimme, so natürlich wie sieben schmerzliche Jahre. Er klingt locker, gelassen in seinem Zuhause, wo ich früher gewohnt habe.

PAUL: Hallo. Wer ist am Apparat?

ICH: Paul?

PAUL: Ja? Wer bitte?

ICH: Alles in Ordnung. Ich bins nur. Ich, Paul. Also, ich weiß es ist spät aber kannst du mit mir reden einfach mit mir reden ich habe Angst ich fürchte mich ich kann niemanden sonst anrufen bitte kann ich

PAUL: Hör mal. [Er klingt jetzt anders. Wie mechanisch.] Hör mir gut zu. Beruhige dich. Was willst du?

ICH: Entschuldige. Ich bin ganz hysterisch.

Ich glaube, ich fange gleich an zu weinen und muß mir fest in die Lippe beißen, während er stöhnend am anderen Ende der Leitung wartet. Ich führe das Gespräch weiter, bevor er denkt, ich bin vielleicht verrückt. Ich spiele mein As aus.

ICH: Myra ist da.

PAUL: [Langes Schweigen]

ICH: Paul. Myra ist da.

PAUL: Ich weiß. Sie hat mich angerufen und nach deiner Adresse gefragt.

ICH: [Nichts. Ich habe das Gefühl, ich platze gleich]

PAUL: Ich mußte irgend etwas tun, um sie loszuwerden. Ich habe Besuch. Ich will nicht, daß sie mich anruft. Sag ihr, sie soll es nie wieder tun.

ICH: Aber sie ist bei mir zu Hause.

PAUL: So?

ICH: [Ich wimmere. Es ist peinlich, aber er fühlt sich hoffentlich schuldig] Ich habe Angst. Kannst du kommen und etwas dagegen unternehmen?

PAUL: Du meine Güte. Was soll ich denn tun?

ICH: [Das ist eine gute Frage, und ich bin k. o.

	Ich sacke gegen die Zellenwand und flüstere] Hilf mir.
PAUL:	Du, ich habe Besuch. Besuch.
ICH:	Was soll ich tun.
PAUL:	Ich habe Besuch. [Stille] Besuch. Verstehst du nicht. [Großes Stöhnen] O Gottes willen.

Es klang wie Ersticken, und die Verbindung schien sich in eine Reihe von Punkten aufzulösen. Es dauerte eine Minute oder zwei, bevor ich zugeben konnte, Paul hatte eingehängt, dann rutschte ich weiter die Zellenwand hinunter, versuchte aus dieser Gewißheit herauszukommen. Das gelbe Quadrat, das mein Küchenfenster war, flackerte, und ich wußte, Myra wanderte durchs Haus. Suchte mich. Also ging ich zurück. Ich bin nicht einmal gestolpert. Jedesmal wenn ich denke, ich halte es nicht mehr aus, halte ich immer aus. Es gibt keine andere Wahl. Ich falle nicht, ich habe keinen Schaum vorm Mund, ich werde nicht ohnmächtig, breche nicht zusammen, sterbe nicht. Es ist bei uns allen das gleiche. Aus deinem Kopf kommst du nicht heraus. Etwas hält dich in Gang. Etwas hält dich immer in Gang. Ich ging nach Hause zu Myra. Allein.

SO IST ES JETZT

Es ist 12.44

Morgen ist Dienstag.

Ich versuche zu begreifen, was es heißt. Dienstag. Der zweite Werktag der Woche. Das ist ein Witz, aber ich lache nicht sehr. Es stimmt auch nicht. 12.45 Die grünen Leuchtziffern auf dem Stereogerät sagen es immer, immer wieder, und ich zähle mit. Heute ist Dienstag. Die Zahlen flimmern und wandeln sich still.

Zwei Frauen in Badeanzügen kommen schrittweise näher.

Ein Rücken wie von einem Wal über jemandem am Boden: die Gestalten zweier küssender Männer. Nur einer bewegt sich. Die Arme und Gesichter fremder Leute rutschen vorüber. Ich schmecke Erbrochenes hinten im Hals.

Jesus
Jesus
Jesu

Holländisch oder Deutsch. Eine Sprache, die ich nicht kenne. Sie umkreisen den Mann auf den Fliesen. Seine Finger zerteilen Wasserfluten.

Ein weißer Kleinbus schlittert zu dicht an den Beckenrand, und ein Kind fängt an zu heulen. Frauen weichen in die Menge zurück, ihre Gesichter sind gelb: kanariengelb unter lederbrauner Haut.

Zwei Männer laufen aus der weißen Wagentür. Sie heben den Körper eines Mannes, seine Glieder sind schlaff. Entspannt. Eine Hand auf meiner Schulter, und meine Zunge ist von Sand verklebt. Innen im Wagen ist der Ledersitz heiß unter meinen Schenkeln. Das metallene Scheppern der Schlösser.

Draußen über dem Fenster schwimmen rote und lilafarbene Blüten, verschwimmen in der Eile, im Zittern unter den Rädern. Geräte rütteln und rücken die Blüten beiseite. Eine Sirene jammert.

ooo

Der Wecker.
Ich schrecke hoch, bevor ich begreife, es ist nur das.

Dienstagmorgen
Ich muß arbeiten gehen.
Ich muß arbeiten gehen, weil es
1. wärmer als hier ist;
2. Moneten bringt;
3. dort Leute gibt.

Ich hülle mich gegen den Frost in eine doppelte Schicht Sachen.

Myra hat nie richtig gefrühstückt, nur schwarzen Kaffee. Ich habe sie nachgeahmt, weil ich dachte, es sei schick. Meine Mutter schrie IN DEINEM ALTER MUSST DU FRÜHSTÜCKEN, aber ich hinterließ ihr den Toast und ging leer und leicht zur Schule.
Am Morgen, nachdem Myra gekommen war, fiel es mir wieder ein, trotzdem fragte ich, weil ich dachte, ich müßte fragen. Vielleicht hatte sie sich verändert.

Du weißt doch, ich esse morgens nichts, sagte sie. Wie immer. Wie ein Spatz.
Wie immer.
Wir tranken gemeinsam schwarzen Kaffee, dann gingen wir zur Haltestelle, knietief im Nebel.

Gott, wie spät ist es? sagte sie.

Kurz nach sieben. Ich erklärte ihr die Busse und daß ich früh los mußte.

Gott, sagte sie.
Wir spitzten die Ohren, weil der Nebel so dicht war und wir nichts sahen. Aus ihrer Nase, von der letzten Nacht immer noch hochrot, tropfte es auf den Asphalt. Sie hustete, wischte die Nässe mit der bloßen Hand ab und linste mich dann schief aus blutunterlaufenen Augen an.

Soll ich nicht wiederkommen?

Mein Magen schlug Purzelbaum.

Möchtest du nicht, daß ich wiederkomme? Denkst du – aber sie beendete den Satz nicht, ließ ihn einfach abgebrochen hängen, ohne daß noch etwas kam und das Loch füllte. Ich dachte, ich könne es ticken hören, obwohl keine von uns eine Uhr hatte und auch hier draußen keine Uhr war. Vielleicht waren es Tropfen aus der Regenrinne oben am Bushäuschen. Wir waren nirgends Besonderes und standen in einem Bushäuschen aus Plexiglas, Herrgottnochmal. Es gab keine Uhr, aber irgend etwas tickte. Sie wischte sich wieder die Nase, und ihre Augen wurden feucht.

Ich bin deine Schwester.

Ich sah auf den Gehweg, falls sie anfing zu weinen. Das letzte Mal, das ich Myra hatte weinen sehen, war, als meine Mutter ihr nicht erlaubte, mit einem italienischen Kellner auszugehen. Sie trug diesen gewaltigen Kräuselrock und baumelnde Ohrringe, die Wimperntusche hinterließ Tigerstreifen auf dem orangefarbenen Lidschatten. Sie schlug nach meiner Mutter und ging trotzdem aus. Ich war fünf. Damals wußte ich auch nicht, was ich sagen sollte.

Schwester.

Sie ließ nicht locker.

Ein Kloß stieg in meinem Hals auf, wie eine Spinne sich durch Sand nach oben kämpft. Ich kann nie den Mund halten.

Ja. Sicher. Komm wieder, wenn dir danach ist. Aber es ist nicht leicht für mich, Myra. Es gibt zu viele… Sachen. Zu viele üble Sachen von früher. Ich weiß nicht einmal, ob du mir zuhörst. Ich weiß nicht, ob wir einfach –

Wenn du es nicht willst, komme ich nicht.

Sie schniefte. Ihr Mund war ganz starr, und das hielt ich nicht aus.

Nein. Wenn dir danach ist, sollst du auch kommen. Du kannst mich wieder besuchen. Es ist bloß, wir haben nicht viel

Ich komme nicht, wenn ich nicht erwünscht bin.

Sie drehte sich seitlich, sah sinnlos in die Ferne. Der Nebel war zum Ersticken.

Nein, zischte ich. Nein. Immerhin bist du. Du bist. Ich konnte nicht sagen, was sie war. Ich brachte das Wort *Schwester* nicht heraus.

Der Bus kam. Ich winkte, damit er uns nicht übersah: nur die zwei schwarzen Umrisse im Dunst. Die Bremsen klangen wie Kreide auf der Tafel. Sie zog den Mantel enger und ging voran, aber als sie ihren Fuß in den Bus setzte, tat mir etwas weh. Etwas hing an ihr, zog mich zu ihr, auch wenn ich es nicht wollte. Sie ging innen weiter, winkte, während sich ihr Gesichtsausdruck änderte und sie versuchte, vergnügt auszusehen.

Es tut mir leid, Myra.
Ich flüsterte und sah zu, wie der Bus im Nebel verschwand.
Es tut mir leid. Ich mache immer alles falsch.

O Gott
8.15 Tagträume und dabei vergessen, wie spät es ist. Ich laufe, aber der Wagen ist nicht da. Die Frauen kommen zu spät und haben mich bestimmt den ganzen Weg über verflucht. Geschieht mir recht.

ooo

Die Cairdwell-Schule ist am Ende der Welt. Man braucht eine Stunde mit dem Bus und noch eine Meile zu Fuß. Das ist viel für etwas, das ich eigentlich nicht tun will, aber dennoch tue. Das Wandbild hat keine Gesichter mehr: Pfeile durch Kinderköpfe und FIONA LIEBT GONZO, mit sargförmigen Os. Ich schaffe es bis Mittag, dann überbringt mir ein Klotz von einem Jungen mit Schnurrbart einen rosaroten Liebesbrief. Mr. Peach möchte mich in seinem Büro sprechen.
Das letzte Mal, das Mr. Peach mich sprechen wollte, ist fast einen Monat her. Fast einen ganzen Mondkreis. Ich war vorsichtshalber auf der Hut, obwohl er sich mühte, ein gu-

ter Kollege / Mr. Vernunft / ein richtiges Goldstück zu sein. Ich dachte, lieber weiter wachsam sein FÜR ALLE FÄLLE. Ich wußte nicht, was er wollte.
Er ließ mich setzen und redete ernst / sah ernst aus. Dann hustete er und sagte

Wir planen eine Trauerfeier für Mr. Fisher.

Ich wußte, darauf gab es eine richtige Antwort, aber ich kannte sie nicht. Er hatte Tinte am Finger, direkt überm Ehering.

manchmal
sagen
die
Vorahnungen
aufhören
es ist zu spät

Ich sagte, nett, daß Sie mich einladen. Ich weiß die Einladung zu schätzen. Er putzte sich die Nase, nickte, und ich wußte, die Antwort war richtig. Ich sollte es zu schätzen wissen, daß ich eingeladen wurde. Aber ich war immer noch wachsam: persönliche Fragen gehören nicht an den Arbeitsplatz, also mußte ich nach der verborgenen Botschaft Ausschau halten. Ich hielt mich für so vorsichtig.

Wir werden aus der Bibel lesen und Musik spielen, sagte er angeregt. Reverend Dogcollar kann ein paar Worte sprechen.

Ja, sagte ich. Warum nicht?

Er lächelte, korrigierte sich, sah mir tief in die Augen und senkte die Stimme.

Mrs. Fisher muß natürlich eingeladen werden. Natürlich.

Das *natürlich* war aufmerksam, aber überflüssig. Ich wollte fair und höflich sein. Fair und höflich zu sein, war mir wichtig: ich wäre verrückt geworden, wenn mich jemand kleinlich oder gehässig gefunden hätte.

Ja natürlich natürlich, Mrs. Fisher muß natürlich eingeladen werden.

Ich wußte die Einladung zu schätzen. Dies war mein Arbeitsplatz. Hier fühlte ich mich geborgen, weil ich geachtet wurde. Natürlich natürlich natürlich. Er drehte an seinem Ring und rieb den Tintenfleck fort. Alles war geregelt.

Ich hatte vergessen, ich erwarte immer zuviel.
Ich hatte vergessen, ich tue immer das Falsche.

ooo

Das Weibchen auf der Tür zur Damentoilette zeigt grüne Filzstiftbrüste: das ist neu. Das einzig Neue. Innen tragen in der Mittagspause die immer gleichen Benutzer den immer gleichen Lippenstift auf. Ich habe einen fleischfarbenen Make-up-Stift dabei, um meine Augenringe abzudecken. Das tue ich mehrmals täglich, doch meist in meinem Zimmer. Hier fühle ich mich beobachtet, doch ich tue es trotzdem. Die Frau am Waschbecken nebenan wirft ein benutztes Papierhandtuch in den Mülleimer und streicht sich übers Haar, kommt mir dabei zu nah. Als ich den Kopf hebe, schiebt sie die Unterlippe vor und dreht einen endlosen zuckrigrosafarbenen Stift auf. Lächeln, zwitschert sie. Vielleicht geschieht es nie.

Als ich eintrete, wirkt Mr. Peach angespannt. Er sieht meist so aus, also nehme ich es nicht so wichtig. Er bietet mir einen Platz an und rückt die Brille zurecht: nervöse Angewohnheit. Wahlweise kommen dazu Extras wie Fingerverstricken und Bestarren der Schreibtischunterlage, kleine Angstreaktionen, die im Betrachter Beschützergefühle wecken. Heute spielt er mit den Fingern. Ich weiß, ich will dieses Spiel nicht spielen.

BOSS:	Sie sehen nicht gut aus.
ANGESTELLTE:	....
BOSS:	Sie wissen, warum ich Sie hierher gebeten habe?
ANGESTELLTE:	....
BOSS:	[Unsicher] Sie wissen doch, warum ich Sie hierher gebeten habe?
ANGESTELLTE:	....

BOSS: Es ist alles seit der Trauerfeier für Mr. Fisher, oder?

ANGESTELLTE: ....

BOSS: Sie haben Reverend Dogcollar einen Brief geschrieben?

ANGESTELLTE: ....

BOSS: Ich finde Ihre Einstellung unrealistisch. Wenn jemand realistisch sein sollte, dann Sie.

ANGESTELLTE: Oh? [Verdammt. Er wußte, so würde er mich herumbekommen. Lange kann ich nicht mehr schweigen.]

BOSS: Sie sind doch realistisch, oder? Ich habe Sie immer so eingeschätzt.

ANGESTELLTE: [Verdammt] Darum geht es nicht.

BOSS: Ich habe Sie für realistisch gehalten, aber in diesem Fall sind Sie nicht sehr realistisch gewesen.

ANGESTELLTE: Ich kann nicht sehen, was die Trauerfeier mit der Realität zu tun hatte. Ganz im Gegenteil. Ich fand sie entsetzlich geschmacklos.

BOSS: Ich verstehe Sie nicht. Das verstehe ich gar nicht. Ihre Einstellung ist unrealistisch. Die Situation war kompliziert. Das wußten Sie. Ich habe es Ihnen damals erklärt. Ich dachte, Sie hätten es verstanden. Also, wie geht es Ihnen wirklich?

Geschickter Themenwechsel. Ich werde vor Verwirrung zahm.

BOSS: Wie kommen Sie zurecht? Ich möchte Sie wissen lassen, niemand hält Sie für verrückt. Und Sie sollten versuchen, wieder fröhlicher zu sein.

ANGESTELLTE: Was?

BOSS: Versuchen Sie, fröhlicher zu sein. Es beunruhigt mich, daß Sie nicht glücklich sind. Sie rauschen durch die Gänge, und nie sehe ich Sie lächeln.

ANGESTELLTE: Tut mir leid. Nehmen Sie es nicht persönlich.

BOSS: Ja. Niemand hat etwas gegen Sie. Sie verschrecken Ihre Kollegen, wenn Sie sich nicht einmal bemühen.

ANGESTELLTE: JA.

BOSS: Dann lächeln Sie. Ich will, daß Sie glücklich aussehen. Wir alle wollen das. Lächeln Sie doch mal.

Er hält mir beim Herausgehen die Tür auf. Den Kopf gesenkt, gehe ich an dem gräßlichen Wandbild mit der von Pfeilen durchbohrten Familie vorbei, höre meine Schuhe auf dem Fliesenboden. Kaffee und Salami, Geruch von aufgewärmten Pies weht aus dem Lehrerzimmer, Essensdüfte, die mich so treffen, daß ich nicht mehr weiß, was ich tue. Ich stehe im Gang und fange an zu weinen. Verdammtnochmal verdammtnochmal. Halte die Hand vors Gesicht, um die geschwollene Nase zu verstecken *Eitelkeit, Eitelkeit.* Ich gehe ins Büro und erkläre, ich gehe nach Hause. Ich warte nicht auf Antwort. Laufe wie wild.

ooo

Pfähle fehlen am hinteren Zaun. Kinder nehmen sie zum Feuermachen. Die Hintertür klemmt und läßt sich erst nach drei Anläufen aufschieben, als sei sie eingerostet. Ich sollte sie öfter benutzen. Wenn ich nach Hause komme, fangen die Kinder an zu schreien: ein hohes Hundewinseln die ganze Nacht über. Einmal hat es mir gereicht, und ich ging hinaus und hielt eine vorbereitete Rede – der Junge, der wie ein Wolf schreit und so weiter. Draußen waren ungefähr acht kleine bis mittelgroße Kinder. Das kleinste war dasjenige, das heulte, es hob den Kopf gen Himmel und schlug mit einem großen Stock auf den Grasrand. Ich habe die ganze Rede gehalten, ohne daß irgendwer in meine Richtung sah. Nachdem ich fort war, wurde das Heulen schlimmer, und gegen ein Uhr nachts flogen Ziegelsteine gegen die Hintertür. Jetzt ziehe ich nur die Vorhänge zu und schalte den Fernseher ein.

Das Öffnen einer neuen Flasche darf nicht übereilt werden. Es kostet mich beinah meinen gesamten Samstagslohn: all die langweiligen Stunden im Rauch mit anderer Leute Geld, und auf dem Nachhauseweg rieche ich nach Münzen und Nikotin. Ich lasse mir Zeit beim Aufbrechen des Verschlusses, ich fühle, wie es unter meiner Hand kracht und schnappt, als ich die Metallhülse drehe. So dünn, daß ich die gläsernen Rillen darunter fühlen kann. Das rosa Seidenpapier ist hübsch. Der Gin macht beim Eingießen ein Geräusch wie ein Tier, als ob jemand Milch schleckt.

Keine Zeitung. Gin und Zeitung wären zuviel des Guten. Heute abend sage ich mir die Zukunft voraus. Die Tarot-Karten stecken in einer Schachtel neben den Sesseln. Paul hat mir diese Karten einmal zu Weihnachten gekauft. Ich habe ihm ein Messer geschenkt. Er sagte, Messerschenken brächte Unglück, und schenkte mir eine Silbermünze. Damit das Messer nicht die Freundschaft zerschneidet, sagte er.

Ich breite die Karten aus und wähle, lege sechs wie Sonnenstrahlen auf dem Teppich aus, dann lasse ich wählerisch die Finger spielen und seufze. Einmal gewählt, werden sie zur Gewißheit.

Vorahnungen

Die erste ist der Gehängte, verdeckt. Am Schuh himmelwärts gefangen, sträubt sich sein Haar zu Boden. Er hebt sich und senkt sich in der Zugluft, die von der Tür weht.

Die Kaiserin. Eine Frau im Besitz eines rechtmäßigen Guts.

Das Rad des Schicksals, umgedreht. Sechs Speichen und ein doppelter Rahmen: ein Affe, ein Hund und ein Drache umklammern das drehende Rad.

Ich warte, bevor ich die vierte umdrehe: Der Narr.

Der Boden ist von Botschaften bedeckt, die ich nicht lesen kann. Es gibt keinen sicheren Schutz gegen die Laune der Dinge. Nicht Verdacht, nicht Angst. Voraussage, Raten oder Entrinnen sind unmöglich. Die einzige Sicherheit ist, es gibt keine Sicherheit. Verdacht ist nie genug.

Ich gieße mein Glas voll und schalte den Fernseher ein. Die Wand bebt, und das kleine Nachbarmädchen weint.

ooo

Der Tag der Trauerfeier war bewölkt, aber warm. Ich legte wie ein kleines Mädchen die Kleider zurecht, strich die Säume glatt. Parfum, Ohrringe, Ring. Rosen und Maiglöckchen. Als die Schulglocke läutete, war ich fertig, die Hände steif auf den Knöpfen meiner neuen schwarzen Jacke, zwischendurch Herumrücken an der Blusenschleife. Ich konnte das Lächeln nicht loswerden: es haftete wie eine dieser leeren Erwachsenendrohungen, die du als Kind ernst nimmst. Ich marschierte also mit diesem schmerzenden Gesicht in meinem Zimmer auf und ab und wartete.

Als David kam, gingen wir, ohne uns zu berühren, über den Asphalt zur Aula. Er bemühte sich, ernst auszusehen und nicht, als wäre er nur meinetwegen hier. Die Aulatüren wurden gerade geschlossen, als wir uns zu spät hinten zur Menge stellten. Vorn war ein schwarzes Pult mit Blumen. Alle standen auf. Der Pfarrer hob die Hände, breitete die Arme aus, sah der Gemeinde tief ins Auge.

Es machte von Anfang an keinen Sinn. Ich konnte den Akzent nicht einordnen: die Vokale ergaben keine erkennbare oder voraussagbare Bedeutung. Wie ein schlecht synchronisierter Film. Hinsehen half nicht: seine Gesichtsfarbe glich Kidneybohnen ohne Sauce. Ich sah also auf die Blumen um das Pult und entdeckte Norma Fisher in der ersten Reihe. Ich hätte beinah gewunken. Aber der Pfarrer muß gemerkt haben, wie unaufmerksam ich war. Er erhob seine Stimme.

WIR SIND HIER VERSAMMELT UM DEN TOD EINES LIEBEN KOLLEGEN ZU BETRAUERN

Die unmißverständliche Art eines Menschen, der den Ereignissen ein Ende setzt. Er streckte wieder die Arme aus und machte eine längere und bedeutungsvollere Pause. Die Sonne füllte die Oberlichter und umrahmte das weiße Haar silbern. Ich erwartete nichts Böses.

DIESER GOTTESDIENST IST
FREUDENFEST UND
TRAUERFEIER ZUGLEICH

Ich bemerkte, wie unangenehm
er mit den Augen rollte

WENN AUCH DIE TRAUER
IN UNSEREN HERZEN
ÜBERWIEGT;
LASST UNS ZUM ABSCHLUSS
DARAN DENKEN,
WAS MICHAEL FISHER
UNS BEDEUTETE,
ABER WIDMEN WIR
IN ALLER STILLE

und seine Arme
deuteten auf die ersten Reihen

UNSER MITGEFÜHL,
UNSERE HERZEN
UND UNSERE LIEBE

die Arme breiteten sich
wie Jesus, der Lazarus
von den Toten erweckt

BESONDERS UNSERE LIEBE

für den Bruchteil einer
Sekunde das Bewußtsein
etwas Schreckliches geschieht

SEINER FRAU UND FAMILIE

jetzt

Mitten im Gedenken für Norma Fisher wurden meine Arme schwerelos. Der Rest kam Stück für Stück, als mir die Moral dämmerte.

1. Reverend Dogsbody hatte diesen Gottesdienst benutzt, um ein Wunder zu wirken.
2. Er hatte die Zeit zurückgedreht, gereinigt, vergeben und den Makel ausgemerzt.
3. Und der Makel war ich.

Mich gab es nicht. Das Wunder hatte mich vernichtet.

Das erste Symptom des Nicht-Seins ist Schwerelosigkeit.
Das zweite ist Ohrensausen, ein ruhiges Hinnehmen der Unwirklichkeit aller Dinge. Beim dritten wird es ernst. Das dritte ist Zittern.

David hatte meinen Arm im Griff, und wir gingen zu schnell den weißen Gang entlang, am Wandbild an der Treppe. Etwas in meinem Mund, salziges Würgen. Dicke Salzbänder über meinem Mund waren Seans Finger. Ich hörte es in meinen Ohren atmen, salziges Würgen, und jemand schreit.

Ich wußte, ich konnte das nicht sein.
Mich gab es nicht.
Das Wunder hatte mich vernichtet.

Die weißen Wagentüren, blechernes Klappern.
Ich kann meine Arme nicht fühlen
Jesus
Jesus, sag, es ist nichts, sag
Jesus

Sie lassen mich warten, und ich höre etwas dumpf schlagen, Fleisch gegen Fleisch hinter geschlossenen Türen. Ich würge, aber es kommt nichts.
Jesus
Jesus

Ein Junge kommt.
Er spricht Englisch, sagt er zu mir. Englisch.
Schwere Betonung auf Worten, die ich erkennen sollte aus dem Mund eines blassen Jungen, braune Augen zutiefst still. Dem Jungen gehen die Worte aus.

Ich warte auf jemanden, der spricht. Niemand spricht. Ich spreche, aber niemand versteht.

Ärzte flüstern und schieben den Jungen vor. Hinter seinem Rücken probieren die Schwestern eine Nadel aus, und der Mund des Jungen öffnet sich, zerbricht an unbekannten Silben.

Wie war sein Name?

Die Nadel blitzt
und jemand

schreit

Der Teppich drückt hart gegen meine Hüfte, mein Gesicht ist spröde. Glassplitter auf dem Teppich schimmern in der Dunkelheit. Der Arm, auf dem ich geschlafen habe, ist vollkommen taub.

Ich stehe mühsam auf, reibe den Arm. Irgend etwas ist verrückt: minimale Verschiebungen der Möbel, gelegentlicher Ausrutscher vom Dreidimensionalen zum Zweidimensionalen. 3.20. Ich schalte den Fernseher ab, der blind in der Ecke pfeift, und hinke nach oben, wo das Tablettenröhrchen liegt. Stöhnen nebenan, als ich die Schiebetür öffne. Vielleicht hört sie mich und dreht sich im Schlaf. Ich liege da und streichle die Wand, bis mein Arm wieder taub ist.

ooo

Mittwochmorgen
Die Uhr tickt zu laut. Sie ist schon seit Ewigkeiten zu laut, aber ich habe nichts dagegen getan, nur hier gelegen und nervenzerreibend mit den Zähnen geknirscht. Ich liege da wie ein durchweichter Sandsack. Es sollte ein leichtes sein, ganz einfach aus dem Bett aufzustehen und zur Arbeit zu gehen. Die Leute machen es täglich. Aber an manchen Tagen bin ich zu schwer, um mich zu rühren. Draußen ein Stück Himmel. Ich weiß, ich gehe nicht arbeiten.

Jesus.

Ich weiß nicht, wann ich mir dieses un-protestantische Benehmen angewöhnt habe. Ich war immer so pflichtbewußt. Ich war die ganze Zeit immer *so gut.*
[wobei **gut = produktiv / fleißig / gibt keinen Pieps von sich**] Ich war eine gute Studentin: bestandene Prüfungen auf der ganzen Linie. Als Referendarin nahm ich Berge von Papier mit nach Hause, plante Unterricht und Projekte für Kinder, die nicht meine eigenen waren. Die Leute machten Witze, ich gab mir solche Mühe zu gefallen. So gut war ich.

[wobei **gut = Geldwert**]

Ich war sehr gut bei der Beerdigung meiner Mutter, wenn auch hauptsächlich aus Versehen.

[wobei **gut = niemanden verärgern, indem man zuviel fühlt, farblos, unaufdringlich**]

Ich war sehr gut, weil ich nicht geglaubt habe, daß sie tot ist. Ich dachte, sie macht nur Theater, um Aufmerksamkeit auf sich zu lenken, und später hüpft sie aus der Kiste und lacht mich aus, weil ich eine Heulsuse war (siehe Fußnote*).

Also saß ich da und sah erwartungsvoll auf das rotverhangene Podest, wartete darauf, was mit dem Sarg passierte. Nach einiger Zeit rutschte er rückwärts, und der Vorhang schloß sich. Ich wußte, es war vorbei, weil die Leute auf mich zukamen und mir die Hand gaben. Aber ich war erstaunlich gut. Habe nicht eine Träne vergossen.

Michaels war meine erste richtige Beerdigung. Vorsichtshalber ließ ich den Sarg die ganze Zeit nicht aus den Augen. Sean kam hinterher zu mir und führte mich am Arm, damit ich ging. Es ging. Ich benahm mich angemessen, weil ich wollte, daß die Leute mich gut fanden. Nur ein gutes Mädchen wird belohnt.

[wobei **gut = nett, sich lobenswert verhalten**]

Ich wußte, wie es ging. Wie alle wollte ich geliebt werden.

Am ersten Tag nach den Ferien trug ich ein Kleid. Ich war nett. Ich gab seine Musikraumschlüssel ab und strich auf der Kollegenliste seinen Namen mit einem dicken schwarzen Strich durch. Ich war diskret. Ich wußte, alles war nur eine Frage des Durchhaltens. Wenn ich lange genug ein gutes [**geduldiges, aufmerksames, rücksichtsvolles**] Mädchen war, würde ich belohnt. Ich machte mir damals nicht klar, wie diese Belohnung aussah. Vielleicht glaubte ich wirklich, ich könnte ihn wieder herzaubern.

* Liebe / Gefühl = Peinlichkeit: schottische Gleichung. Ausnahmen: jemand ist sturzbetrunken oder sieht Fußball. Männer ziehen sich besser aus der Affäre.

Oja
wenn ich gut war, war ich sehr gut, aber
aber
unter der Oberfläche rumorte es
immer. Immer kommt noch etwas.

Das Lächeln war nur zähneknirschend zu schaffen. Jeden Morgen erwachte ich, und immer noch war kein Lohn in Sicht. Ich hatte etwas gegen diese Morgen. Sie weckten in mir einen unkontrollierbaren Groll. Ich hielt mich mit falschen Sprüchen in Schach. Gott durchschaut, daß mein Gutsein absichtlich ist, sagte ich mir und lächelte panisch weiter.

Sieh doch
ich wollte nur fair und höflich sein. Ich wollte keinen Ärger machen. Ich wollte tapfer und diskret sein. Dies war die letzte Station des Härtetests, und ich mußte nur durchhalten. Ich dachte, ich war Bunyans Pilger oder Dorothy im Zauberer von Oz. Doch das Durchhalten war entsetzlich. Ich ließ mir einen Termin beim Arzt geben, und er gab mir Tabletten, die mir über die Runden helfen sollten, wenn ich nicht mehr weiter wußte. Ich wußte nicht mehr weiter, als sie mir zwar über die Runden halfen, aber sonst nirgendwo hin. Er gab mir noch mehr Tabletten. Ich ging weiter arbeiten. Ich kam weder nach Kansas noch zur Himmlischen Stadt. Dann

roch ich mit einemmal mitten in der Nacht Michaels Aftershave. Ich ging ins Bett, und da wars, eine Wolke um meinen Kopf. Ich dachte, wenn ich sein Aftershave rieche, muß er irgendwo sein. Ich sah ihn in Autos, auf der anderen Straßenseite, im Bus, er donnerte auf fremden Motorrädern vorüber, ging an der Klassenzimmertür vorbei. Ich las sein Horoskop. Wie konnte er in einer finanziell schwierigen Phase stecken, wenn er tot war? Natürlich war er nicht *tot*: er versteckte sich nur. Nachts versenkte ich mein Gesicht in seinen Sachen und heulte den Stoff an. Ein Zeitungsartikel fand das ziemlich normal und gar nicht so ungesund. Dann ging ich ins Bett und wartete auf den sachte ausströmenden

Aftershaveduft. Ich wußte, er war kein Kadaver, der in einer Holzkiste verweste, sondern eine unsichtbare Gegenwart, die in einer Wolke von Aramis über meinem Bett schwebte. Ich vermutete, auch ich log. Als ich die Flasche fand, die umgefallen ausgelaufen war, wußte ich es mit Sicherheit. Ich hatte sie selbst dort in meiner Nähe vor Ewigkeiten hingestellt, damit ich danach greifen und riechen konnte, wie sein Hals roch, und mich toll fühlen konnte. Ich hatte sie wohl umgestoßen und wollte es später nicht zugeben. Meine eigene Gespaltenheit schockierte mich. Ich behielt die Flasche noch eine Woche, dann warf ich sie weg.

Meine Mutter hatte recht. Mir fehlt der gesunde Menschenverstand. Ich weiß verdammt nichts, was ich wissen sollte.

DIE KIRCHE	DIE EHELEUTE
DAS GESETZ	WAS IST DAS

Ich habe keine Ahnung.

Die Uhr tickt zu laut, während ich still daliege, schrumpfe.

Lieber Gott, laß Felsbrocken durchs Dach krachen. In drei, vier Tagen, wenn die Sozialarbeiterin kommt, findet sie nur Matsch, Knochenmarkgelee quillt wie Teer zwischen den Scherben. *Also,* wird sie sagen, *heute geht es uns wohl gar nicht gut?* Es ist zu kalt. Die Haare an meinen Beinen stehen ab. Ich zittere und wünsche mir, das Telefon würde läuten.

Ich brauche Leute und habe Angst vor ihnen. Das erschöpft mich. Ich kämpfe die ganze Zeit mit diesem Widerspruch und kann ihn nicht lösen. Kommen Leute, bin ich durcheinander und versuche den Eindruck zu erwecken, als würde ich mit allem fertig. Bei der Arbeit spreche ich nie, aber ich möchte angesprochen werden. Wenn jemand es tut, bekomme ich es mit der Angst und stottere. Ich habe Angst vorm Telefon und wünsche mir, es läutet.

ooo

Überraschung!
Ellen läuft in Schürze und Pantoffeln zur Tür. Die Schürze zeigt, welche schreckliche Zeit ich gewählt habe. Mittagessenzeit.

Ewig nicht gesehen! Freier Tag?
Ich lenke das Gespräch auf ihre lila Tönung, und sie ist verlegen, weiß nicht, ob es ihr steht. Als sie sich übers Haar streicht, entdecke ich den Tomatenmarkfleck seitlich an ihrer Hand und weiß, was kommt.

Also, sagt sie, und hat sich in Rekordzeit von der Ablenkung erholt. Also, ich esse gerade einen Happen zu Mittag, willst du mir Gesellschaft leisten?

Ellen ißt immer gerade einen Happen zu Mittag / Abend / zwischendurch, wenn ich sie besuche. Essen ist für sie Medizin. Marianne hat ein Foto von sich geschickt, auf dem sie von Hamburger und Root-Bier dicker geworden ist, und Ellen schreit, wie schmal sie aussieht. Ellens Katze ist gargantuös. Hunde haben Angst vor ihr. Für Ellen ist Nahrung Liebe. Wir stehen im Flur des großen Hauses auf dem Berg, ich mit meiner schrecklichen Zeitwahl und Ellen mit ihrem Fütterdrang. Das Haus riecht nach Kochen.

GESUNDHEIT AUF DEM NEUESTEN STAND:
PERFEKTE DIÄT

Heutzutage ist Nicht-Essen so lohnend, daß Sie nicht mehr aufhören möchten. Und wer kann es einem verdenken? Doch Essen zu umgehen, ist schwieriger, als man denkt. Wiederholte Ablehnung läßt Sie zunehmend unhöflich und rücksichtslos erscheinen. Es liegt Ihnen daran, daß die anderen Ihre absichtliche Entscheidung nicht durchschauen, und tatsächlich, manchmal ist es schwer, keinen Verfolgungswahn zu entwickeln angesichts der Beharrlichkeit einiger Menschen! Sie denken, alle haben sich verschworen, Sie zu mästen und Ihre mühsam gewonnene Kontrolle zu untergraben. Zögern Sie nicht, eine Reihe phantasievoller Lügen zu erfinden, um ihre zahlreichen Angriffe zu umgehen: sagen Sie,

Sie haben schon gegessen / haben gerade keinen Hunger / Ihnen ist irgendwie unwohl / Sie haben reichlich gefrühstückt / sind später noch verabredet etc. Beobachten Sie die Gesichter, ob man Sie in Ruhe läßt oder beharrt. Beharren diese, gehen Sie ihnen künftig aus dem Weg. Ich muß Sie allerdings warnen, Sie haben trotz der Essensverweigerung immer noch Appetit. Geschmack und Zusammenstellung von Mahlzeiten verfolgen Sie. Sie kaufen eine Zeitung wegen der Rezepte, lesen Speisekarten in Restaurantfenstern. Erlauschte Gespräche über Essen haben die gleiche Faszination des Verbotenen wie die Geräusche eines Paares, das nebenan vögelt. Erlauben Sie sich das Knabbern an einem Keks, Cracker, Stück Obst. Erkennen Sie die Spannung im Magen nach der geringsten Nahrungsaufnahme als Warnung. Trinken Sie unendlich viel, um den Hunger zu vertreiben. Sie wissen, es lohnt sich endlich.

Ellen steht im Eingang.

Ich esse gerade einen Happen zu Mittag, leistest du mir Gesellschaft? sagt sie und sieht mich fragend an.

Wunderbar, sage ich. Ich bin ausgehungert.

Das ist nicht einmal ein Witz.

Wir essen gebackene Kartoffeln mit Butter
Blumenkohl mit Käse
Vollkornbrot mit Butter
Schokoladenkuchen mit extra viel Sahne
Shortbread und Kaffee.

Jesus

Danach sitze ich auf Ellens feinem cremefarbenem Samtsofa, trinke noch einen Kaffee, und der Magen rumpelt vor Kalorien. Ellens Mund lächelt wie ein Melonenschnitz unter der Lilaspülung, während der Schmerz schlimmer wird.

Findest du nicht, daß das Muster zu jung für mich ist?

Nein, sehr schön. Schöne Farbe.

Die verdammte Wolle ist mir restlos egal, doch ich mache weiter, trinke mehr Kaffee, versuche still zu sitzen. Weitertrinken ist wichtig, dann geht es nachher leichter. Wir gehen Stricken, Preise, die milden Nächte neuerdings und

Briefe von Marianne durch. Als ich vor Flüssigkeit fast explodiere, stehe ich auf und gehe zur Toilette.
Ich weiß genau, was zu tun ist.

Ich habe es vor einem Monat gelernt, als Sam kam, kurz bevor er zum College ging. Wir fuhren damals mit seinem Motorrad zu Sean. Die ganze Familie war unten, und er war gerade am Backen, fast um Mitternacht. Das Haus roch nach heißem Teig, und die Kinder waren auf und saßen mit Buntstiften am Tisch. Es war wie eine Szene aus den Waltons. Sean brachte Tee und ein Tablett mit sieben frischen Brötchen, Butter, Schokoladenkeksen. Ich hätte sagen können, ich kann so spät nichts essen oder habe nachts Schwierigkeiten mit der Verdauung – irgendeine der plausiblen Erklärungen aus meinem Repertoire. Aber ich habe es nicht getan. Ich sah zu, wie Sean mit den Händen eins der Brötchen aufbrach, die Kruste oben und seitlich barst und aufs Tischtuch krümelte. Eine Hälfte hielt er in der hohlen Hand.

Hier nimm, wies er auf die Butter. Hier nimm.

Es war noch warm. Ich aß vier Brötchen und drei Kekse, bevor ich begriff, was ich tat. Als Sam mich nach Hause brachte, torkelte ich durch die Abschiedszene und dachte nur an die Enge in meiner Brust: ich winkte kaum. Das Motorrad war kaum weg, da rannte ich ins Haus direkt nach oben vor den Spiegel, sah mir ins Gesicht, ob ich angeschwollen war. Ich wars tatsächlich. Ich drehte die Hähne voll auf und sah noch mal hin. Es gab nur eins.
Ich verschluckte meine Hand bis zum Gelenk.

Das erstemal wars ziemlich chaotisch. Jetzt gehts besser.
Ich gehe in Ellens Badezimmer und übergebe mich ruhig zehn Minuten lang.
Jedes Mädchen hat ihre Verhütungsmethode. Das ist eben meine.

Das Wohnzimmer schwimmt im Feuerschein, als ich auftauche. Mein Kopf dröhnt, mein Hals ist rauh, und meine Augen tränen noch. Ich sitze auf Ellens sauberem Sofa und rede belangloses Zeug. Mein Mund fühlt sich an, als sei er gebeizt, und manchmal blutet mein Zahnfleisch. Magensäure greift den Zahnschmelz an. Aber ich rede, und Ellen strickt. Bevor ich gehe, trinke ich noch einen Kaffee.

ooo

Der Wohnzimmerteppich ist mit sinnlosen Stoffstücken übersät. Ich bin nicht in Stimmung. Kleidernähen ist nicht so befriedigend, wie du denkst. Gin schmeckt zugleich süß und bitter, geht in gerader Linie abwärts, blüht in meiner Magengrube wie eine Säureblume. Ich setze das Glas so hoch an, daß es rinnt. Wenn ich genug betrunken bin, gehe ich morgen auch nicht zur Schule. Das heitert mich auf und hilft mir weiterzutrinken.

Bedienen Sie
keine Maschinen
meiden Sie Alkohol

Rote und gelbe Pillen: zweidrittel Verkehrsampel. Die roten sind in einer Folienpackung wie Verhütungsmittel. Ein Hauch Humor. HA HA, Dr. Stead. Sehr komisch. Er verschreibt eine Wochenration, für alle Fälle. Für alle Fälle am Arsch. Noch eine Kontrollmethode.

Liebe Marianne,
Ich habe heute Deine Mutter besucht, und es geht ihr gut. Mir geht es auch gut. Uns geht es allen gut. Mir geht es so gut, daß ich Dir dies schreibe. Die Arbeit ist nicht so gut, aber man soll nicht unbescheiden sein. Die Karte vom Wildwasserflößen ist angekommen. Es sieht schrecklich aus.

Marianne mag all so etwas. Pfadfinderin von frühester Kindheit an. Sie weiß, wie man mit alten Vogelnestern usw. Feuer macht. Wenn sie sich etwas Gutes tun will, geht sie am liebsten ein paar Tage weit weg, wo es abgeschieden und richtig ungemütlich ist. Kälte, Nässe und Schmerz haben es ihr angetan. Manchmal habe ich ihr gesagt, vielleicht sei es ein mittelschichtiger Schuldfimmel und sie könnte einen Psychiater zu Rate ziehn. Witz.

> Danke für die amerikanischen Rezepte, auch wenn ich nicht weiß, wann ich sie gebrauchen kann. Dein Horoskop für diesen Monat rät: Nimms leicht. Vergiß das nicht. Zieh Dich ordentlich warm an und paß auf Dich auf.

Ich passe auf Marianne auf. Jedenfalls wird sie lachen.

Einmal ist sie mit mir zum Skilaufen in die Schweiz gefahren. Ein Schulausflug. Überall Ansichten wie auf Schweizer Schokoladenpackungen. Ich konnte es nicht fassen. Das erste, was ich tat, ich rief meine Mutter oben von einem Berg an und rief ICH RUFE DICH OBEN VON EINEM BERG AN, als ob es etwas bedeutete. Ich weiß nicht wieso, aber ich habe es getan. Ich kann es nicht leugnen. Die Kindergruppe, auf die ich aufpassen sollte, stand draußen vor der Telefonzelle und schrie, so daß ich mich richtig konzentrieren mußte, um die Antwort zu hören. Es dauerte eine Weile, bis ich begriff, sie sagte nichts. Sie stöhnte leise, beinah wie Singen, und wußte nicht, wer ich war. Ich rief ICH BINS, ICH BINS, aber es half nichts. Sie hing ein. Ich brachte meinen Gesichtsausdruck in Ordnung, und als ich herauskam, sah ich munter aus.

An jenem Nachmittag stand der Lift still, weil es oben windig war. Später hielt uns das Donnergeräusch wach. Morgens war der Schnee dick wie Porridge und sank hüfttief. Wir hatten noch mehr an und stiegen die ganze Zeit höher, um aus dem Nebel zu kommen, dem ständigen zunehmenden Schneewehen, das wie weiche Felsblöcke fiel. Am Ende konnte man fast unmöglich sehen, wohin man ging. Ich habe schlechte Augen und sowieso keinen Richtungssinn, also führte sie: ich sollte ihr nur folgen und die Spur halten. Ich hielt zwanzig Minuten durch. Der Schneefall und die Kälte, die sich durch die Schichten meiner Kleidung fraß, erschöpften mich. Es kam einfach: größer als ich und gegen alle Vernunft. Ich gab einfach auf. Sollte der Schnee doch gewinnen. Ich fand es sinnlos, mich lächerlich zu machen und es mit etwas so Riesigem aufzunehmen. Marianne wurde kleiner und verschwamm, nichts ahnend, während ich im Schneegestöber stand. Nur das schwache Zischen ihrer Skier, die sich einen Weg von mir fort den Berg hinunter bahnten. Ihre Spuren füllten sich schon, und nur das Weiße blieb, das knirschende Prickeln der Flocken auf meiner Jacke.

Sie merkte es. Ein paar Minuten später war sie da und kämpfte sich die schwachen Spuren hoch, die sie eben hinterlassen hatte. Ich stand weiter da, die Skier bergaufwärts. Unsere Münder und Nasen waren vermummt, Augen unkenntlich hinter Schneebrillen, also starrten wir auf unsere Handschuhe, hielten die Köpfe eingezogen, weil die Eisflocken bissen.
Was tust du? fragte sie, ein dünnes Stimmchen im Wind. Du kannst nicht einfach hier stehenbleiben.
Ich sah eine offene Naht an ihrem Bündchen.
Warum nicht?
Ich wußte nicht, ob sie mich hörte. Ich redete nur aus Trotz.
Warum nicht?
Sie antwortete nicht, stand nur da und bog ihre Hände gegen die Kälte, damit ich mich schuldig und dumm fühlte. Wir kamen eine Stunde später unten an. Ich weiß immer noch nicht, was ich damals wollte. Was hätte ich getan, wenn sie nicht umgekehrt wäre, wenn sie nicht die Spur zurück verfolgt hätte, um mich zu finden.

Ich sitze am Boden und denke an Mariannes Umriß vor mir im Schnee. Ich weiß nicht, was ich schreiben soll. Marianne ist 5000 Meilen weit weg. Sie lebt in einem Fernsehland mit WALK / DON'T WALK-Zeichen und bewaffneten Polizisten. Die Heimat des Hamburger und Hot Fudge Sundae, der Drive-in-Pizzeria. The Land of the Brave and the Home of the Free. Blue-Grass-Country-Musik und Red-Neck-Soldaten. Ein Brief braucht sechs Tage, bis er da ist.

Bedienen Sie
keine Maschinen
Meiden Sie Alkohol

Im Bett lasse ich meine Hände über die wiedergewonnenen Rippen laufen, die knochigen Schultern wie Flügelansätze. Ich balanciere den Gin auf der Teppichkante und fühle die flache Schüssel, meine Hüften. Sie sind, solange ich denken kann, zum erstenmal an beiden Seiten scharfkantig. Wie bei einem Mann. Die Matratze wird von Lachen erschüttert. Ich lache, bis die Nachbarn an die Wand pochen.

ES GIBT LEUTE DIE MORGEN ARBEITEN MÜSSEN.

Blut

Auf meinem Kissen ist Blut.

Drei bräunliche Krankheitsherde mit rosa Rändern. Wie Bakterien auf weißem Porzellan. Ich sollte zum Zahnarzt gehen, bevor es schlimmer wird. Meine Zähne zerfallen.

Es klirrt, als ich nach dem Radio taste, wie kleine Rattenfüße, die sich unters Bett verziehen. Zwei rote Pillen schwanken auf dem Nachttisch, in der Eile vergessen. Ich rutsche an den Bettrand, reibe mir die Augen, bevor ich begreife, es sind nicht nur Pillen am Boden. Eine Glasscherbe unterm baumelnden Fuß, mehr in den Ecken. Keine Splitter, sondern gewölbte Stücke. Erst, als ich ins Badezimmer gehe, um mich zu waschen, sehe ich den Schnitt meinen Arm entlang, rosa gegen Fischbauchweiß. Kein Blut: nur der Schnitt gerade und glatt. Ein anderer wie eine punktierte Linie zwischen Ellenbogen und Handgelenk. Drei zackige Stücke glitzern ordentlich aufgereiht auf der Ablage im Badezimmer. Ich weiß nicht, welcher Tag ist.

Donnerstag
Das Stück Papier neben dem Küchenschrank erinnert mich an etwas. Ich soll heute zu Dr. Stead kommen. 9.25. Ich begreife nicht, wie lange ich geschlafen habe. Ich gieße Kaffee nach und bemerke, daß meine Nägel splittern, weiße Rillen im Horn. Trockene Blutreste zeichnen das Weiße nach. Ich sitze in der Küche und säubre sie mit einem stumpfen Glasstück und trinke noch mehr Kaffee, viel Kaffee.

Ich gehe nicht arbeiten.
Vielleicht gehe ich nie mehr hin.
Wenigstens das heitert mich auf.

DR. STEAD 11.30 NICHT VERGESSEN

Ich schreibe es mehrfach hinten auf einen Umschlag, aber der Widerstand in meinem Innern verschlimmert sich. Es rumort von zuviel Magensäure, und davon bekomme ich eine Gänsehaut. Etwas in mir will nicht ins Krankenhaus gehen. Ich beobachte, wie es mir in die Finger steigt, zum Vim greifen läßt. Ich werde überall in der Küche Putzmittelstreifen hinterlassen.

Ich hatte früher schöne Hände: weiß und weich. Die Handgelenke so durchscheinend, du konntest die Venen pochen sehen. Bei guter Laune nannte meine Mutter sie Pianistenhände. Sonst nannte sie sie arbeitsscheu. Jeden zweiten Abend holte ich ein Körbchen mit Kosmetikutensilien vor und bearbeitete sie, verrieb Creme und feilte die Nägel, bevor ich sie schließlich mit frischen Lackschichten überzog. Jetzt splittern sie, glitschen über Küchenabfälle. Meine Knöchel werden im Wasser blau. Ich denke an Michaels

Erektion in meiner Hand, den Blutdrang den Schaft entlang. Schmutzwasser sickert mir unter die Nägel. Putzen ist Lug und Trug. Zerbrochenes Glas knirscht auf dem Boden wie Zucker. Ich schiebe undefinierbare Reste unter den Teppich und hoffe, sie bleiben dort. Oberflächlich sieht alles schön aus, aber was darunter sitzt, ist eine andere Geschichte. Ich wische nie den Mülleimer aus oder scheure das Spülbecken. Die Fettschicht neben dem Herd dreht mir den Magen um, aber sie hält mich nicht davon ab, noch mehr unter den Herd zu fegen: Brotkrümel und Erbsen, Zwiebelschalen. Der Trick heißt nicht hinsehen.

Ich erwarte immer etwas und weiß nie was. Ich sollte Wäsche waschen. Die Kissenbezüge sind seit Wochen nicht gewaschen worden, die blutigen Muster sind immer noch da. Die Laken sind auch fleckig: Spuren halbherziger Schnitte. Ich menstruiere nicht, aber ich blute auf andere Art. Die Kratzer an meinen Handgelenken schmollen im Wasser wie Muschelmünder, die sich nicht öffnen wollen. Ich muß das Wasser ablaufen lassen, meine Tasche holen und

ein schriller Ton erschrickt mich zu Tode.

Das Telefon.

Das Telefon läutet. Mein Fehler: gestern wollte ich es läuten hören. Mein Gott. Ich bleibe mit dem Schuh im Aufnehmer hängen und rutsche. Ich breche mir beinah den Hals, um noch heranzukommen, und hebe dann beinah den Hörer nicht ab. Ich bin nicht konsequent.

ICH:	[wachsam] Hallo?
TELEFON:	Hallo, du da. Hör mal, ich habe in der Schule angerufen und nach dir gesucht, und sie haben gesagt, du seist nicht im Dienst. Da habe ich vermutet, daß du hier bist, wenn du verstehst, was ich meine. [Weltgewandtes Lachen] Jeden-

falls, da bist du ja. [Pause, die locker klingen soll] Ich bin es, Tony. [Pause, um Eindruck zu machen] Hör mal, wie sieht es heute abend aus.

ICH: [Schweigen. Verstehe die Frage nicht]

TELEFON: Ich habe doch gesagt, ich nehme dich mit zum Rennen. Sie läuft heute abend, Topform. Ein Gedicht. Und ich dachte, mit wem ich wohl den Champagner teile. Garantiere, es wird deine Glücksnacht. Hole dich gegen sechs ab, nehme dich mit zum Rennen, danach vielleicht Essen. Was meinst du?

ICH: Mir gehts nicht so gut, Tony. [Husten] Mir gehts wirklich nicht gut.

TELEFON: Ach komm. Du mußt mal raus, das tut dir gut. Ein bißchen Speck ansetzen. Das hast du nötig, von anderen Dingen ganz abgesehen, da werde ich auch sehen, was ich tun kann. [Kehliges Lachen, vielsagend]

ICH: Nein wirklich, mir gehts nicht

TELEFON: Hör mal, warum kommst du nicht in den Laden, wenn du schon nicht arbeitest, und schiebst ein paar extra Stunden mit mir? Immerhin ein paar extra Moneten, und die kannst du heute abend auf Queen setzen: gewinnt garantiert. Ein wahrer Goldesel.

ICH: Heute nachmittag habe ich zu tun.

TELEFON: Was hast du zu tun? Sieh mal, nur ein, zwei Stunden, mehr nicht. Ich fahre dich zurück, damit du dich für heute abend umziehen kannst, wenns das ist.

ICH: Vielleicht. Ich lasse es mir durch den Kopf gehen. Aber heute abend kann ich nicht. [Eingebung] Ellen hat mich zum Essen eingeladen.

TELEFON: Sag ab. Das versteht sie bestimmt.

ICH: Nein, tut mir leid, Tony. Ich kann nicht. Ich kann wirklich nicht. Du willst doch nicht, daß ich ein Versprechen breche?

TELEFON: Kommt auf einen Versuch an. Aber sie hat diese Saison nicht mehr viele Rennen. [Heißt: Mit dir stimmt was nicht, eine alte Dame besuchen statt mit mir ausgehen, da bin ich Besseres gewohnt, ich kann jedes Mädchen haben, weißt du, ist dir nicht klar, was du verpaßt?] Rufe nächstes Mal lieber früher an oder? [Heißt: ich weiß genau, du willst mich nur hinhalten]

ICH: Ja. Tut mir leid, Tony. Tut mir leid.

TELEFON: Keine Ursache. Diesmal vergebe ich dir. [Heißt: Mach es nicht noch mal und vergiß nicht, ich bin dein Chef]. Muß wieder an die Arbeit. Bin schließlich im Dienst. Ciao.

ICH: Tut mir leid.

Tony hat schon eingehängt. Sonst entgeht ihm ein Geschäft. Ich lasse den Hörer neben der Gabel liegen, stopfe ein paar Sachen in eine Tasche, laufe und lasse das Abwaschwasser zurück.

Bis der Bus kommt, sind meine Hände eiskalt und ich fühle die Blutgefäße in meinen Wangen platzen, ich warte endlos, den Schal wie eine Mohammedanerin um den Kopf gewickelt, damit mich niemand anspricht. Was nie jemand tut, doch man kann nicht vorsichtig genug sein. Ich bleibe so, den ganzen Weg in die Stadt, schaffe es nicht zu zahlen, gelegentlich tue ich, als sähe ich durch die schmierigen Fenster auf die Felder dahinter, starre gedankenverloren hinaus. Mein Herz macht jedesmal einen Satz, wenn die Schaffnerin kehrtmacht und Geld in die Ledertasche klickt und ihre Drehmaschine Fahrscheine ausspuckt. Ich verpasse beinah die Haltestelle, so versunken bin ich. Als ich an der Klinik ankomme, weiß ich, ich habe nicht die Absicht, den Arzttermin einzuhalten. Ich muß weiter. Gott sei Dank habe ich das Notizbuch.

ICH KANN HEUTE LEIDER NICHT KOMMEN. ICH MÖCHTE IHRE ZEIT NICHT VERGEUDEN.
TUT MIR LEID, DASS ICH NICHT FRÜHER BESCHEID GESAGT HABE. ICH TUE ES NIE WIEDER.
ES TUT MIR LEID.

Chaotisch. Ich falte es, damit die Buchstaben nicht zu sehen sind, und schreibe DR. STEAD auf beide Seiten, dann weiß ich mit dem verdammten Ding nicht weiter. In der Doppeltür ist kein Briefschlitz.

Es ist offen.

Eine Frau im Rollstuhl und ein schmuddliges Kind warten hinter mir, während ich den Eingang versperre.

Gehen Sie ruhig, es ist geöffnet. Drücken Sie einfach die Tür auf.

Das Kind windet sich aus ihrem Arm, sucht strampelnd Boden unter den Füßen. Als nächstes wird es auf mich zustolpern, werden seine Hände nach meinem Mantel greifen. Ich haste mit gesenktem Kopf zur Tür, lege den Zettel auf den Schreibtisch und gehe und sehe nichts.

Marianne hat die Termine für mich gemacht. Ich hatte keinen Hausarzt. Von Anfang an wollte Dr. Stead alles nach seinem Willen regeln. Dr. Stead war gegen Medikamente: er fand, wenn ich etwas einnähme, würde es nur den Bewußtwerdungsprozeß, wie er es nannte, verzögern. Das war hoffnungslos, weil die spanische Schwester mir etwas ziemlich Starkes verpaßt hatte, nachdem ich auf sie eingeschlagen hatte. Als sie kamen und mich fragten, ob ich ins Leichenhaus gehen wollte, konnte ich nicht mehr aufstehen. Ich war fast eine Woche lang benebelt. Dr. Stead hatte auf einen klareren Fall gehofft. Immer wenn er mir eine Frage stellte, hätte er sie am liebsten gleich zurückgenommen. Aber er gab nicht auf. Zögernd verschrieb er Schlaftabletten, dann Antidepressiva, als keines der Symptome, die verschwinden sollten, verschwand. Rote, gelbe, grüne Kapseln, weiße Tabletten mit einer Kerbe in der Mitte, die sich halbieren lassen. Bei jedem Termin bekomme ich mehr. Er hat seinen Stolz und nimmt seine Sache ernst. Er würde es gern allein schaffen. Ich denke an Dr. Stead und gehe weiter von ihm fort. Überquere die Krankenhausanlage, den Parkplatz, die Lücke zwischen den Barrieren. Der Fluß hat Hochwasser, und die Schwäne wirbeln in der Strömung, paddeln dichter ans Ufer. Mein Gesicht zerfließt, während ich an Dr. Stead denke. Armer Dr. Stead. Ich erzähle ihm höchstens die Hälfte dessen, was ich tue. Was Dr. Stead angeht, bin ich eine Lügnerin und Betrügerin, wo er doch eine endlose Schlange Kranker vor sich hat und sich müht, mir Platz zu machen. Ich beobachte die Schwäne, und sie beobachten mich, sinnlos am Ufer ohne Gaben. Schließlich geben sie auf und treiben weiter flußabwärts.

ooo

Ellens Haus liegt am Hang, von dort sieht man von Ferne über die Stadt. Oben vom Berg kann man die Straßenlampen in der Innenstadt sehen, Geschäfte schließen für die Nacht ab, Scheinwerfer streuen ihre Lichter durchs Grau wie Projektorstrahlen von hinten durchs Kino. Die Straße könnte aus einem alten Film sein, der durch eine Vaselinelinse gedreht ist, aber das stimmt nicht. Es ist kein Film, denn wenn du mitten auf der Straße stehst, machen die Autos einen Schwenker um dich herum. Du könntest sonst beim Zusammenstoß die Karosserie beschädigen. Die Kälte dringt durch meine Manteltaschen, weil ich nicht genug anhabe. Der Wechsel der Jahreszeiten hat mich unvorbereitet getroffen. Ich bewege einen Finger nach dem anderen, zähle. Ellens Tür ist noch da.

Ellen hatte Ferien gemacht, in Skye. Ich war unten in einem der Zimmer, als sie zurückkam. Ich hörte sie kommen, sie klang überrascht, dann brachte Marianne sie in ein anderes

Zimmer und sagte ihr, Michael sei tot. Die Stimmen waren minutenlang sehr leise, deshalb weiß ich nicht, wie sie es ausgedrückt hat. Egal wie, ich hörte durch zwei Wände, daß es ein Schlag für Ellen war, und schämte mich, in ihr Haus eingedrungen zu sein und ihr so einen Schrecken einzujagen. Ich jage ihr immer noch einen Schrecken ein. Das noch obendrein halte ich heute abend nicht aus: ist sie freundlich, weine ich nur und sie fängt auch an. Diese Art Verantwortung macht mich mutlos. Ich möchte jemanden, der stark ist und mich auffängt, wenn ich falle, und Ellen ist es nicht. Trotzdem stehe ich vor ihrer Tür, weiß, daß ich nicht klopfe, frage mich, wieviel mehr ich wohl frieren kann. Ich fühle mich nicht ganz richtig hier. Ich bin nicht richtig wach. Ich hänge in diesem Halbschlaf, der nicht aufhören will. Nicht heute oder morgen. So ist es. Es gibt kein Erwachen mehr. Auf der anderen Seite des Berges bewegen sich Autos und schließen Geschäfte. Ich muß mich damit abfinden. Zeit vergeht in kleinen Schritten, Dinge ändern sich grundlos.

SO IST ES.
SO IST, WAS JETZT SEIN SOLL.

Ich muß mich mit Dr. Stead abfinden, und er muß sich mit mir abfinden. Ich muß die Pillen schlucken, weil sie mich gefügig machen. Sie machen mich gehorsam. Vielleicht machen sie, daß ich die Antwort nicht mehr wissen will. Vielleicht wissen die Pillen die Antwort. Ich bezweifle es, aber ich kann es nicht beweisen.

Ich stehe am Abhang und sehe auf die Straße, die kein Film ist. SO IST ES. Ich berühre die hölzerne Tür, die Oberfläche der Ziegelsteine. Meine Knöchel schaben über die Ziegelsteine, und die Haut löst sich. Ich sehe auf das Blut und versuche zu glauben, ich bin hier und das Holz und die Ziegelsteine sind die Wahrheit. Das Wissen um diese Tatsache. Es gibt keinen Traum und kein Erwachen. Es ist heute. SO IST ES.

Meine Knie werden steif und knicken ein. Ich weiß, ich sollte gehen.

Vielleicht gehe ich an den Strand.
Ich denke daran, wie ich auf dem steinigen Strand stehe und im Dunkelgrau eines frühen Winterabends auf die Flut höre. Schilf berührt meine Beine. Der Sand sieht weiß aus. Ich könnte mich auf diesen weißen Sand legen, meine Kleider ausziehen und warten. Ich denke an die kommende Flut, die Wellen, die nicht haltmachen.

Romantik.

Der Mond und der deutliche Sandstreifen hinter den Steinen. Ich warte vor Ellens Haus, stelle mir den Strand vor. Eine kleine leicht romantische Phantasie. Und wenn schon.

Ich hinke wie eine Betrunkene bergab mit gefrorenen Knien. Ich muß nach Hause.

ooo

Blaßblaues Papier mit Lineallinien, einmal in der Mitte gefaltet. Hinter der Tür steckt ein Wettschein. Ich hebe ihn mit den Fingerspitzen auf.

HABE VERSUCHT, DICH ANZURUFEN,
BIN DANN VORBEIGEKOMMEN.
HOLE DICH UM SIEBEN AB.
SEI DANN FERTIG. TONY XXX

Ich versuche nicht daran zu denken, während sich die Badewanne füllt.

ooo

Fast hübsch.
Da bin ich im Spiegel, unverfänglich in einem Kleid mit breitem Gürtel, der zeigt, was von den Kurven übriggeblieben ist. Neue Strümpfe und hochhackige Sandaletten trotz der Jahreszeit. Mangelnde Zweckmäßigkeit weiblicher Garderobe ist sexy. Der Kies und das Anziehen der Bremsen draußen lassen meinen Blick härter werden. Ich versuche das Dröhnen der anderen Schuhgröße auf den Dielen zu überhören.

Hallo? Jemand zu Hause?
Oben von der Treppe sehe ich Tony eine weiß eingewickelte Flasche halten, grünes Glas und Silberfolienhals durchstoßen das Seidenpapier wie eine ungeschickte Orchidee.

Vorfreude, sagt er. Ich gehe immer davon aus, daß ich gewinne. Seine Lippen verschwinden in seinem Bart, und die Zähne tauchen auf, weiß und gerade. Es ist in der Tat Tony. Er sagt, ich sehe toll aus, bildschön. Ich möchte ihm sagen, ich bin es nicht, aber statt dessen lächle ich. Er streckt die Hand aus und sagt es noch einmal.

Du siehst toll aus. Wirklich.

Das Auto hat die falsche Farbe. Es spielt Country- und Western-Musik, während wir die Hauptstraße entlangrauschen.

Sie ist in Topform, sagt er. Hättest sie heute nachmittag sehen sollen.
Der Sitz knarrt unter seinem Gewicht: als wir um die Ecke sind, entspannt er sich.

Habe auf gut Glück vorbeigeschaut, ob du zu Hause bist, aber Pech gehabt. Dachte, dir gehts nicht gut? Sie sieht jedenfalls gut aus. Fast so gut wie du.
Er tätschelt mein Bein.

Heute abend wirst du verwöhnt.
Ich weiß, wir reden über einen Hund, und ich versuche etwas Passendes zu sagen. Inzwischen singt er zur Musik von der Kassette.

When you're in love with a beautiful woman, it's hard. Er wirft mir einen Blick zu, prüft, wie ich reagiere, ermuntert mich zu flirten. Das macht er nach jedem Satz.

Vielleicht können wir nach dem Rennen irgendwohin gehen. In die Stadt. Nehme an, du hast noch nicht gegessen. Selbst wenn, könntest du noch etwas vertragen. Paar Pfunde mehr, und du wärst eine Wucht. Übrigens, wie ist die Lage? Das vergesse ich immer. Ich finde dich nie krank, deshalb vergesse ich zu fragen.

Then someone hangs up when you answer the phone

Entspann dich und hör dir die Musik an. Das ist mein Lieblingslied. Dr. Hook. Klassiker. Hast nichts dagegen, wenn ich es nochmal spiele. Du siehst toll aus. Solltest öfter Kleider tragen. Versteckst deine wahren Vorzüge.

Er nimmt mich wieder aufs Korn, beim zweiten Hinsehen wird sein Blick ungläubig.

Gott, was hast du mit deinen Händen gemacht?

Ich sehe auf meine Hände, und die Knöchel sind blau und schorfig. Das ist unweiblich.

Eine benommene Stimme sagt Huch. Ich bin ausgerutscht. Dumm von mir.

Ich sage mir, ich fahre mit Tony in seinem Wagen. Ich sage es mir die ganze Fahrt über bis nach Glasgow.

Jesus
Jesus
Jesus

Sag, alles ist gut
Jesus

Auf dem Kissen ist Blut.
Glas auf der Badezimmerablage. Ordentlich aufgereiht drei zackige Scherben. Ich trete auf zwei verstreute Bruchstücke, als ich zurückgehe meine Kleider holen. Ich habe keine Ahnung, welcher Tag ist, und mein Mund ist klebrig, mein Gesicht verquollen, weil ich gegessen habe. Als ich mir die Haare bürsten will, fallen Strähnen aus, Haarbüschel rieseln aufs Laken. Händevoll ringeln sich zwischen den Borsten. Von Nahem besehen, sind die Augen gelb. Ich ziehe alles doppelt an, zittere. Vielleicht habe ich mich erkältet.

Fast Winter. Ich trinke schwarzen Kaffee und starre auf die fehlenden Zaunlatten. Die Leute draußen gehen dem Tag nach. Es gibt nichts zu sehen, doch ich sehe hinaus, überzeugt, meine Schuld läuft mir als Leuchtschrift über die Stirn, die Gänsehaut auf meinem Arm ist Blindenschrift, in der meine Geheimnisse sich offenbaren.
Ich zerbrach mir den Kopf, wie ich ohne ihn ins Haus käme. Tony wollte nicht aufgeben und zum Wagen zurückkehren. Er stand endlos. Mein Magen schmerzte von all dem Essen, aber mir fiel nicht ein, wie ich ihn wegschicken konnte. Also ließ ich ihn herein. Ich gebe zu, ich ließ ihn auf die Veranda. Sobald er dort war, zog er mich so plötzlich an sich, daß ich gegen seine Brust fiel, als er mir übers Haar strich, über den Nacken.

Ich sagte: Wundert sich deine Frau nicht, wo du bleibst? Er sagte nichts. Lächelte nur, ein kleines knappes Lächeln, das seinen Mund enger machte.

Ich sagte: Vielleicht solltest du jetzt besser gehen; es ist weit nach zwei. Bist du nicht müde?

Er lächelte nur wieder und zog mich zurück, um seinen Mund in Position zu bringen. Ich küßte statt dessen sein Ohr und sagte: Du solltest jetzt wirklich gehen, oder? und wußte, ich traute mich nicht, eine Ohnmacht vorzutäuschen, sonst bliebe er noch länger. Aber ich stand kurz vorm

Umkippen, meine Füße vom Regenwasser, das in die zehenfreien Schuhe lief, wie ausgewischt. Er hielt mein Kinn hoch, damit ich ihm in die Augen sehen mußte.

manchmal
dieses Gefühl

Versprich mir, wir wiederholen dies, sagte er. Versprich es. Ich glaube, ich habe gelächelt, ich wollte es nicht, aber ich konnte es nicht lassen.

Er sagte, ich kenne niemanden wie dich.

Er küßte mich wieder, bevor er zum Wagen ging, und ich kam ins Haus und übergab mich wie ein Tier.
Jesus
Oben ist Blut auf dem Kissen, Glas auf der

Das Fallen von Papier auf Beton, Schritte, die davongehen. Drei Briefe liegen flach auf der Veranda.

Der blaue kommt per Luftpost aus Amerika.

Der weiße kommt von Normas Rechtsanwalt.

Der große braune ist mit Schreibmaschine geschrieben, verrät nichts.

Ich lasse die anderen liegen und trage den braunen in die Küche. Während der Kessel kocht, öffne ich ihn. Langsam.

PSYCHIATRISCHE kommt zuerst heraus, große Druckschrift auf einer Büttenkarte.
FORESTHOUSE HOSPITAL STATION 1D

Der Name eines Arztes, der nicht Dr. Stead heißt, eine Telefonnummer und ein Datum. Heute. Dr. Steads Überweisung. Ich versuche aufs neue zu lesen, und die Worte falten sich und verrutschen auf dem Papier.

Heute.

Die dicke Frau schaukelt auf ihrem Sitz, als die Stewardess weitergeht. Sie hält etwas fest. Knistern von aufreißender Plastikfolie.
Gebrochenes Herz?

Sie schnuppert.
Mir können Sie es sagen. Damit kenne ich mich aus. Ich weiß genau, wie es ist.

Die Sitznummer vorn ist 13.13 Eine Luftdüsenöffnung wie ein Augapfel über meinem Kopf, aber Luft gibt es nicht. Zähne zerbrechen Zuckerperlen neben meinem Ohr.
Mir können Sie es sagen.
Mein Magen macht einen Satz, als der Leichnam kippt und wir einen mühsamen Schwenker auf die Rollbahn machen. Das Gras rennt, und die dicke Frau windet sich im Sitz, ihre Haut berührt fast meine Haut. Unter meinen Füßen schwillt tiefes Motorgrollen bis in meinen Hals.

Ich weiß, ich habe aus dem Fenster gesehen. Es gab nichts zu sehen. Ich weiß, es gab nichts zu sehen.

ooo

Sie können es nicht übersehen, sagte die Frau am Empfang, wies mit einem einzelnen zyklamrosa Finger in eine Richtung, zog ihn zurück. Sie können es nicht übersehen.
Ich übersah es, und ein Mann im weißen Kittel brachte mich auf den richtigen Weg zurück. Ich überreichte die Karte, dann wischte ich, während er las, etwas, das nicht da war, von meinem Mantel und versuchte locker und konzentriert auszusehen. Normal.

Ich landete in einem graubraunen Zimmer mit passenden Vorhängen, die gegen die Sonne zugezogen waren. Es war im Zimmer zu heiß, aber ich ließ den Mantel an. Als der Psychiater endlich kam, hereinschlich, als wollte er mich nicht stören, war ich durchgeschwitzt. Er trug einen graubraunen Anzug, die Krawatte eng um den Hals. Was von seinen Haaren übrig war, war weiß, und auf den Handrücken hatte er Leberflecken, farblich passend zu Teppich und Vorhängen. Wie ein Tarnanzug. Ich fragte mich, ob es Absicht war. Er blieb sorgsam an der anderen Tischseite, nickte kurz. Einmal. Er begann, ohne mich zu fragen, wer ich war. Vielleicht spielte es keine Rolle.

So, sagte er. Was glauben Sie, wieso Sie zu uns geschickt worden sind? Er setzte sich, zog seine Brille ab, lächelte langsam wie ein Krokodil. Ich wußte gleich, es würde eine Enttäuschung werden.

LEKTION 1: Psychiater sind nicht so klug, wie du denkst.

Ich wußte dreierlei sofort:

1. Ich hasse simple Fragen (Was-glauben-Sie-wieso-Sie-hier-sind ist so leicht zu durchschauen);
2. Du mußt dir Mühe geben: sonst hat es überhaupt keinen Sinn, hier zu sein; und
3. Du mußt wachsam sein. Es gibt keinen Schutz vor der Willkür. Man muß gegen alles mißtrauisch sein.

Alle drei Regeln flüsterten in meinen Ohren wie Engelchen und Teufelchen in einem Fernsehcomic, so daß ich nur mit Mühe klar denken konnte. Das wußte Dr. Eins nicht. Er wußte nur, ich antwortete nichts.

So, sagte er. Was glauben Sie, wieso Sie zu uns geschickt worden sind. Er glaubte, ich gab mir keine Mühe.

LEKTION 2: Psychiater können keine Gedanken lesen. Sie versuchen nur so auszusehen.

Er nahm einen neuen Anlauf.

Erzählen Sie von Anfang an, wieso Sie sich schlecht fühlen, sagte er. Lassen Sie sich Zeit, und erzählen Sie mit Ihren eigenen Worten.

Aus irgendeinem Grund hatte ich das nicht erwartet. Ich hatte die Geschichte so oft erzählt, ich kannte sie wie einen Kinderreim, doch jetzt blieb mir alles im Hals stecken. Mir fiel nicht einmal die erste Zeile ein, und ich dachte, ich hätte gleich einen Kurzschluß. Zu allem Überfluß fand ich mich jetzt noch dumm obendrein. Darüber hatte ich mir keine Gedanken gemacht. Es war vollkommen logisch, daß er so anfing, aber ich hatte es nicht kommen sehen. Die Teufelchen flüsterten: *Was erwartest du? Elektroschockbehandlung auf Anhieb? Die Engelchen flüsterten: Gib dir Mühe. Dr. Stead hat sich große Mühe gemacht, dir diesen Termin zu besorgen. Du mußt dir Mühe geben.* Es gab nur einen Ausweg. Mein Mund wußte mehr als mein übriges Ich zusammen. Ich mußte meinem Mund vertrauen. Ich schloß die Augen, und der Mund sagte

Meine Mutter ist ins Wasser gegangen.

Ich weiß noch, wie die Stimme klang: glasklar wie Kristall. Kalt wie ein Rasiermesser. Ich wußte nicht, daß es so anfing, aber dann sprudelte es heraus. Die Stimme brauchte mich nicht. Sie mochte mich nicht einmal. Ich brachte die Geschichte mit dieser körperlosen Glasstimme vor und hörte zu, aus sicherer Entfernung in der Zimmerecke.

> Sie starb nicht sofort. Auf der Beerdigung schüttelte mir der Mann, mit dem ich zusammenlebte, die Hand. Ich habe ihn verlassen. Ich hatte eine Affäre mit einem verheirateten Mann. Er hatte seine Frau verlassen und wohnte bei mir. Es war schwierig. Mein Haus fiel fast zusammen, und wir mußten umziehen. Dann sind wir verreist, und er ist ertrunken.

Das Ende der Geschichte schien zu früh zu kommen. Ich hörte, wie das letzte Stück sich verdrehte, dann ohne Vorwarnung abbrach. Plötzlich war das Zimmer unheimlich: wie Bates Motel in Psycho. Wenn man genau hinhörte, konnte man die leberbraunen Möbel atmen hören, es ächzte und raunte von früheren Patienten. Ich mußte nachdenken, bis mir einfiel, wo ich war.

Er ist ertrunken.

Irgend etwas geschah mit meinem Magen. Als hätte ich auf der Treppe fest auf die untersten Stufen treten wollen und die Stufe sei nicht an ihrem Platz gewesen. Der Schwimmbeckenrand; der Kreis Menschen, blaue Augen und der Himmel. Mir fiel plötzlich ein, ich erzählte keine Geschichte. Es waren nicht die Möbel, die atmeten, ich atmete. Was ich sagte, war die Wahrheit.

LEKTION 3: Psychiater haben ihre Tricks.

Er wartete, daß es schlimmer wurde. Es dauerte endlos, bevor er etwas sagte.

Und wie sind die Umstände jetzt? sagte er schließlich, es sollte so klingen, als sei es ihm gerade eingefallen, aber ich wußte, er brach absichtlich meine Abwehr. Ich schloß wieder die Augen. Im Dunkeln war es leichter.

> Ich fange an, Dinge zu hassen. Ich hasse, wo ich arbeite. Ich sehe Kleinigkeiten an zu vielen kleinen Leuten, und das macht mich bitter. Ich möchte nicht verbittern. Verbittern tut weh. Ich bin einsam. Ich habe Angst, daß ich böse werde und niemand liebt mich mehr. Etwas an mir stößt die Leute ab. Mir rinnen die Tage durch die Finger, und ich trinke zuviel. Ich bin keine richtige Frau. Ich menstruiere nicht mehr. Manchmal glaube ich, es gibt mich nicht. Ich suche immer nach Gründen und finde sie nicht, ich warte immerzu und weiß nicht worauf. Ich mache alles falsch.

Kalte Flecken tropften auf meine Handflächen, aber ich fühlte nicht, daß ich weinte. Ich fand keinen Zusammenhang zwischen den Tropfen und mir. Ich fühlte mich nur mit den Worten verbunden. Sie schwollen an und füllten den ganzen Raum. Ich wurde von diesen Worten verschlungen und geschluckt, verschlungen und unsichtbar. Als es vorbei war, wußte ich, daß ich lächelte. Ich hatte Angst gehabt, seine Zeit zu vergeuden, aber jetzt war ich sicher, ich hatte eine würdige Vorstellung gegeben. Aus der Innenwelt der Worte betrachtet, wirkte Dr. Eins kläglich. Er rückte die Brille zurecht, weil er sich unwohl fühlte und weil er eines seiner Ohren zu vermissen schien.

LEKTION 4: Psychiater sind wie alle anderen Menschen.

Ein angebissenes Sandwichdreieck bog sich auf einem blauen Teller, von innen rann rosa Zeug heraus. Das übrige hatte er schon gegessen. Vielleicht aß er diesen Rest später auch noch. Bei diesem Gedanken wurde mir übel. Er ließ seinen kahlen Kopf in meine Richtung strahlen und blendete mich mit gelben Zähnen. Zeit, nach meiner Arbeit zu fragen. Dumm wie ein Esel: meine Kollegen und wie ich mir den Tag einteile, damit ich weniger unter Druck stehe, meine Familie und ob sie mir helfen konnten. Meine Familie. Dieser kleine Mann mit seinem rosa Kopf und der verschorften Kopfhaut, seinem Schildkrötenhals, der sich hob, senkte, der mir an die Gurgel wollte. Was dachte er, wozu er hier war, Herrgottnochmal? Er wußte gar nichts. Er war bloß ein kleiner Mann, der dafür bezahlt wurde, hier zu sitzen und irgendwelche Sätze zu sagen, die ihm in seinen kahlen Kopf kamen. Er wühlte in sinnlosen Nichtigkeiten, die das Leben einer vollkommen Fremden ausmachten. Es war unehrlich. Er verstand nicht, daß alles dies kaum eine Rolle spielte. Daß wir kaum eine Rolle spielten. Die Verachtung gab mir neuen Auftrieb. Die drohende Gefahr ließ die Arterien unter meinen zerritzten Handgelenken vor Adrenalin pochen, hämmern. Ich kam mir vor wie ein leerer Tiger. Ich hoffte, er wußte es.

Warum lächeln Sie, Miss Stone?

Er schielte über den Tisch durch die zurechtgerückte Brille.

Warum lächeln Sie?

Wußte er das nicht? Er steckte in diesem stickigen Zimmer in einer psychiatrischen Abteilung und redete mit einer absurden Fremden über Belanglosigkeiten, versteckte sich hinter einem häßlichen Vorhang vor der Sonne und sah nichts. Draußen zog der Himmel vorbei, um Gottes willen.

Flugzeuge und Vögel. Menschen, die ihrer Arbeit nachgingen. Das Ganze war verrückt. Ich versuchte ein Hohnlachen, aber es ging nicht: Brocken davon blieben mir im Hals stecken, und es klang eher wie Husten. Ich ließ den Kopf in den Nacken fallen und seufzte statt dessen. Das Blut stieg mir in den Kopf und machte mich auf der Stelle schwindlig. Er fuhr trotzdem fort, sagte im Hintergrund etwas, aber alles war verzerrt. Tränen liefen mir nach hinten in die Ohren. Ich schwebte der Decke entgegen, wurde von einer Art Liebe getragen: heiter und fern wie die Jungfrau Maria ließ ich die Wahrheit wie einen Sternenheiligenschein strahlen. Ich wußte soviel,

ES HATTE KEINEN SINN.
ALLES WAR GLEICH NICHTS.
Und ich wußte, er konnte nichts sagen.

Er wußte es auch. Das Zimmer war still, weil er nichts mehr zu sagen hatte. Etwas entrollte sich in meinem Hals wie eine Kobra, die sich aufrichtete, bevor ich erstickte. Die Stimme war wie Gift.

Was schlagen Sie vor, damit es besser wird, Herr Doktor? Er ist ertrunken um Gottes willen. *Er ist ertrunken.*

Er sah mich ratlos an. Ich mußte deutlicher werden.

Es hat keinen Sinn, verflucht nochmal, oder?
Fehler. Diesmal klang es gereizt. Ich wußte, er versuchte mich vom Weg abzubringen, meine Gewißheit zu erschüttern. Er lächelte wieder wie ein Krokodil und klickte mit dem Kugelschreiber.

Woher wissen Sie, daß es nie mehr anders sein wird? Ist es nicht eine Frage der Zeit? Sie sind offensichtlich ein intelligenter Mensch. Eine intelligente Frau. Sicher sagt Ihnen Ihr Verstand doch, daß diese Zeit vorübergeht? Nein?

Sie verstehen nicht, es hat keinen Sinn, sagte ich tonlos und starrte an die Wand.

Welchen Sinn soll es denn haben? fragte er schlau.
Ich holte tief Luft und erinnerte mich, was ich gelernt hatte.

Schließlich war ich Lehrerin. Ich ließ mich nicht in die Enge treiben.

Was Sie eben beschrieben haben, nur darum gehts. Der Sinn der Sache ist, daß Zeit vergeht. Daß Erlebnisse verblassen. Ich kann mich nur noch schlecht an ihn erinnern. Sehen Sie, ich habe geweint, weil ich dachte, ich würde alles vergessen. Dann wußte ich, das ist lächerlich, und weinte, weil ich mich an alles erinnerte. Aber in Wahrheit ist beides egal. Erinnern und Vergessen sind verdammt nochmal egal. Er lebt nicht mehr. Das ist entscheidend. Alles andere ist bedeutungslos. Der Sinn der Sache ist, daß alles sinnlos ist.
Der Sinn der Sache ist
Der Sinn der Sache ist
Der Sinn

Ich hörte nur das Blut in meinen Ohren, und der Arzt war absichtlich still. Ich war todmüde.

LEKTION 5: Psychiater arrangieren alles, wie sie wollen.

Vielleicht sollten Sie trotzdem kommen, sagte er sachlich. Auch wenn Sie den Sinn nicht einsehen.
Ich sagte nichts.

Nur ein Weilchen, fuhr er fort. Um meiner selbst willen. In diesem Zustand war ich eine Gefahr für mich selbst. Ich sollte mich kurze Zeit stationär behandeln lassen. Nur ein paar Wochen. Er wunderte sich, warum ich nichts sagte. Ab Montag war ein Bett für mich frei. Nur ein paar Wochen.

Mit Ausdauer kommt man bei mir immer ans Ziel. Ich habe keine Ausdauer.

Ein paar Wochen? sagte ich nicht lauter als ein Flüstern. Ich fing wieder an zu weinen. Die Macht hatte sich vollständig auf die andere Seite des Schreibtisches verlagert, wobei mir nicht klar war, wie er es geschafft hatte.

Ein paar Wochen, sagte er. Er war sehr bestimmt.
Ich hatte mir niemals Wochen ausgemalt. Ich sah auf den Teller mit dem Butterbrotrest, rosa Zunge war aus den ge-

butterten Weißbrothälften hervorgerutscht. Sie würden merken, daß ich nichts esse.

Wenigstens zwei Wochen.

Ich dachte an Dr. Stead und wie sehr ich wollte, daß es mir weniger entsetzlich ging, und wie hoffnungslos es war.

Was sagen Sie?

Ich dachte, es würde nur ein paar Tage dauern. Was ist mit meiner Arbeit?

Ein ungeschicktes Abschweifen: rechtschaffene Bürgerin sorgte sich um ihren Beitrag zur Gesellschaft. Selbst Dr. Eins durchschaute das. Ich konnte nicht sagen, was mich wirklich beunruhigte. Was mich wirklich beunruhigte, war die Vorstellung, überwacht zu werden, die Mahlzeiten, fremde Leute. Und die schreckliche Gewißheit, daß es sowieso egal war. Darüber sagte ich nichts. Nach langem Schweigen zog er ein großes zerknäultes Taschentuch aus seiner Schublade und schob es mir herüber. Ich hob es auf und putzte mir die Nase, flüsterte durch den zerdrückten Stoff.

Ich weiß nicht, Doktor. Ich weiß nicht.

Kleines hilfloses Mädchen. Ich finde mich zum Kotzen.

Dr. Eins betrachtete die Laufnase und die geröteten Augen. Für ihn waren alle Frauen gleich.

Ich finde, Sie sollten wenigstens zwei Wochen kommen. Das würde ich empfehlen. Denken Sie darüber nach und rufen Sie dann diese Nummer an. Das Bett ist nur bis Montag frei, also denken Sie nicht zu lange nach. Es bleibt Ihnen überlassen, wie Sie sich entscheiden.

LEKTION 6: Psychiater sind hinterhältig und ausdauernd. Sie gewinnen am Ende immer.

Ich nahm das Papier und ging erhobenen Hauptes, wie Jean Brodie in Muriel Sparks Roman. Aber ich wußte, ich würde über kurz oder lang anrufen. Ich wußte, am Montag war ich wieder hier.

ooo

Am nächsten Nachmittag fuhr ich endlos Bus.
Auf den Straßen war es hektisch. In den ersten Laden ging ich, um nicht im Weg zu stehen. Doch ich geriet nur in die nächste Menschenansammlung, die an einer vielarmigen Pulloverkrake auf einem Wühltisch zog. Wieder draußen konnte ich nicht klar denken und überquerte zu früh die Straße. Ein Wagen fuhr zu schnell zu nah vorbei. Ich spürte die Hitze des Motors durch meine Jacke. Der Fahrer fand, es war meine Schuld. Er hupte so laut, daß ich fast ohnmächtig auf den Asphalt gefallen wäre. Aber ich werde nie ohnmächtig. Er mußte einen Schlenker machen, um auszuweichen. Zwei weitere Wagen hupten, bis ich bei Verstand war. Es begann zu regnen. Das Pflaster kochte unterdessen, feuchte Mäntel achteten nicht, wohin sie gingen, durchstachen jeden Freiraum mit Regenschirmen. Dann sah ich die rote Kabine auf der anderen Straßenseite. Die Leute teilten sich wie das Rote Meer vor den sicheren Glaswänden. Ich schob mich in Richtung Telefonzelle wie ein Schwimmer dem fernen Ufer entgegen. Leicht und frei. Ich ging ins Krankenhaus, wo man mich wieder gesund machen würde. Nicht mehr mein Problem.

ooo

Marianne ruft an und fragt, wie es mir geht.
Ich erzähle ihr vom Krankenhaus, und sie sagt, ich hätte mich richtig entschieden. Sie fragt: Wie fühlst du dich? Ich sage, ich bin unsicher, aber ich weiß, ich habe mich richtig entschieden. Niemand braucht sich um mich zu sorgen.

Samstags sage ich es Allan, und er sagt, ich habe mich richtig entschieden. Tony sagt den ganzen Nachmittag nichts: großes Rennen.
Ich besuche Ellen mit meinen verräucherten Haaren und erzähle ihr von Dr. Eins. Sie zeigt mir neue Wolle und sagt, ich habe mich richtig entschieden.

Sonntags ruft David an und fragt, wie es mir geht. Ich sage ihm, ich habe die richtige Entscheidung getroffen, niemand braucht sich um mich zu sorgen.

Er sagt: Dieses Wochenende schaffe ich es nicht. Vielleicht Montag.

Ich denke nach und sage: Montag bin ich nicht hier.

Nein, sagt er. Gut. Wo bist du? Ich meine, welche Station?

Ich weiß nicht.

Pause. Bist du nächstes Wochenende zu Hause?

Ich weiß nicht.

Er seufzt und fragt: Wann ist Besuchszeit? Und ich sage: Ich weiß nicht. Ich weiß überhaupt nichts.

Ich melde mich irgendwie, sagt er. Viel Glück.

Ich halte den Hörer ans Ohr, höre das Amtszeichen.

Oben brauche ich eine Stunde, um meine Reisetasche zu finden. Die Reisetasche riecht immer noch nach Sonnenöl und Gras. Seine Stiefel balancieren neben den leeren Extremitäten der Kleidungsstücke am Geländer.

ooo

Vier Straßen laufen aus den umliegenden Feldern auf den Parkplatz zu. Der Parkplatz ist am Fuß der Berge. Das Waldkrankenhaus steht oben auf dem Berg wie ein Schuhkarton mit Glasfenstern. Es ist nicht zu übersehen.

Ich dachte, Dr. Eins wäre da. Es war jemand anders: nicht mit Dr. Eins zu vergleichen. Er fragte nach meinem Namen und ging. Krankenhäuser haben viel zu tun und sind unterbesetzt. Das weiß ich und fasse mich in Geduld.

Jemand anders kommt und macht es sich auf Dr. Eins Stuhl bequem. Er sagt

So. Was glauben Sie, wieso Sie zu uns geschickt worden sind?

manchmal
überkommt
mich
dieses Gefühl
déjà vu

Ich sage: Wie bitte? und er sagt

So. Was glauben Sie, wieso Sie zu uns geschickt worden sind?

manchmal
dieses Gefühl
déjà vu

Ich blinzle einmal und sage: Dr. Eins hat mich gebeten zu kommen. Ich komme einer Einladung nach.

Ja, aber wieso wurden Sie überwiesen. Was ist Ihr *eigentliches* Problem?

Ich bleibe absichtlich ruhig und gefaßt.

Sehen Sie, ich habe all dies schon erledigt. Ich habe alles erst vor drei Tagen Dr. Eins erzählt. Ich habe Dr. Eins alles erklärt. Vielleicht hat er Notizen gemacht. Ich plädiere für Höflichkeit und Entgegenkommen. Der Mann schaut auf.

Das kann schon sein, aber jetzt geht es um etwas anderes. Dies ist für die Unterlagen. Für die *Unterlagen.*

Aber ich habe alles erklärt. Es gibt mit Sicherheit Notizen. Dies ist alles schon erledigt. Mir wurde gesagt, ich soll kommen. Sie müssen das doch in Ihren Unterlagen haben um Himmels willen.

Der Mann sieht aus, als habe er unerwartet in eine Zitrone gebissen.

Ich soll nur ein paar Notizen machen. Regen Sie sich nicht auf. Lassen Sie sich Zeit. Es gibt keinen Grund zur Aufregung.

Das ist sehr geschickt. Ich fand mich nicht aufgeregt. Ich war ärgerlich, aber nicht aufgeregt. Trotzdem muß ich das beweisen. Er sieht jung aus. Er wirkt wie neunzehn. Ich denke, David ist neunzehn, und sage mir, ich soll nicht überheblich sein. Ich hole tief Luft. Ich erzähle ihm die Geschichte.

manchmal
déjà vu

Er macht Notizen und schnieft zwanghaft, schlägt die Beine übereinander, stellt sie wieder nebeneinander. Mir geht durch den Kopf, daß dies vielleicht ein Test ist, um festzustellen, ob ich gelogen habe, und ich bemühe mich, die Geschichte so wie vorher zu erzählen. Er sagt nichts, als sie vorbei ist, und macht die Tür beim Herausgehen nicht zu.

Im Vorhang ist ein Riß, der vorher nicht war. Oder ich habe ihn nicht gesehen.

Wußte nicht, wie Sie ihn trinken. Ist schwarz in Ordnung:

Ein anderer Mann kommt, hält eine weiße Plastiktasse. Sie ist so heiß, sie schmelzt die Fingerabdrücke.

Kaffee, sagt er. Besser als der Tee hier.

Ich stelle die Tasse auf den Boden, damit ich sie nicht umkippe, und warte, während der neue Mann sich in den Sessel des vorhergehenden Mannes zwängt. Er ist einen Kopf größer, also ist es nicht einfach. Er stößt sich das Schienbein und läßt sich nichts anmerken, genauso wie ich mir nicht anmerken lasse, daß ich mir die Finger verbrannt habe. Wir kennen unsere Rollen.

Er sagt: So. Was glauben Sie, wieso Sie zu uns geschickt worden sind?

manchmal
überkommt
mich
dieses Gefühl
déjà

Wie bitte?

Er kommt bis

So. Was glauben Sie...

dann unterbreche ich ihn.

Also, sage ich, wieso fragen Sie mich das? Eine halbe Oktave zu hoch und zu laut. Das bin ich bereits gefragt worden. Erst vor ein paar Minuten, genau das. Jetzt werde ich zum drittenmal das gleiche gefragt. Macht sich keiner hier Notizen? Wieso fragen Sie alle das gleiche? Doch das sage ich nicht. Ich huste und versuche vernünftig zu wirken, versuche vernünftig zu klingen.

Der Arzt ist eben gegangen. Er hat mich schon alles gefragt.
Ich stoße mit dem Fuß an die Tasse, die überschwappt und mir durch die Socke die Haut versengt. Der Mann grinst. In seinem Schnurrbart tanzen Krümel.
Es hat ein *Mißverständnis* gegeben. Das eben war kein Arzt. Er ist *Pfleger*. Er hat nur meine Daten festgehalten. Aber jetzt ist der Arzt wirklich da. Er heißt Dr. Zwei.

Hallo, sagt er. Hallo.
Ich übersehe die ausgestreckte Hand und frage, ob ich Dr. Eins sprechen kann. Dr. Eins hat alle meine Daten. Kann ich Dr. Eins sprechen?

Dr. Zwei sagt ACHCHCHCH, ACHCHCHCHCH

Das heißt, er muß mich leider enttäuschen. Dr. Eins ist nicht oft hier. Hilft immer mal aus. Eigentlich im Ruhestand. Aber ich kann Dr. Zwei absolut vertrauen. Ich kann ganz beruhigt sein. Es gibt keinen Grund zur Aufregung.

manchmal

Vielleicht ist es eine Technik: vielleicht hat es mit Vertrauen und Mißachtung zu tun, oder ich soll mich schlechter fühlen, damit es mir anschließend bessergeht. Das überlege ich, während mir die Geschichte im Mund umgeht wie eine Ratte im Laufrad. Vielleicht gehört es zur Therapie.

Vielleicht

ooo

Ein Bett auf der linken Seite einer doppelten Viererreihe ist mit einer fetten Dame belegt. Der Rest ist leer. MOIRA, die keine Schwesterntracht trägt, führt mich an das belegte Bett. Wir machen halt und betrachten die fette Dame. MOIRAS Namensschild verrutscht, als sie die Stirn runzelt.

Betty sollte nicht hier liegen. Das ist Ihr Bett. Schon wieder Betty. Immer wird sie hierher gelegt.

Sie schiebt eines von Bettys Augenlidern hoch und läßt mich mit dem bewußtlosen Kadaver allein. Ich fische ein Kreuzworträtselbuch aus der Tasche und setze mich auf den Stuhl neben dem Schrank, trage Worte ein, die in die Kästchen passen, ohne die Lösungen nachzulesen. Zwei Männer kommen und legen Betty auf eine Bahre, während ich so tue, als sähe ich nichts. Sie wechseln das obere Laken, und MOIRA kommt wieder. Niemand trägt hier Krankenhaustracht. Sie klebt meinen Namen mit Klebstreifen an die Schranktür und sagt, ich soll ins Bett gehen. Ich sage, mir gehts prima, und sie lächelt. Kein Grund zur Aufregung. Reine Routine. Alle neuen Patienten verbringen den Vormittag im Bett. Nachmittags stehen sie auf. Nachmittags kann ich aufstehen. Dann mache ich keine Umstände, gar kein Umstände.

Rosa Schlafanzug (Mädchengröße 11)
Wäsche zum Wechseln
Bleistiftanspitzer
Fotos
Bücher und Notizbuch

Mein Name in fremder Schrift steht unter dem Klebstreifen seitlich am Schrank. Zum Umziehen werden Paravents gebracht.

Was soll ich tun, wenn ich durchhalte, Marianne? Was soll ich tun?

12.00: Der Arzt gibt mir drei rote Pillen und ein Glas Wasser, horcht die Brust ab und sieht mir in den Mund. Die diensthabende Schwester sagt ihm meinen Namen. Er nimmt das Kreuzworträtselbuch und runzelt leicht die Stirn. Ich trage die Essenskarte ein und quittiere die Hausordnung. Er sagt, vielleicht möchte ich jetzt schlafen. Die Schwester bringt eine Tasse Tee. Mit Zucker. Ich trinke nichts.

1.00: Eine andere Schwester (in Tracht) tritt hinter meinen Vorhang.

Oh. Dr. Wilson?
Sie übersieht mich völlig. Ich warte, bis sie sich umdreht, und sehe sie feindselig an. Auch das übersieht sie.

Ist Dr. Wilson nicht da? Macht er Visite?

Ich sage: Nein, Dr. Wilson ist nicht da.

Sie sagt: Mittagessen schon gehabt, ja?

Ich sage: Ja, schon gehabt.

Sie geht, ohne sich noch einmal umzusehen.

1.30: Ein Mann mit einem Teller kommt. Gulasch mit Pommes frites. Ich sage, ich habe schon zu Mittag gegessen. Ich habe schon gegessen. Außerdem bin ich Vegetarierin. Er wirft einen Blick auf den kalten Tee, dann auf mich. Aber er nimmt den Teller mit.

2.00: BEN bringt mir drei rote Pillen und noch ein Glas Wasser. Er sagt zur Begrüßung Hallo, dann schlucke ich. Zur Belohnung bekomme ich noch einen süßen Tee.

3.00: Liebe Marianne,
es ist so langweilig, es bringt mich um den Verstand (Witz), dabei bin ich erst einen Tag hier. Der Bettensaal ist rechteckig und voller Betten in gleichen Abständen. Die Betten sind graue Metallgestelle mit passenden Schränken in gleichen Abständen. Die Schränke haben oben ein offenes Fach und unten ein Fach mit Tür. Sie lassen sich nicht abschließen. Auf die Schränke werden mit Klebstreifen die Namen geklebt. Die Schilder unter den Klebstreifen sind gelb, und die Namen in Großbuchstaben mit blauem Kugelschreiber geschrieben. Mein Bett ist das erste von der Türseite des Saals und das zweite von der Fensterseite aus gesehen. Die Fenster haben weinrote Vorhänge: die Tür steht offen. Die Fußbodenfliesen sind weiß, grün und blau. Hinter meinem Schrank sind eine Toilette und die Duschen. Die Bettdecken sind weinrot und die Laken weiß. Auf jedem Bett sind zwei Kissen, im Saal stehen acht Betten. Die Betten sind schmal und sehr hoch. Niemand liegt hier außer mir.

Um vier Uhr kommt jemand und nimmt den Paravent weg. Ich frage, ob ich aufstehen kann, und sie sieht nicht einmal in meine Richtung, wer da redet.

Natürlich, sagt sie. Niemand hält Sie davon ab.

Der Paravent quietscht und scheppert den Korridor entlang wie rostige Ketten.

Ich setzte mich auf. Ich schleiche aus dem Bett, ziehe die Sachen an, die ich ausgezogen hatte, dann sitze ich auf den Bettbezügen. Ich mache das Bett und setze mich wieder darauf. Als ich das zweite Mal aufstehe, stelle ich fest, daß die Fliesen ein bißchen verschwimmen. Und ich habe Durst. Nicht genug, um den zuckrigen Tee zu trinken, aber Durst. Ich überlege, ob ich in der Dusche meine Haare waschen soll, Kopf hintenüber. Aber vielleicht darf man nicht duschen, wann man Lust hat. In der Hausordnung steht nichts, was man wissen will. Nirgends steht, wo man etwas zu trinken bekommt oder wann man duschen darf. Meine Knie sind beim Gehen merkwürdig weich.

Ich finde mich mit meinen Seemannsbeinen im grünblauen Flur. Ein Mann hinter der Glasscheibe an der Aufnahme sortiert kleine Haufen Terminkarten. Ich frage, ob ich spazierengehen darf. Er sieht nicht hoch, ordnet weiter die Karten.

Natürlich können Sie das. Natürlich, natürlich.

Ich gehe langsam weiter und lasse ihm Zeit, es sich anders zu überlegen. Manche Leute tun das.

Nur auf dem Gelände herum.

Ich rufe und gehe rückwärts, um ihn im Auge zu behalten, angle nach dem anderen Ärmel meines schwarzen Mantels. Vielleicht weiß er nicht, daß ich eine Patientin bin.

Ich gehe nirgends hin, nur auf dem Gelände herum.

Klar, sagt er. Zum Tee wieder da sein, und sortiert weiter. Dann wird gefeiert.

Nur auf dem Gelände.

Meine Stimme hat ein kleines Echo. Er blickt weiter auf die Karten, und sein Gesicht zerfasert. Mir wird mit jedem Schritt duseliger.

Es friert.
Kein Mond und Wolken über den Sternen. Ich bleibe stehen und warte, bis meine Pupillen weit werden und sich dem Licht angepaßt haben, damit ich nicht vom rechten schmalen Weg um den weißen Krankenhauskomplex abkomme. Unter meinen Füßen ist es weich, und die Stiefel machen kein Geräusch. Moos. Es ragt aus dem Pflaster, daß ich fast stolpere. Aber ich gehe weiter. Der Weg hört plötzlich hinter dem Versorgungstrakt auf. Seitlich ist es sumpfig. Es saugt leise unter meinen Sohlen, und Feuchtigkeit windet sich zwischen meinen Zehen. Einbeinig taumle ich, stoße in der Dunkelheit gegen eine Wand: ein niedriger Flachbau ohne Fenster. Das Schild ist verschwommen, und ich muß es beim Lesen herunterhalten. Ich brauche einen Augenblick, bis ich klarsehe. LEICHENHALLE. Typisch. Ich gehe spazieren und finde den toten Punkt der Stadt. Beim Lachen stoßen Mund und Nase weißen Atem aus und meine Zähne überziehen sich mit Eis. Ich lehne mich gegen das Schild und frage mich, wie lange ich es hier aushalte. Vielleicht warte ich, bis das Essen vorbei ist. Nur die Kälte hält mich wach und schlau.

Ich habe meine Mutter nicht im Leichenschauhaus besucht. Ich wollte nicht, daß sie mich auslacht, weil ich auf einen Trick hereingefallen bin. Der Mann vom Bestattungsinstitut hatte uns außerdem gewarnt, sie sei gegen den Kamin geschlagen. Im Wohnzimmer roch es süßlich nach verdorbenem Schinken. Ich weiß, jetzt verstehe ich es auch nicht, aber ich bin nicht hingegangen. Später tat es mir leid, aber da war es zu spät. Ich bin nicht hingegangen.

In Spanien mußten sie mich überreden, das Zimmer zu verlassen, wo Michael lag, nachdem ich von der Spritze ganz benommen war. Ich hatte ein Gefühl, als brannte meine Haut. Sie befahlen dem Boten, mit mir spazierenzugehen, und er überließ es seiner Freundin. Sie ging meilenweit mit mir. Vielleicht war es gar nicht weit, aber es kam mir so vor. Als mir die Knie weich wurden, rief sie ein Taxi. Sie brachte mich zu Bett und befahl mir zu schlafen. Ich schluckte das ganze Röhrchen Beruhigungspillen, die ich zu Hause angebrochen hatte, und eine halbe Flasche von ihrem Wodka. Ich fand nur eine Zeitung, auf die ich etwas schreiben konnte. Ich schrieb ES WAR SEHR FREUNDLICH VON IHNEN. DANKE über Joan Collins Gesicht auf der Titelseite. Dann legte ich mich wieder hin. Ich fühlte mich zum Schlafen zu zittrig, aber ich versuchte es. Der Wodka war ein Fehler. Nach zehn Minuten übergab ich mich in ihr Waschbecken, bis mir die Galle hochkam. Als die Freundin des Boten mich zum Leichenschauhaus abholen wollte, war ich zu nichts mehr fähig. Sie brauchte den ganzen Morgen, bis ich aufstand. Nachmittags hatten sie mit der Obduktion begonnen, die habe ich also auch verpaßt.

LEICHENHALLE

Ich habe noch nie so direkt davor gestanden. Das Schild kommt und geht. Ich sehe doppelt. Ich muß im schwankenden Dunkel nach dem Weg tasten, und meine Stiefelsohlen sickern durchs Moos.

000

Du mußt sie höher halten. Höher. Es wickelt sich von selbst ab.
Drei Frauen sind auf der Station. Zwei wickeln Verbände um ihre Arme. Die andere, die Anweisungen gibt, trägt eine Teufelsmaske und eine Schwesternuniform. Die erste, die ich heute zu Gesicht bekomme. Als ich vorbeikomme, drehen sie sich um und sehen hinter mir her, als meine lose Stiefelsohle über die Fliesen schleift.

Wir sind Mumien, sagte die eine und lächelt hinter dem Verband.
Die Teufelsmaske sagt: Ich komme fast zu spät zum Fest. Die Uniform ist also keine Verkleidung.
Ich sage der Schwester: Vielleicht sollte ich ins Bett gehen. Ich fühle mich nicht so gut.

Aber jeder soll teilnehmen, sagt sie. Jeder.

Die Frauen hinter ihr sperren ihre Münder wie junge Vögel auf, und sie spritzt ihnen eine rote Flüssigkeit auf die Zähne, umrahmt ihre Augenhöhlen mit schwarzer Schminke.

Verkleiden Sie sich nicht?

Ich darf in Mantel und Stiefeln kommen.

Der Eßsaal ist schwach beleuchtet, apfelsinenfarbenes Licht aus Papierlampions. Ich hatte nicht so viele Männer erwartet. Die Schwestern fordern sie zum Tanz auf. Zu verzerrter Akkordeonmusik wirbeln die Schwestern wie unter Wasser in den Armen dieser Männer. Eine Hand hat auf den Knöcheln blaue Kreuze tätowiert. In meinen Ohren verschwimmen die Gay Gordons. Es ist zu heiß. In der Ecke kratzt eine Frau im Rollstuhl grüne Glasur von einem Kuchen. Eine andere mit spitzem Hut und Krepprüsche zerkrümelt Kekse zwischen den Fingern, murmelt leiernd etwas wie den Rosenkranz. Einer der tanzenden Männer schreit Huch. MOIRA wackelt auf den Tisch zu, trägt einen weißen Teller, eine einzelne Kartoffel und Bohnen, ein Glas roten Sekt.

Viel Vergnügen, sagt sie, wogend im Vorbeigehen.

Meine Augen tränen. Die Wärme, die vom Teller kommt, benebelt mich. Die Kartoffelschale ist knusprig und salzbesprenkelt wie ein Stein am Strand, vollgesogen mit rotem Bohnenlaich. Die grüne Limonade zischt. Ich merke noch, wie der Tisch kommt und mir auf die Schläfe schlägt. Ich warte mit dem Gesicht überm Tischtuch, und die Musik wird lauter. Huch. Ein Cowboy und eine Schwester in Weiß tauchen am anderen Ende der Hände auf, die mich hochheben, dann gehen wir gemeinsam, ich mit unsicheren Füßen und Armen zum Kreuz gebreitet, schleife über die Tanzfläche zum Flur, zur erleuchteten Station mit knarrenden Betten zu hoch überm Boden. Aus meinen Haaren tropft Sauce. Ich weiß nicht, wohin mit meinen Kleidern, wie ich sie auffalten soll.

Es dauerte drei Wochen, bis er nach Hause kam. Sie mußten jeden Tag nachfragen. Aber nicht bei mir. Er war zurückerstattet worden. Er ging mich nichts an. Er kehrte zu den anderen zurück. Seine Frau rief an, um mir zu sagen, daß ich ihn nicht vor der Beerdigung sehen konnte. Am Ende war der Sarg versiegelt, und es erledigte sich von selbst. Aber die Taktik war aufschlußreich.

Ich aß nichts.
Ich bestellte einen herzförmigen Kranz mit roten Nelken. Nach der Beerdigung würde es besser werden.

Der Anruf, der mir erlaubte, zur Beerdigung zu gehen, war aufschlußreich. Ich erschrak. Als ob jemand anders über meine An- oder Abwesenheit entscheiden konnte. Mir wurde klar, man konnte mir Schwierigkeiten machen, wenn ich nicht mitspielte. Vieles war mir nie in den Sinn gekommen.

Ich versuchte die ganze Zeit zu begreifen, was erlaubt war. Ob ich erlaubt war.

Ich zittere, aber ich weiß, ich werde schlafen. Das kenne ich schon.

ooo

Von hier aus kann man das Notlicht im Flur sehen. Es brennt immer, den ganzen Tag und die ganze Nacht. Vielleicht knipsen sie es aus, wenn wir bewußtlos sind, aber ich glaube es nicht. Ich glaube, es ist die ganze Zeit an.

Liebe Marianne,
es ist so langweilig, es bringt mich um den Verstand (Witz), dabei bin ich erst einen Tag hier.

Das stimmt nicht mehr, aber was soll's. Sie versteht es schon. Der Brief steckt hinten in meinem Notizbuch. Vorn ist es voller Notizen: Großbuchstaben, die ich auf die Entfernung leichter lesen kann. Gegen Nachmittag sehe ich nicht mehr alles doppelt, aber manchmal vergesse ich etwas. Ich bin überreizt und vergesse. Ich trage den Notizblock immer bei mir, für alle Fälle.

Entschuldige die Schrift. Ich schreibe auf dem Schoß in der Besucherecke, weil keine Besucher da sind. Alles ist blaßblau, türkis oder weiß. Farbtherapie. Farben des Meeres. Unterm Stuhl liegt mein Strickzeug mit vier Nadeln. Bis jetzt hat mir niemand die spitzen Gegenstände abgenommen. Ich muß viel warten. Kein Grund zur Eile, sagte eine Schwester: alles braucht seine Zeit. Ich lerne von Natur aus schnell. Alles braucht seine Zeit, heißt soviel wie immer langsam.

Ich weiß, ich sollte ihn abschicken, sonst wird er immer schwerer und teurer. Ich bin aber noch nicht fertig.

Ich lege ein Exemplar der Hausordnung bei, damit Du mich besuchen kannst. HACH. Überall im Krankenhaus sind Besuche erlaubt, nur hier nicht. Weil wir unsere Ruhe brauchen. Es gibt nicht viele feste Regeln. Es funktioniert nach dem Bodenminenprinzip: sie lassen dich frei herumlaufen, bis du auf eine trittst. Ich darf tagsüber nicht im oder auf dem Bett im Krankensaal liegen. Ich brauche eine Erlaubnis, wenn ich nach draußen gehe, falls jemand mich sucht. Es gibt einen Eßsaal, wo wir gemeinsam essen, einen Raum mit Waschmaschinen und eine

Warteecke. Ich darf hier und im Tagesraum sitzen; der Tagesraum ist aber verraucht, und deshalb tränen mir die Augen. Alle rauchen. Vielleicht bekomme ich Lungenkrebs ha ha. Ich habe zwei Spaziergänge durchs Gelände gemacht. Es gibt nichts zu sehen. Sonst ist nichts passiert.

Plötzlich öffnet sich der Aufzug, und ich schrecke hoch. Immer, wenn ich etwas höre, drehe ich mich um, und der Plastiksitz quietscht wie ein gefangenes Schwein. Diesmal ist es der WVS-Wagen. Nie haben sie etwas, das ich möchte.

> Es könnte schlimmer sein. Ich habe noch keinen Arzt zu Gesicht bekommen. Ich kann nicht geradeaus sehen. Ich benehme mich gut. Ich fülle meine Essenskarte aus, nehme meine Medizin, wenn man mich dazu auffordert, sage bitte und danke. Du würdest mich nicht wiedererkennen.

Ich streiche das letzte aus und schreibe statt dessen *Du wärst stolz auf mich.*

Janey kommt herüber und bittet mich um ein Streichholz. Sie hat mich heute morgen schon zweimal gefragt und weiß genau, daß ich keine Streichhölzer habe. Sie fragt trotzdem. Ihre Streichhölzer werden geklaut. Sie glaubt mir nicht, daß ich keine habe. Sie sitzt neben mir und zieht an ihrem Ohrring, bis das durchstochene Ohrläppchen aus der Form gerät. Ich schiebe den Brief außer Sichtweite, und meine Notizen tauchen auf.

WANN BEGINNT DIE BEHANDLUNG
WIE VERABREDE ICH ARZTTERMINE
WAS MACHE ICH INZWISCHEN
WOZU SIND DIE PILLEN

Sie sind uninteressant. Janey überquert den Teppich und spielt mit den Aufzugknöpfen. Janey ist länger als alle übrigen Insassen hier. Sie kennt sich aus, aber sie hilft niemandem weiter. Vielleicht muß sie ihre Erkenntnisse geheimhalten, damit sie funktionieren. Der Aufzug kommt leer an. Janeys Pantoffeln entfernen sich schlurfend, als Absätze klappernd näherkommen. Norah kommt, als der Aufzug wieder verschwindet. Sie hat ihre Arme dicht um den Körper gelegt. Sie fragt nach einem Streichholz.

Machtnix. Frage nur. Zufall.

Als der Aufzug nicht kommt, schlägt sie hart auf die Rufknöpfe.

Ich nehme den Bleistift, schlage eine Seite auf und schreibe.

> Ich gebe mir Mühe, Marianne, ich möchte wirklich wissen, wie ich gesund werden kann. Ich warte auf die Ärzte, aber es gibt keine festen Termine. Vielleicht ist es Teil der Therapie. Ich weiß nicht. Ros sagt, sie hat zweimal einen Psychiater gesprochen. Sie ist lange hier. Ich weiß, ich muß mir Mühe geben.

Norah tritt gegen die Wand und drückt auf sämtliche Aufzugknöpfe, bis sie blockieren.

ooo

Auf die Frage, ob du einkaufen gehen darfst, heißt es, ja natürlich. Natürlich.

Supermärkte waren die Orte, wo Paul und ich Erwachsene spielten. Jeden Samstagmorgen holte er mich in seinem klapprigen ersten eigenen Auto bei meiner Mutter ab, und wir fuhren zum Supermarkt. Mit einem Einkaufswagen marschierten wir die Regale entlang und kauften vielleicht vier oder fünf Sachen, meist Süßigkeiten. Es war immerhin etwas, was wir zusammen unternehmen konnten. Teenager. Heute mache ich einen großen Bogen um den Supermarkt und nehme den Weg am Kirchenschaukasten vorbei.

Es ist fast November, und Woolworth ist voll Gartenmöbel. Die Leute sehen sie sich sogar an. Ich gehe an den Schirmen entlang und steuere auf die Schallplattentheke zu. Dort kann ich stundenlang stöbern. Viel Country & Western, Disco und harmlose Popmusik. Michael hatte viele Platten, die wir aus allen möglichen Gründen nie gespielt haben. Ich selbst habe sie durchsortiert, als es zu spät war. Was mich wirklich überraschte, war die Perry-Como-Langspielplatte. Perry Como. Es war mir unbegreiflich. Eines der Mädchen in roten Karos tanzt hinter der Theke zu etwas, das ich noch nie gehört habe. Als es zum dritten Mal spielt, sehe ich auf die Uhr und gehe zurück zur Bushaltestelle. Einkaufen vorbei. Ich muß am Treffen teilnehmen.

Die Stationsversammlung
Die Mitte des Raums wird von zwei Reihen alter Damen eingenommen – aufgereiht wie Saatkartoffeln in Furchen –, die auf einen Fernseher schauen, der nicht eingeschaltet ist. Meine Gruppe sitzt gegenüber, und ein Mann ist dabei. Der Mann trägt ein Schild am Revers, auf dem in roten Buchstaben TOM steht. TOM ist zuständig. Natürlich. Ich sitze neben Ros.

Schließlich seufzt TOM.

Also, wir können nicht mehr warten. Ich finde, wir fangen einfach an. Er nickt uns allen zu und geht die Namen durch. Ros ist hier. Janey ist hier. Norah ist hier. Kathy nicht. Ich bin nicht auf der Liste.

Oh, Lehrerin.

Sein Blick wird flach.

Hier landen eine ganze Reihe von eurer Sorte.

Ich lächle, falls es ein Witz sein soll, halte den Kopf gesenkt, falls es keiner ist. Man kann nicht vorsichtig genug sein.

STATIONSVERSAMMLUNG ID. Großbuchstaben oben auf seinem Notizblock.

Tom beugt sich vertrauensvoll vor.

Genau. Ah...

Er kratzt eine Rasierwunde am Hals und sieht noch einmal auf die Überschrift, vergewissert sich seiner Absicht.

Genau. Also die erste Sache ist etwas, mir wäre wohler, wir müßten nicht darüber sprechen. Aber wir müssen trotzdem darüber reden. Pause.

Obst. Ich bin mir sicher, ihr wißt alle, was ich meine, wenn ich das Wort Obst sage.

Ros schaut zur Decke und hustet. Norahs Zigarette glüht.

Janeys Obst ist aus ihrem Fach verschwunden. Zwei Äpfel und hm... was noch.

Eine Kiwi. Zwei Äpfel und eine Kiwi.

Janey meldet sich, bevor er das Wort in seinen Notizen findet. Sie hat die Arme so fest über der Brust verschränkt, sie kann kaum atmen. Ihre Stimme pfeift richtig.

Zwei Äpfel und eine Kiwi, genau. Mußte nur nachsehen haha. Jedenfalls sind sie verschwunden. Nun, hat jemand etwas zu sagen?

Jemand ruft GEMOGELT, und Karten werden gemischt. Norah platzt zuerst damit heraus.

Du meinst, jemand hat sie gestohlen.

Janey windet sich. Ros sieht weiter zur Decke.

Nein, sagt sie. Ich glaube, er meint, sie wären wo liegengeblieben oder so. Vielleicht hat jemand von den anderen Stationen sie versehentlich genommen.

Norah ist nicht in Stimmung.

Oh weh. Und das glaube ich nicht.

Ihre Zigarette zerfranst und droht ihren Lippenstift zu verwischen.

Ich wars jedenfalls nicht. Blöde Kiwi, blödes Obst.

Keiner hat dich gemeint. Keiner hat das gesagt.

Ros schiebt sich die Ponyfransen aus den geschwollenen Augen.

Ich frage nur, ob ihr etwas davon wißt. Damit die Wahrheit rauskommt, sagt TOM. Niemand sagt, es war eine von euch. Uns. Janey grunzt und schlägt die Beine über, öffnet den Mund und schließt ihn wieder.

So. Was fällt uns sonst noch ein?

Ros strengt sich an. Sie gibt zwei unmögliche Erklärungen ab. Norah unterbricht die dritte.

Würde es manchen von denen durchaus zutrauen, einfach zu klauen. Sachen herumliegen lassen. Ständiges Kommen und Gehen hier auf den Stationen. Alles mögliche verdammt nochmal. Jedenfalls geschieht es Leuten, die was rumliegen lassen, völlig recht.

Sie zerquetscht den Zigarettenstummel im Aschenbecher zu Konfetti.

Genau. Sind wir damit gemeint? Keiner hat was genommen. Okay. Gut. Vielleicht sollten wir weitermachen.

Ein Lied bebt aus der Sesselreihe über unsere Köpfe hinweg. Fadendünn. Heilige Theresa der Rosen. Janey schnieft. Das Schniefen wird rhythmisch. TOM macht weiter.

Genau. Okay. Ich habe uns die Zeitung mitgebracht. Seht ihr? Wir könnten hier ein bißchen inhaltlich arbeiten.

Er hält die Titelseite des Glasgow Herald hoch und zeigt auf die Schlagzeile über Arbeitslosenzahlen. Jugend in der Krise. Er liest den Artikel ein Stück laut vor und sieht in die Runde.

Wer würde gern dazu etwas sagen?

Norah steckt sich wieder eine Zigarette an und schwingt ihren Arm wie ein Buschmesser.

Ros sagt: Naja, ich finde das schlimm. Es ist schrecklich. Niemand will so etwas sehen. Was soll man dazu sagen?

TOM weiß es auch nicht. Er will, daß wir Bescheid wissen. Er nickt Norah zu.

Was, sagt sie.

Was meinst du mit was? Ich frage dich nach deiner Meinung über diesen Artikel. Die Jugend hier in der Krise? Was meinst du dazu?

Was meinst du, was ich dazu meine? Was meinst du, was ich verdammt nochmal meine?

Ich weiß es nicht. Deshalb habe ich dich gefragt.

Mein Gott.

Sie fährt so plötzlich auf, daß TOM in Deckung geht.

Jugend soll mich am Arsch. Kriegen Arbeit, wenn sie verdammt nochmal suchen. Verdammtes Fernsehen und Video und Geld, wodurch sie Drogis werden, hör mir auf mit Jugend und Krise verdammt.

Janey hängt der Kopf auf der Brust, und sie weint. Niemand unternimmt etwas: irgend jemand im Aufenthaltsraum weint immer. Daran gewöhnt man sich. TOM wird eisern.

Also. Was ist mit dir? Lehrerin? Was meinst du? Sag mir, was du denkst. Mußt doch eine Meinung haben. Noch nie eine Lehrerin ohne Meinung getroffen.

Jemand ruft SCHNAPP.

ooo

Das Fenster ist riesengroß. Es umfaßt die Station wie eine Kinoleinwand. Aus zwei Etagen sieht man hinaus auf Felder mit letzten Ernteresten und umgepflügte Erde, ein breiter Streifen schiefergrauer Himmel. Rauch aus der vier Meilen südlichen Fabrik. Die Bodenschwellen sollen den Verkehr verlangsamen. Die Erde scheint durch. Krankenhausschilder: weiß mit schwarzen Buchstaben und Pfeilen. Ein Schild nach 1D gibt es nicht. Vorn nicht jedenfalls. Die Straße sieht zwischen Feld und Krankenhaus wie eine Bleistiftlinie aus. Die Bushaltestelle am Eingang ist durch ein rotes Kreuz gekennzeichnet, wie ein Korrekturzeichen in einem Schulheft. Falsch.
Nassim verscheucht mich: Schschsch.

Geh schön weiter. Draußen gibts nichts zu sehen. Du denkst zuviel, wenn du immer aus dem Fenster siehst. Schlecht für dich. Du solltest dir lieber im Aufenthaltsraum einen Film ansehen. Vielleicht zeigen sie ein Video.
Schschsch.

ooo

Der Arzt kommt mehr als eine Stunde zu spät. Ein völlig anderer Mann als Dr. Zwei. Aber Nachfragen ist riskant, und ich will nicht wählerisch erscheinen. Ich folge ihm durch den meerfarbenen Gang in einen Raum ohne Bilder, in dem alle Vorhänge zugezogen sind. Es riecht nach Hund im Regen. Dr. Drei vergeudet keine Zeit.

DR. DREI: [Sitzend] Nun?

Lederne Flicken auf den Ärmeln seiner gräßlichen Jacke glänzen im Düstern. Hinter der Brille sind seine Augen nur Iris.

PATIENTIN: [hypnotisiert] Nun was? Ich dachte, Sie fangen an?

DR. DREI: Anfangen was? Anfangen was? Sie wollten mich sprechen. Sie wissen schließlich, worum es geht.

PATIENTIN: Ich bin fast eine Woche hier.

DR. DREI: Ja. Also, was kann ich für Sie tun?

PATIENTIN: [Verwirrt. Weiß nichts mehr und versucht sich zu erinnern] Behandlung. Ich möchte etwas über die Behandlung wissen.

DR. DREI: [Lehnt sich mit unheilvollem Knarren zurück] Ich weiß nicht, was Sie erwartet haben. Es gibt hier kein geregeltes Vorgehen. Sie bitten um ein Gespräch mit einem von uns, wenn Sie der Ansicht sind, Sie haben es nötig. So. Sonst noch Fragen?

PATIENTIN: Ich muß erst nachdenken [Schweigen]

DR. DREI: Nun?

PATIENTIN: [Nichts. Tränen kommen]

DR. DREI: [Atmet tief durch die Nase, lehnt sich im Stuhl zurück] Wie lange, sagen Sie, sind Sie hier?

PATIENTIN:	Fast eine Woche. Ich habe mit niemandem gesprochen.
DR. DREI:	[Seufzt] Sie wollen sicher einen Paß. [Schweigen] Um am Wochenende nach Hause zu fahren? Sie sollten am Wochenende auf Probe nach Hause fahren. Damit Sie hier rauskommen und lernen, mit der Lage draußen fertig zu werden. Sie können jederzeit einen Paß beantragen und ausgehen, verstanden?
PATIENTIN:	Nein. Ich verstehe gar nichts.
DR. DREI:	Ich weiß nicht, was das wieder heißen soll.
PATIENTIN:	Es geht zu schnell. Sie drängen mich.
DR. DREI:	Schon gut. Lassen Sie sich Zeit. [Schweigen] Also. Guten Tag.

Er klopft auf den Papierhaufen auf seinem Schreibtisch, verschränkt die Arme. Das Gespräch ist zu Ende. PATIENTIN steht da und überlegt, ob dies womöglich auch eine Therapie ist.

DR. DREI:	Das Gespräch ist zu Ende. [Öffnet eine Schublade. Der Papierstapel gibt bedenkliche Flockenmengen von sich. Er tut so, als merke er nichts]

ooo

Hallo. Jemand zu Hause?

Wetten, das war Dr. Drei. Es war Dr. Drei, nicht wahr? Ros gibt sich die Schuld. Sie weiß, sie hätte heute morgen etwas sagen sollen und hat es nicht getan. Er kriegt oft Kopfschmerzen. Migräne. Abgesehen davon ist er einfach ein Schwein. Es ist ihre Schuld.

ooo

Nassim verscheucht mich. Schschsch.
Ich finde einen leeren Raum am Ende des Gangs. Ein Tisch und ein Stuhl.

STATIONSVERSAMMLUNG
DOKTOR
BRIEF AN MARIANNE

Ich betrachte, was ich geschrieben habe. Anstrengung einer Woche.
Ich schreibe MORGEN

Wieder später schreibe ich ARBEIT.
Ich probe, was ich den Männern sagen werde, Mr. Poppy und Allan und Tony. Ich bin eine Woche hier. Ich dachte, ich sei auf dem Weg zur Besserung/ auf der richtigen Fährte/ auf dem Weg nach Hause. Vielleicht hat Nassim recht: ich denke zuviel nach. Denken ist hier drinnen nicht angebracht. Ich warte auf den Teewagen mit den Medikamenten, versuche, ihn herbeizuzaubern.

ooo

Ha Ha Ha Ha Ha.
Tom grölt den ganzen Gang entlang.
Ich dachte, ein Paß sei etwas Greifbares. Wie eine Fahrkarte oder ein Personalausweis. Dabei bedeutete er lediglich, daß ich nach elf das Haus verlassen konnte. Vereinbarungen mit der Apotheke werden telefonisch getroffen, falls du Gebrauchsanweisungen verlierst (besser gesagt, vergißt) und die falschen (besser gesagt, zuviel) Medikamente bekommst. Alles passiert per Telefon. Patienten brauchen nicht zu wissen, was in ihrem Paß steht. Nicht das geringste Bißchen Papier. Tom lacht sich tot, weil ich es nicht weiß. Als ich zwei Stunden später mit meiner Reisetasche fortgehe, winkt er und lacht wieder laut los.

Zwei Rechnungen und die Nachricht über ein rätselhaftes Geschenk werden beim Türöffnen zerquetscht. Auf der Veranda riecht es modrig, hohl und fremd. Ich ertappe mich, wie ich die Innentür vorsichtig öffne, sehe dabei prüfend um mich. Es liegt nur daran, daß ich nicht da war, daß es nach jemand anderem riecht. Aber ich bin mir meiner kleinen Hände bewußt, meines schmalen Rückens, der ein leichtes Ziel abgibt. Ich stürze in die Küche, weigere mich, oben nachzusehen. Es muß in Ordnung sein.
Ein paar Tage, nachdem ich wieder angefangen hatte zu arbeiten, vor etwa zwei Monaten, waren Einbrecher im Haus. Ich war, ich weiß nicht mehr, wo gewesen und habe es zuerst gar nicht gemerkt, habe mir nur einen Tee gemacht und im Wohnzimmer ferngesehen. Poltergeist. Ich dachte, mir stehen die Haare zu Berge, weil das Haus so still ist und ich den Film sehe: bei Horrorfilmen geht es mir leicht so. Dann schlug oben etwas auf und rollte herum. Die Vorhänge bauschten sich im Durchzug. Ich schaltete den Fernseher ab und knipste sämtliche Lichter an, die ich von unten anknipsen konnte, und ging Stufe für Stufe die Treppe hoch.

Oben auf dem Treppenabsatz wußte ich, schlimmer hätte es nicht kommen können. Die Schlafzimmertür stand sperrangelweit offen. Drinnen war es nicht wiederzuerkennen: die Bettdecke am Boden, Laken herausgezerrt, Schubladen ausgeleert. Billige Ohrringe und Unterwäsche auf den Dielen verstreut. Mehrere Kleidungsstücke waren aus dem Schrank gerissen und auf den Boden geworfen worden. Michaels Mantel saß immer noch hockend wie der kopflose Kutscher am Fenster. Nachdem ich begriffen hatte, was passiert war, dachte ich nur, wie wenig Beute er gemacht hatte. Soviel Mühe und nichts, was sie wert gewesen wäre. Vom anderen Ende der Straße rief ich die Polizei an und fragte nach Graham. Er hatte keinen Dienst, aber sie schickten jemand anderen. Eine ganze Mannschaft, besser gesagt. Ich versicherte ihnen, alles sei in Ordnung, sie brauchten sich um mich keine Sorgen zu machen. Nach der Aufregung und dem ganzen Haus voller Kriminalpolizisten, die an den Fenstern rüttelten, fand ich unterm Bett den gelackten

Schmuckkasten. Er war leer. Sie hatten den Ehering meiner Mutter mitgenommen, meinen Verlobungsring und eine Brosche von Michael. Eine billige, aber immerhin. Sonst nichts. Unten war alles in bester Ordnung. Ich hatte einfach nicht gemerkt, daß jemand da gewesen war. Manchmal meine ich, es wäre wieder geschehen, aber ich habe immer Unrecht. Bis jetzt. Ich kontrolliere alles, mache Tee und warte. Allan kommt bald.

Großes Geld in der Zwei-Uhr-Ausspielung.

Tony redet wie ein amerikanischer Seifenopernheld, wenn er im Streß ist, so daß wir schweigend arbeiten, während er Mr. Big spielt. Allan nickt zu Tony hinüber, damit ich hinsehe. Tony kaut auf seinem Schnurrbart. Er weiß nicht, daß auf seiner Nase ein Strich ist. Unerwarteter Zusatzgewinn. Mr. Poppy bleibt auf seiner Seite des Gitters.

Hallo Fremde.

Ellen ist ganz besorgt. Ich erkläre ihr, Foresthouse ist okay. Wirklich.

Krankenhäuser sind nicht einmal erfreulich, wenn es einem gutgeht, sagt sie. Douglas wollte aus dem Krankenhaus raus, sobald es klar war. Douglas war Mr. Holmes. Ihre Augen werden feucht. Ich nehme ihr das Versprechen ab, mich nicht zu besuchen. Dann hat sie eine Überraschung für mich. Ich folge ihr in die Küche, bange, ob es sich um einen Kuchen handelt. Sie macht vor der Tiefkühltruhe halt und öffnet lächelnd die Tür.

Sieh mal.

Sie rückt an rötlichen Brocken hinter einer blaßblauen Eisschicht. Alles ist voll Fleischklumpen, das Blut in den Muskeln gefroren, damit es nicht tropft.

Ein ganzes Lamm, sagt sie. Sieh dir das an.

Auf dem Nachhauseweg zähle ich die Kapseln in meiner Tasche. 10. 10 Zuckerpillen für anderthalb Tage. Während ich heimgehe, nehme ich die Dosis für die Nacht. Vielleicht wirken sie schneller, wenn ich laufe.

Bald ist Sonntag.

Morgen um diese Zeit bin ich wieder in Foresthouse. Eigentlich will ich dort auch nicht sein. Ich gehe übers Moor zwischen der Stadt und den Wohntürmen von Boot Hill und horche im Dunkeln nach Geräuschen. Alle möglichen Verrückten treiben sich in der Gegend rum und warten, was vorbeikommt. Früher trug ich bei Spaziergängen ein Messer in der Tasche, aber irgendwann habe ich damit aufgehört. Ich hätte es im Ernstfall gar nicht benutzen können. Außerdem hätte man mich wegen unerlaubten Waffenbesitzes verhaften können. Ich gehe mitten auf der Straße, folge dem Rat einer Zeitung, wie du nicht vergewaltigt wirst. Nicht zu schnell und nicht zu langsam. Aussehen, als ob du alles im Griff hast. Bald ist Sonntag. Que sera sera. Wer weiß, was kommt.

Ros hat sein Foto auf dem Schrank stehen sehen und gefragt, wer er ist.

Das ist David, sagte ich. David.

Gehört er zur Familie, oder? Das letzte sagte sie ganz gedehnt, um das »oder« zu unterstreichen.

Einfach David, sagte ich. Er heißt David.

Ich wußte nicht, was ich sagen sollte.

David war aus Sams Klasse. Ich fand ihn launisch und unberechenbar. Unsere schulischen Wege kreuzten sich oft, auch wenn ich nie seine Lehrerin war. Manchmal saß er in der Kantine neben mir. Vielleicht haben wir beim Schulball miteinander getanzt. Ich weiß es nicht mehr. Wir mochten uns grundlos. Das Unberechenbare war damals anziehend. Jedenfalls tauchte er zwei Tage nach der Beerdigung meiner Mutter in meiner Klasse auf und brachte eine Ladung Bücher zurück, weil er die Schule verließ. Wir zogen eine Zeitlang die übliche *Was-hast-du-denn-jetzt-vor*-Nummer ab. Dann fragte er mich, wie es mir ging. Er wirkte schüchtern, als ich ihn nicht gleich verstand. Er wollte mit mir über meine Mutter reden. Wir gingen in die Kneipe. Er fuhr mich nach Hause, und im Auto unterhielten wir uns. Ich war es, die damit anfing. Ich gab ihm einen Kuß auf den Hals. Einfach so. Ich fing im Auto an, ihn auszuziehen. Paul nahm von der Arbeit an einem Management-Kurs teil. Ich hatte keine Ahnung, was dort geschah, aber deshalb blieb er über Nacht weg. Oft. Ich fragte David, ob er dableiben wolle. Sehr erwachsen und locker. Ich hörte nicht hin, als er seine Mutter anrief, die Ausrede, daß er bei einem Freund übernachte. Vielleicht redete ich mir ein, er sei wie Paul. Ich glaube es zwar nicht, aber man kann nie wissen. Am Tag nach der Beerdigung meiner Mutter. Mein Gott.

Er besuchte mich oder rief mich gelegentlich an, als ich ins Cottage zog, blieb manchmal da. Dann hatte er eine Zeitlang viel zu tun und kam gar nicht. Ich hatte auch viel zu tun. Er schickte eine Karte zu Weihnachten, ein Geschenk. Ich rief ihn an, aber er war nie zu Hause.

Sechs Tage nach Michaels Beerdigung tauchte er bei Ellen auf. Ohne aufzusehen, spürte ich an der veränderten Atmosphäre, daß er es war, der hereingekommen war. Ich wußte nicht, was ich von ihm halten sollte. Ich wußte es nie. Er war sehr vorsichtig, und sein Haar war ausgebleicht, er war gerade aus den Ferien zurückgekommen. Marianne machte Tee, und wir waren sehr höflich. Später hörte ich, wie sie sich beim Abwasch unterhielten.

Wie geht es ihr? fragte er.

Ganz gut. Besser.

Minutenlanges Geschirrklappern, bevor David wieder etwas sagte.

Das soll *gut* sein?

Marianne seufzte. Ich wollte gehen, und den Rest hörte ich hinter meinem Rücken. Davids Stimme.

Sie soll sich nicht wieder von jemandem abhängig machen. Nicht von einem einzelnen Menschen.

Ich verstand nicht, was er meinte.

Ein paar Tage später gingen wir aus. Marianne und ich, die zwei Jungen, fuhren mit dem Auto. Es wurde zur Gewohnheit. Marianne ging nach Amerika und Sam zur Universität, und David kam weiter allein. Zuerst gingen wir wie früher aus, als wären die anderen dabei, dann hörten wir auf, uns etwas vorzumachen. Wir blieben zu Hause und tranken statt dessen. Ich trank mehr als er. Bei all dem knisterte es aber nur andeutungsweise: Depression ist nicht sexy. Aber ich wollte angefaßt werden. Ich wollte unbedingt angefaßt werden. Ich fragte mich, ob es besser wäre, ihn nicht mehr zu sehen. Einmal sagte ich das, und er lachte nur. Ich verfolgte das Thema nicht.

Dann tauchte er unerwartet zu Hause auf. Mittwoch; da kam er sonst eigentlich nicht. Es war spät, und er hatte etwas getrunken. Ich saß in eine Decke gewickelt unten an der Treppe, das Haar noch naß und stachlig vom Baden. Der Boden war mit Stoffschnipseln bedeckt. Ich mußte aufstehen und eine Platte auflegen, damit es nicht so still war. Ich wußte nicht, wie ich mit ihm reden sollte, jetzt wo ich nicht betrunken war. Er war schwimmen gewesen, sagte er. Du konntest das Chlor durch das Bier riechen. Das Bier war ziemlich stark. Er zog mich neben sich auf den abgetretenen Teppich und sagte, ich solle still liegen und zuhören. Ich lag still da und hörte zu.

manchmal

Herzschlag und salziger Männergeruch durch das warme Hemd.

Die Härchen auf seinen Fingerrücken sahen wie vergrößert aus, als schälte sich ein Film von meinen Augen. Die weißgeriebenen Stellen der Jeans schienen tief wie ein Federbett. Neben seinem Absatz war ein Fleck auf dem Teppich, ein flacher Fleck, der den Teppichflor noch flacher wirken ließ. Der Fleck war mir noch nie aufgefallen, aber ich wußte, er war von Michael. Ich wußte alles mögliche. Was darunter war, die Dielen, der Dreck in den Fugen. Ich konnte Dinge sehen, die nicht da waren. Ich konnte meinen Blick nicht von dem weißen Fleck auf dem Teppich lösen. David griff nach mir und küßte mich. Ich schloß fest die Augen und versuchte, nur die Dunkelheit zu sehen. Als er aufstand, sagte ich nichts. Nicht bevor ich sicher wußte, er hielt mich weiter fest, während ich die Augen geschlossen hatte. Ich wollte es zu sehr, ich konnte keinen Fehler riskieren. Danach weinte ich, bis ich schrie. Ich wußte nicht, wie sehr ich schreien mußte.

Nach diesem Muster läuft mein Zusammensein mit David ab. Wir betrinken uns und haben Sex, und ich schreie viel. Michaels Stiefel sitzen unter der Kleiderstange in der Zimmerecke, Davids Jeans überm Stuhl. Er nimmt das Schreien hin und hält mich fest. Sonst schreie ich nie. Frühmorgens bringt er das Auto seinem Vater nach Hause.

So. Das ist David.
Das war David.
Ich habe Schwierigkeiten mit den Zeiten. Ich darf nicht vergessen, daß die Dinge nicht mehr sind, wie sie waren, weil ich die Dinge verändert habe. Zu wissen, es würde geschehen, hilft nicht. Ich gewöhne mich schnell und gewöhne mir nur langsam etwas wieder ab, und ich kann nichts voraussagen. Ich habe keine Ahnung von seinen Absichten. Ich weiß überhaupt nicht, was er denkt, was er mit mir macht. Vielleicht muß das jetzt aufhören. Ich darf nicht vergessen, daß ich mich nicht mehr von einem einzelnen Menschen abhängig machen darf. David kennt sich in solchen Sachen aus.

ooo

Mr. Kaurs Tür ist wieder vollgeschrieben. National Front und Hakenkreuze falsch herum. Jeden zweiten Nachmittag während der Pause schrubbt er etwas weg. Jeden Morgen steht wieder etwas da. Mr. Kaur schneidet den Bindfaden um die frisch eingetroffenen Farbbeilagen auf und sagt, er ist gleich da. Er sagt nichts über die Graffiti.

Drei oder vier von uns stehen wartend herum. Jemand am Ende der Keksschlange fängt an zu schreien. Der Jemand entpuppt sich als ein dicker Mann mit einer Augenklappe, der sich an den Granolakeksen vorbei rücksichtslos einen Weg bahnt und schreit, weil es keine Brötchen mehr gibt. Was soll er denn frühstücken, he? Es ist so laut, die Kinder, die an der Tür herumstehen, sehen nach, ob es eine Schlägerei gibt. Er ißt immer Brötchen. Immer. Was soll er jetzt machen? Mr. Kaur weiß es nicht. Das Gesicht des dicken Mannes schrumpft. Er reibt sich plötzlich das Kinn und kauft zehn Players und Karamellen für fünf Pennies. Danach steht er draußen vor der offenen Tür und sieht erstaunt in die Ferne.

Auf dem Rückweg halte ich die Zeitungen gegen meine Brust, damit sie nicht im Wind flattern. Ich hasse zerknitterte Zeitungen. In frischen Seiten blättern, finde ich so aufregend wie durch Neuschnee gehen. Früher haben wir die Post und die Mail gelesen, meine Mutter und ich teilten sie uns, bis Myra wach wurde. Paul bekam seine Zeitungen zugestellt. Wir begaben uns auf gefährliches Terrain, probierten die seriösen Tageszeitungen: Hochglanzbeilagen, Feuilletons usw., jeder bekam seinen Anteil an Neuem, nebeneinander auf dem Teppich. Neue Jagdgründe, Papiergeraschel und kein Grund zu reden: alles sehr gemütlich. Bis ich ins Cottage einzog, war es zur Gewohnheit geworden. Wenn ich meine Zeitung verpaßte, bekam ich schlechte Laune. Michael war kein großer Leser, er ging trotzdem oft einen Observer für mich zu ergattern, damit ich zufrieden war. Er mußte lange suchen, weil wir sonntags erst nachmittags aus dem Bett kamen. Eines Tages dauerte es ewig. Ich hatte mir in meiner Panik Schreckliches ausgemalt, bis er endlich wiederkam. Er war bis nach Troon gelaufen, um die richtige Zeitung zu finden. Weil er soweit gelaufen war, brachte er gleich Eis mit. Erdbeer. Mit dem Eis gingen wir wieder ins Bett, und ich las die Zeitung erst abends.

ooo

Ich lese den Wirtschaftsteil und backe keinen Kuchen. Das Telefon läutet. David klingt bedrückt. Er möchte vorbeikommen, und ich habe nach dem Anruf gerade noch Zeit für ein kurzes Baderitual. Besser für alle Eventualitäten gerüstet zu sein.

Er kommt, während ich mich anziehe, von oben sehe ich nur Jeans und Turnschuhe. Das helle Haar über dem schwarzen Kragen. Er schlenkert die Autoschlüssel in der Hand, die andere hat er in die Hüfttasche geklemmt und sagt Hallo, als wären wir zwei einsame Herzen beim ersten Rendezvous. Als wäre er unsicher, wer ich bin. Wir küssen uns nicht: das tun wir nie, es sei denn, der Kuß ist eindeutig sexuell und kann nicht anders interpretiert werden. Aber ich lächle und laufe in die Küche, um Tee zu machen.

Leg eine Musik auf, rufe ich.

Was wir sonst abends tun. Kurz darauf flutet The Rise and Fall of Ziggy Stardust and the Spiders from Mars herüber. Er sagt, er mag meine Platten, weil sie so alt sind. Witz. Die Lautstärke ist zu gering, weil Nachmittag ist und wir beide nervös sind. Als ich die Vorhänge zuziehe, ist der Raum zu duster, aber das elektrische Licht ist zu künstlich. Ich lasse also die Vorhänge halb offen und beschäftige mich mit dem Tee, den niemand will, gieße ihn dennoch ein.

Also wie war das College diese Woche? Ich klinge wie eine Tante.

Er tut, als merke er es nicht. Nichts Außergewöhnliches. Das Übliche. Mittwoch bin ich mit Freunden ausgegangen. Nichts Besonderes.

Ich frage nicht, ob die Freunde ein Mädchen waren.

Bald Prüfungen? frage ich und rühre. Mußt wahrscheinlich abends lernen, hast weniger Zeit für dich.

Dieses Drumherumgerede ist peinlich. Ich habe Angst hochzuschauen. Wahrscheinlich weiß er ganz genau, ich biete ihm vorsorglich Ausreden. Vielleicht ist es bevormundend. Junge Leute können sehr empfindlich sein. Er trinkt keinen Tee, steht nur auf, um ein Stück zu überspringen, das er nicht mag. Mittendrin, als er die Nadel auf die Platte zurücklegt, redet er, kehrt mir dabei immer noch den Rücken zu.

Willst du nicht übers Krankenhaus reden?

Er versucht mich davon abzuhalten, ihn weiter auszufragen.

Langweilig. Darüber ist nicht viel zu sagen.

Oh?

Er weiß genausowenig wie ich, ob er drängen soll, wieviel er nicht wissen will. Kumpelspielen ist die beste Taktik, die ich anzubieten habe.

Du weißt, wie ich bei Fremden bin.

Er sitzt wieder und besieht seine Fingernägel. Ich weiß, ich sollte etwas Negatives sagen. Negatives klingt immer nach schmerzlicher Wahrheit.

Die Ärzte bekommst du nicht zu Gesicht. Sie sitzen tagsüber in ihren Kästen und kommen nicht heraus. Selbst wenn ich den ganzen Tag warte, sehe ich keinen einzigen. Und wenn doch, dann verstehe ich nicht, was sie sagen.

Verstehen sie, was du sagst?

Ich warte einen Moment. Ich möchte soviel andeuten, daß er mich bedauert und mich berührt. Ich versuche stoisch, aber vielsagend auszusehen.

Nein.

Wessen Schuld ist es? Erzählst du ihnen alles?

Es ist nicht so, wie du es dir vorstellst. Auch nicht, wie ich es mir vorgestellt habe.

Ich rede zuviel. Er hört mir zu, ohne mich anzusehen, und ich weiß nicht, was er denkt. Das weiß ich nie. Was ich wissen will, ist, ob er mich weiter besuchen wird. Das blockiert fast alles übrige. Aber ich kann nicht danach fragen. Die Umstände sind für uns unnormal. Wir sind nicht betrunken: alles, was wir sagen können, ist nüchtern. Und ich bin die Bedürftige. Das ist keine gute Position. David fummelt an seinem kaputten Daumennagel.

Tut es dir irgendwie gut?

Ich lächle und greife nach der Teetasse. Ich brauche eine Stütze, um die Antwort hinzukriegen.

Ich muß davon ausgehen. Ich muß es versuchen.

Er wischt sich über die Stirn, und das Blau seiner Augen kommt zum Vorschein. Ich begebe mich auf den Fußboden und lehne mich gegen seine Beine. Eine Idee. Er läßt mich dort anlehnen, und wir reden zwei Stunden lang. Wir haben uns über alles mögliche viel zu sagen. Nur nicht, was wir da zusammen tun. Er greift nach meiner Hand, als er gehen will, bietet mir an, mich nach Foresthouse zu bringen, als wäre dies nichts Überraschendes bei so einer Geschichte, als wäre es unsere übliche Routine. Die ganze Fahrt über frage ich nicht, was ich wissen will. Er wartet auf dem Parkplatz, während ich den Sicherheitsgurt öffne, mich umständlich anstelle in der Hoffnung, er sagt etwas, erklärt, der Sex ist vorbei, jetzt sind wir NUR GUTE FREUNDE.

Kann ich zu Besuch kommen? fragt er.

Das trifft mich unvorbereitet. Ich sage, natürlich, gern. Er küßt mich vor dem Tor, und ich weiß nicht, was das für ein Kuß ist, was er bedeutet. Abschiedsküsse sind immer gleich. Er berührt meine Schulter, sagt aber nichts, also gehe ich hinein, ohne es zu wissen. Die roten Schlußlichter sind nicht mehr da, als ich durch die Drehtür gehe. Nichts als Grau im Fenster, der Umriß meiner Hand, die übers Glas streift.

Niemand sonst auf der Station. Ich lasse die Tasche aufs Bett fallen und höre einen Augenblick den Film, der aus dem Aufenthaltsraum über den Flur dringt: Geschrei, ein abhebender Hubschrauber und Schießen. Die Station riecht komisch. Vielleicht rieche ich auch so, wenn ich einen Tag hier bin. Vielleicht fällt es mir nur nicht auf. Ich denke an David im Auto, wie er auf der Küstenstraße schaltet und beschleunigt, dann kippe ich die Tasche aus und mache mich fürs Zubettgehen fertig. Neun Uhr dreißig. Ein braves Mädchen zieht sich aus, um seinen rosa Schlafanzug anzuziehen, und bleiche Laken warten statt David. Der Schlafanzug sieht gräßlich aus. Aus Tesco's Supermarkt: Mädchengröße 11. Furchtbar. Aber vielleicht ist es auch eine Tugend. Meine Absage an die Eitelkeit. Und es beweist, daß ich mir Mühe gebe. Geblendet von meiner Medaille für gutes Betragen, husche ich auf den Korridor.

Ich vergesse.
Ich vergesse meine Vorsicht.

Sie können hier nicht so warten.
Zuerst kann ich den Sprecher nicht erkennen. Dann kommt er näher: ein weißes Gesicht und ein weißer Kittel.

Hören Sie? Sie können hier nicht warten.
Ich sage: Was? mit einer Kleinmädchenstimme und hoffe das Beste.

Sie haben es doch gehört. Sie wissen, Sie können hier nicht so warten. Also los. Gehen Sie und holen Ihren Bademantel.

Was? sage ich. Es ist, als redete ich mit Myra.

Ich möchte nicht, daß Sie hier so stehen, sagt er. Nicht so. Er musterte mich ausgiebig. Das ist nicht erlaubt.
Das Gesicht könnte einem meiner Schüler gehören; Sommersprossen und ein leicht ingwerroter Flaum auf der Oberlippe.

Es ist unfair den Männern gegenüber. Holen Sie Ihren Bademantel. Sie können in gemeinschaftlich genutzten Räumen nicht diese engen Sachen tragen. Also los.

Es muß ein Witz sein. Ich sehe ihn an und weiß, es ist keiner.

Ich habe keinen Bademantel.

Dann müssen Sie sich umziehen.
Ich lasse ihn eine Weile warten.

Ja, sage ich.

Ich kann, wenn es sein muß, immer noch sehr gut sein.

Es gibt Bruchteile von Sekunden am Morgen zwischen Wachen und Schlaf, wenn du nichts weißt. Nicht nur, wo oder wer du bist, ist dir entfallen, es ist einfach nichts. Die Tatsache, lebendig zu sein, ist gegenstandslos. Kein Bewußtsein von Haut und Kno-

chen, die Falle im Schädel. Für diese Bruchteile von Sekunden schwebst du am Himmel wie Ikarus. Dann erinnerst du dich.

ooo

Auf 1D gibt es keine Träume.
Die Medikamente wirken.

Farben kommen mit dem Läuten am Morgen um 6.50.
Niemand verschläft. Man könnte sonst etwas verpassen.

Die Männer sind immer die ersten in der Frühstücksschlange, verstecken sich hinter der Wand von Rauch. Sie tragen ihre Aschenbecher bei sich. Mrs. Marshall ist auf den Beinen, läuft herum, macht ihre Runden in Sandalen, einem bedruckten Kittel und ohne Make-up, während die alten Damen von 1F die Milch zu Schaum blasen und schon ranzige Morgenmäntel bekleckern. Mrs. Marshall bindet das letzte Lätzchen um, wird diesmal verwöhnt, weil die alten Damen sich aufs Essen konzentrieren.
Mrs. Marshall ist Engländerin.

Weit aufmachen, Mrs. Simpson. Weit aufmachen.
Die Aussprache ist so hart, als könnte sie auf die Entfernung Eier damit köpfen. Mrs. Marshall ist eine freiwillige Helferin. Sie kommt auf eigenen Wunsch, um tagsüber Püree zwischen widerwillige Zahnreihen zu stopfen und, was heraustropft, mit einem Plastiklöffel nachzuschieben. Mary füttert sie nie. Mary hat im vergangenen Jahr bei Mrs. Marshall einen Zufallstreffer gelandet und ihr das Nasenbein gebrochen. Ros hat es mir erzählt. Über kurz oder lang wird sie sagen: Nun, wie ich sehe, muß ich mich heute wieder schwer ranhalten. Die leidende Einsicht in Person. Sie sagt es jeden Tag. Ich hasse es und warte trotzdem darauf. Der Speisesaal bietet dazu den passenden Hintergrund: der

fastsexuelle Kitzel des Essens und die sabbernden alten Frauen, die ziellosen Männer. Alle husten. Ich bin benebelt und unglücklich, aber ich bin nicht allein. Wir leisten einander morgens Gesellschaft, weil wir keine andere Wahl haben. Niemand darf verschlafen.

Nun, wie ich sehe, muß ich mich heute wieder schwer ranhalten. Weit öffnen.
Grapefruitschnitze frisch aus der Büchse und meine erste Tasse Kaffee. Erlaubt sind zwei Tassen, aber ich trinke bis zu sechs, wenn ich nicht erwischt werde. Ros trägt schon ihre Mittagswünsche ein. Ich weiß nicht, wie sie das aushält: der Raum stinkt nach Blutpudding und matschigem Hering, und sie überlegt dabei, ob sie lieber Lammcurry, Spaghetti Carbonara, Bœuf Stroganoff mit Nudeln möchte. Großer Gott, Leber mit Zwiebeln. Ich nehme meine Karte und mache ein Kreuz bei Salat. Ich mache immer ein Kreuz bei Salat. Dann ißt Ros meine Grapefruitschnitze, und wir schlürfen unseren Kaffee und warten auf den Wagen mit den Medikamenten. Wir warten alle, machen mit beim selben Witz. Man hat uns aufgeweckt, um uns Schlaftabletten/ Anti-Depressiva/ Tranquilizer/ Dämpfer zu geben. Aber es ist uns gleich. Wir warten gutmütig, weil wir es nicht besser wissen und weil die Pillen wirken. Es dauert lange, bis abgebaut ist, was sich über Nacht angesammelt hat. John salutiert, als er die Plastiktasse umstößt. Ex-Berufssoldat. Achtundzwanzig, sieht wie fünfzig aus. Bin schon die zweite Woche da und kenne Namen, Einzelheiten der Lebensgeschichten. Ich lerne die Regeln/ habe den Dreh raus/ gehöre dazu. Mrs. Marshall weiß, sie soll mich in Ruhe lassen.

ooo

Der letzte Raum ist immer ruhig. Du kannst die Wand gegenüber und ein Stück klaren Himmel sehen. Du beobachtest, wie er die Farbe wechselt.

Was soll ich tun, wenn ich durchhalte, Marianne? Was soll ich tun?

Notizbuch	Zeitungen	Nadeln	Wolle	Notizbuch
Zeitungen	Nadeln	Wolle	Notizbuch	Zeitungen
Nadeln	Wolle	Notizbuch	Zeitungen	Nadeln
Wolle	Notizbuch	Zeitungen	Nadeln	Wolle

Was davon ist überflüssig?
Wie viele Worte lassen sich aus den Buchstaben in 1D bilden?

ICH SEHE WAS WAS DU NICHT SIEHST UND DAS FÄNGT NICHT MIT DR AN

Hitze, andere Tabletten und andere Dosis. Alles kommt und geht, und dazwischen gibt es keine Unterbrechungen. Ich versuche, die vergangene Zeit festzuhalten. Ich mache Listen.

Meine Woche von Joy Stone, 27 Jahre alt

MONTAG

Ein Arzt ist gekommen. Ein echter. Schicker Anzug und Fliege, lange Finger. Ein Gynäkologe. Er trug kein Namensschild und sagte mir nicht, wie er hieß. Er fragte, ob es stimmt, daß ich nicht menstruiere. Dr. Zwei muß ihm unser kleines Geheimnis erzählt haben. Ich gab es gleich zu: Es stimmt, sagte ich. Ich menstruiere nicht. Ich lasse es, weil ich Geld sparen will. Ich konnte den Mund nicht halten. Er stocherte unbeeindruckt an meinem Bauch herum. Ob ich schwanger sein könnte? Ich lachte, und er sagte, ich solle nicht albern sein. Ich hörte auf, albern zu sein, und gab die Möglichkeit zu. Als ich es sagte, wurde ich auf der Stelle nüchtern. Er sah mich noch finsterer an und ging, ohne sich zu verabschieden.

DIENSTAG

Besucher. Besuchszeiten sind jeden Dienstag und Donnerstag, aber ich wähnte mich in Sicherheit. Dann entdeckte Geraldine mich im letzten Raum. Sie wußte genau, wo ich zu finden war.

Allan und Tony standen am Ende des weißen Tunnels, als ich, bläßlich unter den Neonröhren, zum Vorschein kam. Ich trug kein Make-up.

Ich fragte: Was macht ihr denn hier? Was macht ihr denn hier? Ich trug kein Make-up.

Wollten dich nur sehen, wollten nur sehen, wie es dir geht, sagte Allan und wußte gleich, daß es ein Fehler gewesen war. Tonys Zähne waren gelb.

Nur ein Besuch, um dich aufzumuntern.

Sie blieben nicht lange. Danach habe ich mich nicht besser gefühlt. Ich wußte, es würde wieder passieren.

MITTWOCH

Sechs von uns folgen Nancy im unordentlichen Gänsemarsch zum Aufzug.

Hoppla.

Sie wird immer ganz nervös, wenn wir uns in Bewegung setzen. Nancy ist begeistert: sie ist Beschäftigungstherapeutin. Im Glauben an ihre Fähigkeiten folgten wir sechs ihr ins Nähzimmer. Sie gab uns einen Karton. Der Karton ist voll Klamotten. Die Klamotten stammten aus dem Kleiderladen der Langzeitpatienten. Unsere Aufgabe hieß nachzusehen, wo Knöpfe fehlten, und diese annähen. Die Knöpfe hatte sie in ihren Taschen: hatte sie extra mitgebracht.

Nancy hat große grüne Augen und weiß, wo es langgeht. Sie fragte, ob ich verheiratet bin, und machte große Augen, als ich nein sagte. Sie sagte: Macht nichts, und zeigte uns allen ihren Verlobungsring. Sie sagte, Geschenklisten seien das Beste: auf diese Art und Weise vermeidest du, daß du etwas doppelt oder etwas Nutzloses bekommst, das du nicht willst und das farblich nicht zur Wohnung paßt. Sie hatte die Listen in Brides Magazine gesehen. Wir saßen im Nähzimmer, umgeben von bunten Lumpen, die keine Knöpfe brauchten. John probierte einen Wollhut, und Nancy sagte, wir brächten alles durcheinander. Wir wären schlimmer als Kinder.

Hallo, Dr. Zwei.

Dr. Zwei erinnerte sich an mich. Ich erinnerte mich an Dr. Zwei. Nein, es gab keine sichere Methode, einen Arzttermin zu bekommen. Ich mußte verstehen, sie waren sehr beschäftigt. Die Leute hier besorgten sich selbst Termine, wenn sie es für nötig hielten. Nein, er hatte keine Ahnung, wie lange es noch dauern würde: das lag ganz an mir.

DONNERSTAG

Ich ließ es nicht drauf ankommen. Ich wusch meine Haare und tuschte mir die Wimpern. Alle möglichen Leute konnten zu Besuch kommen. David kam. Er wartete am Ende des Flurs und lehnte mein Angebot einer Führung durch die Station ab. Ich holte zwei Kaffee und trank beide. Seine Lippen waren rauh. Er sagte, es hätte geschneit. Ich sagte, ich schriebe Marianne. Er sagte, er hätte noch nicht geschrieben, würde es aber nachholen. Er war nicht rasiert. Vereinzelte Stoppeln glänzten im Licht. Ich beschloß, ihm nichts von dem Gynäkologen zu erzählen. Aber ich wußte, ich sollte ernsthaft darüber nachdenken. Während er redete, sah ich mich im Umstandskleid mit Schleife bei Mothercare Babynahrung und Kindertassen aussuchen. Das war solange okay, bis mir der Bauch einfiel und mir der Schweiß ausbrach bei dem Gedanken, wie dick ich würde.

So, sagte ich. Was hast du alles gemacht?

Er war am Wochenende Schwimmen gewesen. Brauchte Bewegung. Eine blonde Schwester in seinem Alter ging vorbei, und er sah ihr nach. Sie läutete mit der Glocke.

Oben auf der Treppe sagte er, ich komme Samstag. Samstag, wenn du wieder zu Hause bist. Okay?

Er küßte mich nicht zum Abschied.

Die blonde Schwester fragte, ob er mein kleiner Bruder sei, und ich sagte nein.

Sie wartete auf weitere Erklärungen.

Er ist ein Freund. Ein guter Freud. Nur ein Freund. Ich wußte, daß ich rot wurde.

FREITAG

Ich habe noch nichts für Freitag geschrieben.

Manche Dinge sind schwerer festzuhalten. Es sind keine Ereignisse, aber sie geschehen dennoch. Ich lerne Regeln, Gegebenheiten und Vorgänge. Wie man zusätzlich Getränke aus der Kaffeemaschine bekommt. Wo frische Handtücher liegen, wo weniger Rauch ist, wo es ruhiger ist. Manchmal laufe ich meilenweit in die Stadt und halte mich in Läden auf, wo es warm ist und niemand redet
mir beim Essen zuschaut
sich um mich kümmert

wo keine Gefahr ist, daß jemand zu

Ich wollte Abstand halten. Menschen können so unberechenbar sein. Was Menschen angeht, habe ich keine Einsicht: nur eine Schicht fehlender Haut. Ich sehe nie etwas kommen.

Ein Mann tauchte bei Ellen auf, jemand, der mir bekannt vorkam, er glänzte durch Hilfsbereitschaft. Er kam in Normas Auftrag. Ich fragte, wieso sie nicht selber kam, und er lachte. HAHA. Es war die Sorte Lachen, die ansagte, das wüßten alle außer mir. Aber er war bei allem Getue nervös und aufgeregt. Jedenfalls wollte er sich im Haus in Boot Hill einmal umsehen. Ich stellte keine Fragen: es kam mir nicht in den Sinn. Weil mir sein Gesicht bekannt vorkam, fand ich es in Ordnung, ihn hereinzulassen. Er ging Michaels Sachen durch, die Papiere, vermischt mit Liebesbriefen und harmlosen Erotica, während ich dasaß und er mir gelegentlich etwas zu halten gab. Später stellte ich fest, ich durfte behalten, was er mir gegeben hatte. Damals hegte ich keinerlei Verdacht. Ich hielt mich für hilfreich. Als er nach den Schlüsseln fragte, gab ich ihm die Schlüssel. Ich dachte, er müsse

wissen, was am besten war. Erst als er nach Michaels Ring fragte, stutzte ich. Ich sagte nein. Den gab ich nur persönlich heraus. Ich würde ihn ihr persönlich geben.
Er lächelte fromm. Ich glaubte doch nicht, daß sie damit einverstanden war? Ich wußte doch, daß so etwas unmöglich war?
Ich wußte es nicht.

Na los. Er lächelte immer noch.

Wo liegt das Problem? fragte ich. Glauben Sie nicht, wir hätten vieles gemeinsam?

Norma tauchte drei Tage später auf. Wir waren nur zwei Frauen, die in einem Zimmer zusammen redeten. Gleich zuerst händigte ich ihr den Ehering aus, damit sie nicht darum bitten mußte. Die übrigen Kleinigkeiten. Unser Gespräch war ziemlich steif, bis sie davon anfing, daß er eigentlich nie richtig erzählte, was er tat. Einmal, kurz nach ihrer Heirat, zahlte er, ohne es ihr zu sagen, ein Motorrad an. Sie fand es natürlich heraus und tat so, als wüßte sie nichts, weil sie ihm sein Geheimnis nicht nehmen wollte. Manche Leute brauchen Geheimnisse. Ich erzählte ihr, daß er sich beim Einzug ins Cottage genauso verhalten hätte, und wir lachten beide darüber. Dann merkte sie, was sie tat, und fragte nach ihrem Mantel.
An der Tür hielt sie inne und drehte sich um.

Etwas möchte ich noch wissen, sagte sie und wartete.

Ich sah sie jetzt im Tageslicht, ihre Augen waren geschwollen.

Sie brauchen nicht zu antworten.

Ich sagte: Fragen Sie nur. Ich sagte es entgegenkommend.

Sie brauchte eine Weile, um die Frage zu formulieren.

Wann hat es angefangen?

Wir wußten beide genau, was es hieß. Ein Mißverständnis war ausgeschlossen. Ich wußte auch, es spielte überhaupt keine Rolle. Es ging niemanden außer mir etwas an, und es war auch unwichtig. Ich habe trotzdem geantwortet. Ich wollte es eigentlich nicht, aber ich habe geantwortet. Zwölf Uhr fünfundvierzig. Die Schuluhr läutete Mittag, daß die

Cellokästen vibrierten, es roch nach Kolophonium und alten Gitarrensaiten, vergilbten Noten schottischer Lieder. Ich antwortete auf die Minute genau. Vielleicht dachte ich, daß ich es ihr schuldete.

Sie sah auf das Viereck mit der alten Farbe unter den abmontierten Zahlen und fuhr mit dem Finger über die Rille.

Das wollte ich nur wissen.

Mir wurde ganz flau im Magen. Warum? sagte ich. Was ändert es?

Da sah sie mir ins Gesicht.

Nur weil er es mir nie sagen wollte. Ich habe ihn immer gefragt, und er wollte es mir nie sagen. Jetzt weiß ich es wenigstens. Sie haben mir etwas gesagt, das er mir nie sagen wollte. Jetzt weiß ich es wenigstens.

Ich weiß nicht warum, aber mir kam es vor, als hätte ich den größten Fehler meines Lebens gemacht.

Ein, zwei Tage danach gingen Marianne und ich zu mir, um die Post zu holen. Das Haus roch fremd, und Michaels Jacke war nicht mehr da. Jemand hatte meine Schlüssel. Das Haus, in dem ich wohnte, war nicht mehr mein Zuhause. Vieles verschlimmerte sich danach. Mein Fehler. Ich sehe die Dinge nie kommen.

Aber du lernst trotzdem: die Namen, indem du sie aufnimmst, die unterschiedlichen Temperamente, indem du sie spürst. Durch die fehlenden Hautschichten. Ich rede nicht viel, aber ich lerne dennoch.

Du lernst

Ros und Norah. Janey mit dem Sechzig-pro-Tag-Husten und einer Stimme wie eine brennende Wunderkerze. Kathys Haut so klumpig wie alter Pudding, das Baby, das sie nicht halten kann. Violet und die Dicke Betty bekommen Elektroschocks. Mrs. McQueen weiß nie, wo sie ist. Linda, die wie Ophelia umherschleicht und nach ihrem Vater ruft. John salutiert. Ich versuche, nichts zu lernen, aber Bruchstücke dringen in mich ein. Ich erkenne Gesichter, und sie erkennen mich. Ich habe keine Ahnung, was sonst durchsickert. Das Pflegepersonal ist indiskret. Nassim posaunt mein Versteck im letzten Zimmer aus, Tom hält meinen Beruf für einen Witz. Keine Ahnung, was sonst noch.

Tom kam mich am Freitagmorgen holen. Keine Terminkarte, aber ich hatte einen Termin. Er wartete draußen auf der blauweißen Wöchnerinnenstation. Ich ging hinein. Der Gynäkologe hatte ein eigenes Sprechzimmer, ein Waschbecken, in dem er sich die Hände schrubbte, er trug einen doppelreihigen schicken Anzug, eine weiße Blume im Knopfloch. Hochzeitsanzug. Er sagte: Hallo, bitte setzen Sie sich. Beschäftigt.

Ich wartete unter den Lampen, bis er fertig war, versuchte, nicht daran zu denken, was kam. Viel war es nicht. Er bat mich, die Schuhe und den Gürtel auszuziehen, mein Hemd zu lockern. Das war alles. Ich machte mich verfügbar und rutschte auf die Liege, zerdrückte die glatte Papierauflage. Meine Jeans waren nicht weit genug. Ich schob sie herunter, sah zu, wie sich die langen sterilen Finger in Handschuhe schoben.

Bluten Sie immer noch nicht?

Ich schüttelte den Kopf.

Mit Ultraschall läßt es sich am schnellsten feststellen. Am besten wir wissen, was los ist.

Ich fand auch am besten, wir wissen, was los ist.

Das Gel war eiskalt, aber ich zuckte nicht. Dann flimmerte der Monitor, und wir sahen fern. Der Magnet rutschte kalt über das klebrige Zeug auf meiner Haut, dann huschten Funken über den Bildschirm, grüne zersplitterte Muster wie ein Feuerwerk am Nachthimmel. Er runzelte die Stirn. Ich wollte sehen, was er sah. Diese grüne Höhle war ich. Ich bin ein Fleck auf dem Bildschirm, also bin ich. Ich versuchte im Liegen, mein Inneres objektiv zu sehen, während der Gynäkologe immer wieder auf meinem Bauch das Unendlichzeichen nachzog. Mein Bauch war nicht geschwollen, aber was hieß das schon. Vielleicht war ich wirklich schwanger. Vielleicht stellten wir nicht nur fest, es gibt mich: vielleicht gibt es da drinnen noch jemanden. Ich suchte den Bildschirm ab, erwartete, daß aus dem Bildschirmnebel etwas auftauchte. Der Arzt richtete sich auf.

Aha, sagte er.

Ich hielt den Atem an.

Genau wie ich dachte. Gar nichts. Sehen Sie selbst. Sehen Sie. Sehen Sie doch selbst.

Ich sah. Ich war noch da. Ein schwarzes Loch zwischen den grünen Sternen. Leere. Ich war leer. Der Arzt lächelte mich zum erstenmal an.

Also brauchen wir uns beide keine Sorgen zu machen. Keine Sorgen.

Tom hielt mir auf dem Rückweg nach oben den Arm und sagte nichts. Er wußte es aber. Ich wußte, er wußte es.

FREITAG

Immer noch nichts zu schreiben.

Das Stück Himmel hinter dem Gerüst ist marineblau.

Notizbuch   Zeitung   Nadeln   Wolle   Notizbuch

Ich sehe aus dem Fenster, bis Nassim kommt.

Los weg hier. Habe es doch oft genug gesagt. Draußen gibt es nichts zu sehen. Still jetzt. Schschsch. Geh in den Tagesraum. Sie spielen Scrabble. Schönes Spiel für Lehrer.

Hochsommer. Flacher blauer Himmel, der aus der Mulde zwischen den Hügeln überläuft, aber nirgends Luft. Der nahe süße Geruch von Erde, die in der Hitze backt.

Gräber haben zwei Seiten, an jeder Seite Furchen. Eine Menge Leute stehen auf der anderen Seite, und niemand sagt etwas.

Bekannte Messinginitialen seitlich am Sarg. Der Holzrand ist versiegelt. Ich stelle mir vor, was auf dem wattierten Satin hin- und herrutscht. Was noch kommt.

Sean hält mich am Arm.

Wir warten im Auto, ersticken vor Hitze, bis die anderen gehen, ich klebe am Plastiksitz. Als niemand mehr da ist, gehen wir an die Absperrung, die aufgehäuften Blumen. Das polierte Holz schimmert aus dem Loch in der Erde.

Ich weiß, das Warten ist noch nicht vorbei. Es gibt immer etwas, womit man nicht rechnet. Etwas, das noch kommt.

Meine erste schlaflose Nacht in Foresthouse, die Nachtschwester gibt mir eine extra Dosis, damit ich weniger unruhig bin. Ich habe Alpträume. Ich habe Angst, sie verschlimmern sich.

Dumm, sagt sie. Sinnlos, sich über solche Dummheiten Sorgen zu machen.

Als mein Kopf klar ist, weiß ich, sie hat recht.

Auf 1D gibt es keine Träume. Die Medikamente wirken.

Farben kommen mit dem Läuten am Morgen um 6.50, wenn wir uns aus den Betten schleppen und dem Führer folgen. Niemand verschläft. Ich kenne die Namen, ein bißchen von den Geschichten. Ich lerne die Regeln. Mrs. Marshall weiß, sie soll mich in Ruhe lassen.

Ich hatte immer wieder den gleichen Alptraum, als ich klein war. Ich war in diesem Alptraum erwachsen, wartete an einer wohlbekannten Haltestelle auf den Bus. Die Haltestelle war an der Kreuzung zweier aufeinanderstoßender Straßen in der Nähe des Stadtzentrums. Ich fühlte Geld in meiner Tasche und beobachtete die Straße. Als der Bus kam, änderte sich die Stimmung des Traums unmerklich. Ich spürte es nur vage. Nach kurzer Zeit im Bus begann ich, mich aber unwohl zu fühlen. Das Bushäuschen war doch eigentlich blau. Wieso war es eben orange? Und die beiden Straßen. Ich erinnerte mich jetzt an eine ländliche Gegend. Grüngraue Grasnarbe und ein ungepflasterter Weg, am Himmel stand die Sonne tief. Das Gefühl steigerte sich langsam, bis es mir dämmerte, ich war im falschen Bus. Als ich mir sicher war, sah ich, es gab keine anderen Fahrgäste. Durch die verschmierten Fenster rauschten mit gefährlicher Geschwindigkeit Bruchstücke einer unbekannten Gegend vorbei. Als ich meinen Blick im Rückspiegel suchte, spiegelte er nichts wider. Niemand lenkte den Bus. Als ich mir sicher war, fuhr der Bus schneller. Ich konnte mich nur noch am Griff des Vordersitzes festhalten, als die Beschleunigung schlimmer wurde und die Räder von der Straße abkamen und auf unebenen Grund holperten. Der Bus wußte auch ohne Führer wohin. Ich auch. Vor uns war eine Mauer. Wir rasten auf die Mauer zu, und alles war allein meine Schuld. Ich war in den falschen Bus gestiegen. Beim Aufprall wurde ich wach. Heute morgen waren keine Münzen in meiner Tasche, sondern Pillen. Genug für das Wochenende, lose. Der erste Bus war in Ordnung. Alles war okay. Dann nach etwa fünf Minuten Fahrt wurde mir ganz unheimlich im Magen. Der Bus fuhr nicht den richtigen Weg. Er bog von der Hauptstraße ab und eine Straße entlang, die ich überhaupt nicht kannte. Ich sah mich im Bus um und beruhigte mich, weil alle Leute noch da waren. Mit dem Rückspiegel war auch alles in Ordnung. Ich hielt mich für alle Fälle am Griff des Vordersitzes fest. Zwei kleine Orte zogen vorbei, dazwischen weite gepflügte Felder und Wiesen. Es stiegen noch

Leute ein. Im dritten Ort gab es Aufregung, weil ein alter Mann mit einem backsteingroßen Hörapparat einstieg und nicht wußte, wohin er wollte. Er stand einfach da und streckte die Hand nach einem Fahrschein aus und sagte nichts. Er schüttelte ein paarmal den Kopf und reichte auch kein Geld. Er wußte einfach nicht Bescheid. Der Fahrer ließ ihn mitfahren, aber an der nächsten Haltestelle stieg er aus. Ein Mädchen mit einem Baby half ihm. Vielleicht fuhr er die ganze Zeit durch die Gegend und wußte nie, wo er war. Ein paar Haltestellen danach sah ich rote Hochhäuser und einen Laden, der wie die Bäckerei aussah. Das Zentrum von Boot Hill tauchte erwartungsgemäß auf. Die Route war anders gewesen. Wir hatten am Cottage gehalten, und ich hatte es nicht einmal gemerkt. Es wurde wieder vertraut um mich, und ich hatte es nicht einmal

Ein blauer Umschlag.
Innen sind sechs Fotos von Wasser und Bergen. Auf zweien sind Leute, die ich nicht kenne, die große hölzerne Paddel halten. Auf einem ist viel Himmel und ein weißer Punkt in Shorts. Winkt der Kamera zu.

> Liebe Joy,
> Deine Briefe tun mir so gut. Also vielleicht nicht gut im Hinblick auf den Inhalt, aber Du weißt, was ich meine. Foresthouse hört sich höllisch an. Oder nicht: es hört sich an wie das Lehrerzimmer. Ich glaube, Du hältst durch.
>
> Die Fotos sollen Dir zeigen, was ich an den Wochenenden unternehme. Ein paar der Leute, mit denen ich zusammenarbeite, sind Kanufahren gewesen und ich auch. Wir machten an einem Ort halt, der Montebello heißt (Land der Waltons), und ich habe mich in einem Feuerwaffenmuseum verlaufen. Der Besitzer hatte ein Auge auf mich geworfen und führte mir das Appalachen-Hackbrett vor, das er aus knorrigem Ahornholz

selbst gebaut hatte. Er spielte mir Danny Boy vor, weil er annahm, es sei schottisch. Nicht schlecht geschätzt. Er ließ mich aber keine Fotos machen. Er sagte, wenn ich wiederkäme, dürfte ich eins der Gewehre ausprobieren. Unser Anlegeplatz war nicht halb so wild wie der letzte, außer daß mitten in der Nacht die Waschbären meine Cheerio-Kekse aßen. Oder vielleicht auch Beutelratten – jedenfalls zähe Burschen. Am letzten Abend sah ich die Sonne über dem Flußrand untergehen und dachte, wie anders es hier aussah. Die Blue Ridge Mountains. Als wären die Farben leicht verändert. Die Luft auch. Es war wirklich friedlich, nur das Geräusch des Wassers und des Laubs. Manchmal frage ich mich, was ich hier eigentlich soll. Ich kaufte eine Menge Äpfel und hausgemachten Sirup. Ich weiß nicht, was ich mit dem Sirup anfangen soll.

Gestern war ich zum Fußballspiel. Wie Androkles und das Schachbrett. Die Kapelle war das Beste. Sie nehmen die amerikanische Flagge ganz ernst: Marschieren, Spielen, Fahnenschwenken und alles, was dazu gehört. Das alles nach einem Tag, an dem ich die Sonette unterrichtet habe. Niemand war sehr angetan, als ich erklärte, daß 126 davon wahrscheinlich an Männer gerichtet sind. Dann ging ich nach Hause und backte Bananenbrot und braune Kekse. Falls Dir etwas Schlaues einfällt, das ich mit dem Sirup anfangen kann, schreib mir.

Heute habe ich drei Klassen unterrichtet, bin los und habe einen Vortrag über Volkstanz (albern) gehalten, dann zurück nach Hause, wo es Truthahnbraten gab und Pina-Coladakuchen, den der Afro-amerikanischen Club für einen Basar gebacken hatte. Abends ging ich wieder ins College und kämpfte mit der Kopiermaschine, schrieb einen Bericht fertig und kopierte für eine Klasse Hunderte von entsetzlichen Ja-oder-Nein-Fragebögen. In meinem Büro liegen Millionen Aufsätze zur Korrektur, und statt dessen schreibe ich dies hier. Irgendwer fuhr mit dem Motorrad unter meinem Fenster vorbei, und ich konnte eine Zeitlang nicht arbeiten. Es fällt mir nur ab und zu ein. Dann ist nichts richtig wirklich. Paß auf Dich auf. Schick mir ein Foto als Beweis.

Alles Liebe, Mxxxxx

ooo

Vom Wettkartenlochen den ganzen Tag über fühle ich mich wie gelöchert. Allan erwähnt den Besuch nicht. Keiner erwähnt ihn. Ich besuche Ellen und bleibe nicht lange, was auch in Ordnung ist. Das Telefon läutet schon, als ich den Haustürschlüssel aus der Tasche fische.

Hallo *Hallo*
Ich höre nur meine eigene Stimme antworten. Sonst nichts.
Ich denke, vielleicht habe ich nicht richtig gehört, weil mein Herz mir so vom Laufen in den Ohren pocht.
HALLO *HALLO*
Es hört sich an, als liefe Wasser in der Leitung.
Ich rufe HALLO *HALLO*.

Hallo *Hallo*
Eine winzige Stimme durchdringt das Rauschen.
HALLO *HALLO*
Hallo *Hallo*. David. *David.*
Hör mal, irgendwas ist mit deinem Telefon *mit deinem Telefon*
Ich rufe: ICH WEISS *ICH WEISS*
Er sagt: Ich komme heute abend *heute abend abend*
Sicher *Sicher* Ich erwarte
WAS? *ERWARTE* WAS? *WA*
JA, *JA*
Was

Eine lange Schlangenlinie aus lauter JA wird abgekappt, als er einhängt, dann gehe ich in die Küche und schalte den elektrischen Wassertopf ein. Ich mache zwei Polaroidfotos von mir, wie ich vor dem Schlafzimmerspiegel stehe. Sie trocknen auf der Fensterbank, als ich das Bett beziehe.

Das Herz schlägt lauter. Ich rolle näher an das Geräusch, verschlungene Laken zwischen meinen Beinen, klebrig von etwas
schwer wie Honig.

Wenn ich die Augen öffne, geschieht Schreckliches.

Etwas arbeitet unter den Lidern, versucht sie aufzubrechen.

Ich kämpfe und gewinne. Das wunde Gefühl ebbt ab. Dann im Dunkeln greift etwas

warme Finger
umschließen eine Brust, und ein hohles Naß saugt an meinem Hals. Der Rasierwassergeruch ist überwältigend, als sein Gewicht näher kommt. Etwas wie Haut streift mein

mein Atem wird schneller und

sein Mund streift meinen, aber ich küsse

        nichts

ein kalter Fleck an meinem Hals ist alles, was vom geschmolzenen Mann übrig ist.

Mein Fehler.

Ich habe die Augen geöffnet.

ooo

DIESE WOCHE.

Beschäftigungstherapie (Gedichte)
Yoga und Entspannung
Abendessensdienst bis Freitag.

Ich bin vollbeschäftigt.

Ich nehme den Bus und fahre, ohne zu fragen, in die Stadt. Sie haben es mir noch nie abgeschlagen, also nutze ich das aus. Jeder macht es so.
An der Eckkirche neben den Geschäften hängt ein neues Schild

KIRCHE AM SONNTAG? DU FEHLST UNS NOCH.

Ich gehe schnell an der Kirche vorbei und frage mich, welche Leute das anlocken soll. Ich steuere direkt auf Marks und Spencer's zu.

Am Morgen nach Michaels erster offizieller Nacht bei mir packten wir die Plastiktüten aus und stellten fest, wir mußten einkaufen gehen. Marianne fuhr uns mit dem Auto nach Kilmarnock. Michael wußte nicht, welcher Tag war, und ich war völlig kopflos. Marianne ging mit uns direkt zu Marks und Spencer's in die Lebensmittelabteilung. Wir kauften irgendwelche ausgefallenen Nudeln und einen großen Pudding. Ingwerkekse mit Schokoladenguß. Danach schien es nicht mehr so schlimm. Jedesmal, wenn er sich schrecklich fühlte, schüttelte er die Plastiktüte und ließ die Kekse rappeln. Er legte den Arm um mich und zog ihn erschrocken zurück, als er einen Bekannten sah. Hatte vergessen, daß er das gar nicht mehr brauchte.

KIRCHE AM SONNTAG? DU FEHLST UNS NOCH.

In Kilmarnock ist zuviel los. Ich habe schon Norahs schwarze Zigaretten, Kathys Kokosflocken. Ich weiß nicht, wieso Mina eine Fahrradklingel möchte. Halfords ist leer.

Ein Junge hinten im Laden stellt lediglich Scheibenwischer zur Auslage auf. Und ich warte mit der Fahrradklingel. Jemand kommt. Der Junge kommt und läßt sich mit dem Kassieren Zeit. Er meint, die Klingel ist falsch ausgezeichnet. Während er im Katalog blättert, rieche ich plötzlich Rasierwasser. Die Nähte einer blauen Lederjacke knirschen. Der Finger des Jungen verfolgt Zahlenreihen und macht halt. Der Rasierwassergeruch wird stärker, und der Husten klingt vertraut, dann klickt eine Zunge ein Pfefferminz gegen die Zähne. Ich sehe, wie meine Hand mit Minas Geld bezahlt und die Klingel nimmt. Ich gehe, ohne mich umzuschauen.

Moira schimpft mich aus. Ich darf nicht noch einmal, ohne zu fragen, weggehen. Mein Mittagessen ist ruiniert. Nicht nur das, jemand war für mich da. Ein großes Stück Obstkuchen liegt in Folie gewickelt auf meinem Schrank, bitte sehr. ALLES LIEBE, ELLEN. Ich gebe Ros den Kuchen und fühle mich die ganze Nacht schrecklich.

ooo

Dr. Zweis Scheidung ist immer noch nicht überstanden. Wir reden über seine Scheidung. Ich erzähle, ich warte auch auf etwas und weiß nicht, worauf.

Oh? sagt er.

Doch, sage ich. Eine halbe Stunde vor den Besuchszeiten ziehe ich mich um und schminke mich. Ich spaziere auf dem Flur hin und her und muß mich wieder umziehen, weil ich so schwitze. Das Entspannungstonband rät, vernünftig zu denken, dankbar zu sein. Ich kann keinen Frieden spüren.
Er sieht nachdenklich aus. Die halbe Stunde ist um.

ooo

Liebe Marianne,
mir ist es schlecht gegangen, und ich konnte nicht schreiben. Heute abend geht es ein bißchen besser. Danke für die Fotos. Eins steht auf meinem Schrank. Du hast anscheinend eine Menge neuer Leute kennengelernt. Meine eigenen neuen Kreise sind enger, aber ich gewöhne mich ein. Ich habe an die Schule geschrieben, aber noch keine Antwort bekommen. Ich bin in der Yogagruppe und in der Literaturgruppe, in der Gedichte gelernt werden. Ich mag sie beide nicht, aber vielleicht kriege ich so Punkte für gutes Betragen. Die Literaturgruppe ist am schlimmsten, weil es alles Sachen sind, die ich aus der Schule kenne. Das läuft dann automatisch. Alle langweilen sich mit den Gedichten und reden statt dessen übers Essen oder Operationsnarben. Du hast recht: es ist genau wie im Lehrerzimmer.

Ich mache mir aber Sorgen. Manches, was ich tue, macht mir Sorgen. Ich möchte Sachen haben, die ich nicht haben kann, harmlose Sachen. Ich möchte Karten bekommen. Mit Comicfiguren drauf und albernen Versen, die mir Gutes wünschen. Ich sehe Michael im Bus und im Auto und auf den Wegen draußen vorm Fenster. Die Besuchszeiten sind gräßlich. Ich kann es nicht lassen und überlege, was ich ihm zu Weihnachten stricken soll.

Meine Hand ist steif. Es ist immer kühl im hinteren Raum, verglichen mit dem Rest der Station, und meine Hand ist vom zu schnellen Schreiben verkrampft. Ich schreibe zu schnell und drücke den Stift zu fest aufs Papier. Ich mache Handgymnastik und prüfe, wie mein Brief klingt. Ihm fehlt der Pfiff.

Dr. Zwei erzählt, er habe mit seinen Kollegen gesprochen. Sie seien sich über eins einig. Ich bin tatsächlich depressiv. Es kann chemisch oder reaktiv oder beides sein. Er tippt auf letzteres, aber es ist schwer zu sagen.

Das ist die gute Nachricht. Die schlechte ist, daß ich noch vierzehn Tage bleiben soll. Wenigstens. Ich mache, was man mir befiehlt, sie müssen es schließlich wissen, und ich weiß es auch nicht besser. Ich weiß bald gar nichts mehr. Ich glaube, bald geschieht etwas. Etwas Beängstigendes. Ich bin ungeduldig und unruhig, aber das ändert nichts. Es wird schon kommen.

Das Foto, um das Du mich gebeten hast, liegt bei. Tut mir leid, daß es so schrecklich aussieht: Polaroidfotos zeigen mich nie von meiner besten Seite.

Ich schreibe HAHA, damit sie weiß, es ist mit Sicherheit ein Witz, dann sehe ich mir das Foto an, das am Tischrand liegt. Ich habe es vor dem Spiegel aufgenommen, weil ich nicht wußte, wie der Selbstauslöser funktioniert. Die Kamera hackt mir eine Gesichtshälfte ab, und den Rest macht der Blitz weiß. Meine Arme sind über dem Kopf verschränkt, weil ich den Auslöser betätige und den Apparat halte. Es sieht aus, als ob eine Spinne eine Glühbirne verschluckt. Das einzige sichtbare Auge ist geschlossen, weil es vom Blitz geblendet wird. Es gleicht niemandem. Es gleicht

Draußen ist das Gerüst und ein Streifen Mond. Regen bildet Pockennarben auf dem Glas. Ändere die Brennweite, und du siehst Augen. Sie blinken, wenn du blinkst, aber es beweist nichts. Es läßt sich nicht sagen, ob es wirklich

Vergangenen Sonntagabend habe ich auf der Männerstation Karten gestohlen. Es lagen so viele herum, als ich vorbeiging, direkt neben der Stationstür auf jemandes Schrank. Jemand mit vielen Freunden. Ich habe drei genommen und sie ins Bündchen meiner Jeans gesteckt und bin auf die Toilette gegangen, wo mich niemand beim Lesen erwischen konnte. *Von Bob und den Jungens von der Arbeit. Gute Besserung. Alles Liebe für Onkel Charlie von Jean und Familie.* Ich habe sie zu Konfetti zerrissen und unter Schalen und Teeblättern in der Küche im Mülleimer vergraben.
Ich weiß nicht mehr, was ich tue. Ich sehe mir in die Augen und sehe nichts, das ich kenne.

Der Kleber am Umschlag macht mir Appetit. Bald kommen die Butterbrote mit Kaffee zum Abendessen. Dann kommen die Nachtrunde und der nächste Tag, das Wochenende. Am Wochenende arbeite ich bei Tony und Allan und Mr. Poppy. Allan wird Witze erzählen, und Tony wird sagen, wie gut ich aussehe. Wir werden alle so tun, als hätten wir es ungemein gemütlich. Dann werde ich nach Hause gehen und mir die Haare waschen, mir das Krankenhaus und den Rauch aus dem Wettbüro abschrubben, die Zähne putzen, bis das Zahnfleisch blutet.
dann

Ich mag Gewohnheiten. Ausgetretene Wege haben etwas Gemütliches. Man kann so tun, als wär alles beim alten, auch wenn es nicht stimmt. Wissen, daß ich mit Lügen leben muß, macht mich unruhig, depressiv, macht mir Schuldgefühle. Deshalb brauch ich die Gewohnheiten noch mehr.

Gerüst und ein Streifen Mond.
Ein Stück Autobahn.

Samstag kommt David. Wir fahren über das orange Lichterband der Autobahn, orange Regenspritzer im Rückspiegel. Ich frage nie, wohin wir fahren. David kommt zurück, und wir
trinken Gin aus der Flasche

Drei Tage bis Samstag.

Ich weiß, es muß anders werden, aber nicht diese Woche. Nicht heute abend.

Noch nicht.

ooo

Vernünftig denken, dankbar sein.
Ich schminke mich, dann sitze ich einfach auf der Bettdecke, streiche die Falten meiner Jeans glatt, halte das Kreuzworträtselbuch, starre auf das Fenster. Mhairi kommt mit Eisbonbons. Ich kenne sie kaum, aber sie läßt mich, ohne etwas zu sagen, eine halbe Stunde dasitzen und geht dann ohne ein vorwurfsvolles Wort. Danach drei Mädchen aus der fünften Klasse. Geraldine bringt sie, und sie nennen mich Miss Stone. Sie schenken mir eine Dose Kekse. Alle bringen etwas mit. Damit sie etwas in den Händen haben. Sie sagen, ich sei dünn, unsicher, ob man das einer Lehrerin sagen darf, aber ich bin eine komische Frau/immer gut drauf/kreuznormal. So normal wie ein Neun-Pfund-Schein. Sie nennen mich Miss. Als sie gehen, verstecke ich mich im hinteren Raum, bis Tom mich holt. Ich arbeite nicht mit.

ooo

Dramen, die das Leben schreibt
Harte Wahrheiten von Frauen, die es geschafft haben
Post-natale Depression: Worüber Frauen schweigen möchten.
Ich schreibe: AUSDAUER IST ALLES.

ooo

AUSDAUER IST ALLES.

Am nächsten Morgen sieht es abgedroschen aus. Der Kugelschreiber zerreißt das Papier, als ich es auskritzele. Das Ausgestrichene drückt sich auf sechs Seiten durch.

Wäsche kommt in die Tasche. Schlüpfer und Socken. Der andere Pullover. Nassim fragt, ob ich heute abend etwas Nettes unternehme, zieht dabei ein komisches Gesicht. Ich weiß nie, wann er scherzt.

Beim Hinausgehen sehe ich etwas.

Janey
Betty
Ros
John
Phil
Mina
Ich.

GOODWILL INN: Dinner und Wein

Wir gehen aus. Jesus. Wir gehen aus.

Ich ging einfach weiter zur Apotheke, während mir der Kopf dröhnte. Abendessen mit Wein. Ich stellte es nicht in Frage: darauf kam ich nicht. Ich nahm an, sie hatten ihre Gründe. Vielleicht war es kein Muß. Andererseits, vielleicht gehörte es zur Therapie, wie die Party. Ein therapeutisches Abendessen mit Wein. Mein Gott.

ooo

Mr. Poppy hatte Grippe. Tony sagte, ich sähe kränklich aus und ich sollte mehr essen, es wäre gut für meine Gesundheit. Er zwinkerte mir zu, als er das sagte, als wüßte er, was ich nicht wußte. Vielleicht war das Essen ein Witz. Vielleicht hatte die Stationsmannschaft den Aushang gemacht, um zu testen, wer darauf reinfiel, und alle außer mir wußten Bescheid. Allan sah mich komisch an.

Ich fragte David nicht, ob er es für einen Witz hielt. Selbst als ich sturzbetrunken war, fragte ich nicht.

Aber am Sonntag stellte ich das Haus auf den Kopf. Hinten in einem der Schränke hing ganz zerdrückt ein schwarzes Kleid, noch schmuddlig an den Nähten von irgendeiner anderen Veranstaltung. Ich wusch es im Küchenwaschbecken und packte es ein. Versteckt unter Strickjacken.

Als ich zurückkam, ging ich zuerst in die Wäschekammer, um ein Handtuch zu holen, das ich nicht brauchte.

GOODWILL INN: Dinner und Wein

Es war noch da.

ooo

Ros windet sich in einen langen blauen Satinschlauch. Er ist zu eng, aber es ist ihr egal: es ist schön, sich schick zu machen, sagt sie: fühle mich wieder wie eine Frau. Norah sitzt auf der Bettkante und sagt, sie sähe umwerfend aus. Letzte Woche hat sie nicht mehr mit uns geredet, als sie merkte, daß ihr Name nicht auf der Liste stand. Jetzt ist sie geschwätzig, und Ros sieht aus, als hätte sie in der Lotterie gewonnen.
Ros lächelt, aber sie verzieht dabei beunruhigt den Mund. Sie dreht zwei Lippenstifte aus den Hülsen und läßt sich beraten: Prima Pink oder Sirenen Rot? Was meinen wir?

Norah zieht eine goldene Hülle vor und sagt: Hier, nimm meinen. Los. Übrigens teuer, von Arnotts. Kein billiger Mist. Ros zögert.

Ehrlich, sagt Norah. Ich will ihn nicht mehr. Ich gehe.
Lässig pafft sie ihre Zigarette in das Schweigen.

Morgen. Ich brauche ihn nicht mehr.
Ros zieht das enge blaue Kleid aus und legt es zusammenge-

faltet in ihren Schrank. Norah sitzt auf der Bettkante und feilt sich das Nikotin von den Nägeln.

ooo

GOODWILL INN: Dinner und Wein

Janey ist Alkoholikerin / schizophren
Betty hat vor jedermann Angst / chronisch entschlußunfähig
Ros läßt sich mißbrauchen / hormonell instabil
John spricht nie / salutiert
Phil ist gewalttätig / Alkoholiker
und Mina.

Ich weiß nicht, wer Mina ist. Ich weiß nicht, was Mina fehlt. Ich. Ich kann mir nicht vorstellen, warum ich auf der Liste bin. Was fehlt mir?

Beim Treffen sagt Ben, er möchte, daß wir uns alle Mühe geben. Wir kriegen die Abfahrtszeiten gesagt und den Treffpunkt. Wie bei einer Feueralarmübung. Betty kommt nicht mit, aber wir sollen uns keine Sorgen machen. Ich mache mir Sorgen. Ich habe mein Kleid und die Sandaletten. Ich brauche Haarspray. Vielleicht Parfum. Strumpfhosen um Gottes willen. Ich muß Strumpfhosen kaufen.

ooo

Nassim rennt zweimal am Fenster des hinteren Zimmers vorbei, und ich verkrieche mich, versuche, mich zu verstecken. Ich habe beschlossen, ich gehe nicht mit.

1. Niemand wird mit mir tanzen.
2. Niemand wird mich nach Hause bringen.

3. Niemand wird unterm Tisch meine Füße berühren/ Händchen halten/mir einen Gutenachtkuß geben.
4. Ich werde niemandem den Abend versüßen.
5. Ich kenne diese Leute kaum. Wir haben nichts gemeinsam. Wir teilen nur unsere Traurigkeit/Krankheit/ Neurose. Wir haben uns unser Beisammensein nicht ausgesucht. Es wird nichts geben, was Leute sonst zusammenbringt.
6. Das Essen, großer Gott, das Essen.

Nassim rennt zurück und entdeckt mich, bevor ich mich verdrücken kann. Er öffnet die Tür und steckt den Kopf um die Ecke.

Waren Sie die ganze Zeit hier?

Ich sage nichts.

Ich habe überall nach Ihnen gesucht, einfach überall. Sich hier verstecken. Ich weiß nicht, was Sie hier tun.

Sein Gesicht leuchtet plötzlich.

Ich habe eine Überraschung.

Er lächelt so hold wie die Mona Lisa.

Es ist etwas angekommen. Raten Sie mal. Ich wette, Sie raten es nicht.

Ich rate es nicht.

Hier, die Tür schwingt mir entgegen. Hier.

Der übrige Nassim taucht auf, braune Arme voller Weiß und Rosa. Blumen.

Geheimer Verehrer.

Er zwinkert. Der Duft der Nelken kommt durch den Raum zu mir herüber, bis ich husten muß.

Gute Besserung
TONYXXX

Norah verschwindet über Nacht. Das Bett neben mir ist unberührt. Ihr Schrank ist weit offen und innen leer. Niemand kommt an ihrer Stelle. Ich sitze fast den ganzen Morgen neben den Blumen, und niemand sagt, ich soll aufstehen. Statt dessen fragen sie nach TONYXXX und grinsen. Geraldine sagt, ich soll mir heute abend eine Blume ins Haar, eine ans Kleid stecken.

Ansteckstäußchen, sagt sie. So nennt man das. Ansteckstäußchen.
Ich sage ihr, nimm dir eine, und enttäusche sie. Sie möchte, daß ich glücklich bin, weil ich heute abend ausgehe. So wie sie. Ich soll lächeln. Sie geht pfeifend über den Flur.

ooo

> Umfangreiche Astro-Aktivitäten zeigen, es ist Zeit, Prioritäten zu setzen: tun Sie das Richtige, um Ihr Ziel zu erreichen? Die Woche könnte schwierig werden. Sie können etwas Positives tun. Wie Sie wissen, kann die richtige Einstellung Berge versetzen! Am Wochenende liegt Romantik in der Luft – gehen Sie aus und greifen Sie bei geheimnisvollen Unbekannten mit beiden Händen zu!

Das beruhigt. Es liegt nicht an mir, wenn diese Woche schrecklich wird: nur eine unvermeidliche Konstellation der Sterne, die mir ganz gleichgültig gegenüberstehen. Nichts Persönliches.

Zwei Interviews mit Fernsehserienstars. Die Ältere gesteht, sie sei auf dem besten Weg zur Alkoholikerin gewesen, jetzt sei sie aber glücklicher und selbstsicherer. Die Leute können sich den Druck gar nicht vorstellen und denken immer, es sei alles Gold, was glänzt. DIE BESTE MAMA IN ENGLAND ist eine Frau, die in den vergangenen zwei Jahren fünfzehn Problemkinder betreut hat. Das Foto zeigt eine riesige Frau mit Armen wie zwei weiße Puddings an Fleischerhaken. Ihre Augen sind riesig. Sie sagt, sie lebe nicht absichtlich allein, aber Der Richtige sei nie vorbeigekommen. Ihre Arme umhüllen die Kinder wie Speck ein Würstchen.

Ich schreibe:

SEI DANKBAR FÜR DAS, WAS DU HAST.

DU MUSST DIR MÜHE GEBEN.

LACHE, UND DIE WELT LACHT MIT DIR, WEINE, UND DU kriegst manchmal das Gefühl daß

Moira taucht plötzlich, während ich philosophiere, auf und teilt mir mit, daß Dr. Drei sich fragt, wo ich stecke. Ich soll JETZT kommen. Ich lasse die Zeitung fallen und renne wie wild. Der Bus zum therapeutischen Dinner fährt in anderthalb Stunden.

Sketch: *Streit, bevor ein Paar zur Dinnerparty geht*:
(ein Zwei-Personen-Stück aus dem Fernsehen)
[Mann rennt herum und sucht seine Fliege, die schon um seinen Hals baumelt. Seine Brille sitzt schief, und sein Hemd steckt nicht in der Hose. Er hat nur einen Schuh an. Frau trocknet sich die Haare und befestigt einen Strumpf am Strumpfhalter, während sie ihre Lippen nachzieht. Ab und zu vergleichen sie die Zeit und sagen: O mein Gott. Jeder beschimpft den anderen, daß er noch nicht fertig ist / daß sie dieses Affentheater veranstalten müssen und so weiter]

NEIN NEIN NEIN NEIN NEIN NEIN NEIN NEIN NEIN

Ich mache nur einen kleinen Witz.
Es sind nur ich und Dr. Drei. Er lockert die Krawatte und deutet so einen schweren Arbeitstag an wie auch sein papierüberladener Schreibtisch.

DR. DREI: Sie haben vergessen, daß Sie einen Termin hatten?

ICH: Nein. Ja. Niemand hat mir gesagt, wann.

DR. DREI: Nun, was gibts diesmal?

ICH: [versuche, mich zu erinnern] Die Therapie. Ich bin jetzt vier Wochen hier. Jedesmal spreche ich mit jemand anderem.

DR. DREI: Und?

ICH: Ich finde nicht, daß es mir besser geht.

DR. DREI: Nichts geschieht über Nacht.

PATIENTIN: Dr. Zwei erwähnte etwas vergangene

Woche. Er sagte, Sie hätten eine Therapie erarbeitet.

DR. DREI: Welche Therapie wollen Sie?

PATIENTIN: Ich weiß nicht. Was schlagen Sie vor?

DR. DREI: Ach, das ist die Frage. Ich schlage gar nichts vor. Sie wollen mich sprechen, und jetzt vergeuden Sie meine Zeit.

PATIENTIN: [Schlag zu] Okay: Wie wärs mit Gesprächen. Oder Analyse? Sogar Elektroschocks? Woher soll ich das wissen?

DR. DREI: Machen Sie sich nicht lächerlich.

PATIENTIN: Was soll ich denn machen? Geben Sie mir einen Hinweis.

DR. DREI: Was machen denn die anderen?

PATIENTIN: Sie hören auf zu fragen.

DR. DREI: [gereizt, scheinbar gleichgültig] Sie können jederzeit gehen. Niemand hält Sie hier fest.

PATIENTIN: Also, ich frage lediglich, was es für einen Sinn hat, hier zu sein. Man hat mir geraten hierherzugehen. Ich möchte wissen, warum. Ich brauche verdammtnochmal Hilfe.

DR. DREI: Sie bekommen die gleiche Behandlung wie alle hier. Eher eine bessere. Sie scheinen auffällig viele Arzttermine zu haben. Und niemand hat Sie gebeten zu fluchen.

PATIENTIN: Aber welchen Sinn hat das alles?

DR. DREI: Wieso verlassen Sie das Krankenhaus nicht, wenn Sie glauben, wir nützen Ihnen nicht. Gehen Sie. Gehen Sie doch gleich morgen, wenn Ihnen danach ist. Ich unterschreibe Ihre Entlassung.

PATIENTIN: Glauben Sie, ich kann gehen?

DR. DREI: Natürlich. Gehen Sie, wann immer Sie wollen. Heute noch. Packen Sie Ihre Tasche und gehen Sie heute noch. [Ihnen-werde-ich-es-zeigen]

PATIENTIN: [plötzliche Eingebung] Dr. Drei. Geht es Ihnen gut?

DR. DREI: Was? Was? [Guckt, als hätte er gerade etwas verloren]

PATIENTIN: Geht es Ihnen gut? Wie gehts Ihrem Kopf?

DR. DREI: Wie geht es wem? [Er wirkt kindlich verwirrt]

PATIENTIN: Ihrem Kopf. Ich habe gehört, Sie haben immer solche Kopfschmerzen.

DR. DREI: Pah. [Macht wieder ein normales Gesicht] Mein Wohlbefinden geht Sie gar nichts an. Raus.

PATIENTIN: [Lange Pause] Warum tun Sie das?

DR. DREI: Ich denke, dieses Gespräch ist beendet. [Heuchelt freundlichen Rausschmiß] Auf Wiedersehen.

[Die Patientin wartet, schwankt. Über ihrem Kopf tauchen in der Luft Sprüche auf.
GESCHIEHT DIR RECHT, DU ERWARTEST IMMER ZUVIEL, etc.
Arzt tut so, als läse er. Hält die Papiere falsch herum. Sie fallen zu Boden. Er tut, als sei es ihm egal. Patientin geht.]

Man sollte annehmen, Tränen hätten ihre natürliche Grenze: nur soviel der Körper auf einmal von sich geben kann, bevor er ausgetrocknet ist.

So benimmt sich doch niemand, der ausgeht.
Geraldine drückt mit der Hand in die Matratze.
Kommen Sie schon. So schlimm kann es nicht sein. Erzählen Sie, was ist.
Ich wiege mich auf der Seite und drehe mein Gesicht weg. Geraldine regt sich auf. Sie bittet Ros, mir Badewasser einlaufen zu lassen. Wir verpassen sonst den Bus.

Haken hoch an der Wand. Kein Schloß.
Nichts Scharfes, keine Leinen. Die Wanne ist aus Plastik.

Einzelne schwere Tropfen quellen aus dem Wasserhahn ins gelbe Wasser. Draußen geht jemand, weiter weg den Flur entlang. Ich sehe die glatten Armaturen, das streifige Seifenstück. Ich sehe meine Hand, die nach der Seife greift, und fühle, wie sie über die Hautwirbel der Fingerspitzen gleitet. Sie rutscht durch die Wasseroberfläche, die eine Haut hat, und wird größer. Kleine Wellen lecken an mir, bis sie mich verbrennen. Ich fühle mich in meiner eigenen Haut nicht mehr wohl.

Ich presse mich gegen das Plastik und lasse das Wasser steigen.
Die Zeit heilt nicht.
Ich fühle mich in meiner eigenen Haut nicht mehr wohl.

Kalte und warme Ströme umfließen meine Beine und meinen Magen; lassen das Seegras an meiner Scheide wehen. Kalte kleine Felshöhlen voller Wasser in meinem Nabel und zwischen den Brüsten, wenn ich mich bewege. Ich ziehe den Haaransatz nach, das geschwollene Knie, den Hals und das Brustbein, die wunden Brustwarzen, die Magengrube konkav wie eine Untertasse. Nichts da. Ich lege mich mit dem Rücken flach auf den Grund der Badewanne.

Er muß zehn Minuten unter Wasser gewesen sein, vielleicht fünfzehn. Der gelbe Fleck auf seiner Stirn und die beiden auf seiner Brust: hat sich vielleicht den Kopf am Boden aufgeschlagen. Habe ich einen Grund zur Annahme, er hätte es absichtlich getan? Irgendeinen Grund?

Der Herzschlag in meinen Ohren.
Leises Wasserrauschen.
Und etwas pocht.

Die Lichter tauchen zu hell wieder auf. Ich sitze aufrecht und schnappe nach Luft, höre Maureen an die Tür klopfen.

Wir kommen alle zu spät, wenn ich mich nicht beeile.

ooo

Sehr hübsch.

Das schwarze Kleid ist zu groß, in der Taille eng mit dem Gürtel zusammengehalten, es beutelt, wo mein Busen war. Augen rotunterlaufen unter lila Lidschatten, Lippenstift schon verschmiert. Ich sehe aus wie von den Toten erweckt. Aber Dr. Zwei sagt, ich sehe hübsch aus, sehr hübsch. Ros zeigt ihren leuchtendblauen Knöchel, der blutet, wo sie sich beim Rasieren geschnitten hat. John schwitzt durch sein Cologne und weißes Hemd, und die andere da ist Mina. Mina trägt einen Pelzmantel. Mrs. Morrison findet, wir sehen einfach fabelhaft aus.

ooo

Ben im Foyer: Cowboyhut, silberne Kragenecken, eine Schnürsenkelkrawatte mit Totenkopfnadel. Yippy, sagt er, und alle lachen. Er hat den Akzent perfekt raus.

Der Lagunenraum ist türkis, geschmückt mit Plastikwasserlilien und riecht eindeutig nach Chlor. Janey und Phil bestellen Tonic mit Zitronenscheiben, während Geraldine dem Ober erklärt, wir seien nicht schuld an dem Schmutz: wir mußten von der Bushaltestelle laufen. John ist auch nervös, beobachtet die anderen Leute an den anderen Tischen und hofft, daß sie uns nicht beobachten. Ein anderer Ober rauscht woandershin vorbei. Die Getränke kommen in Plastikgläsern. Sie müssen erfahren haben, woher wir kommen. Hahaha. Sie bestellen in Windeseile, weil sie alle hungrig sind. Zwei Stunden nach der sonstigen Fütterungszeit. Das Essen wird auf Tellern serviert, deshalb brauchen die Ober sich beim Bedienen nicht umständlich über uns zu beugen. Wein in drei Flaschen. Ben zieht die Flaschen aus Spaß näher zu sich heran. So stehen sie weiter weg von Janey und Phil: ganz professionell. Ich kaue Melone, als könnte sie in meinem Mund explodieren, picke am Salat. Ich trinke viel Wein. Es hat keine Wirkung. Ich brauche etwas Wirkungsvolles. Gegenüber von meinem leeren Glas liegen Minas Finger, die lila aus ihrem gräulichen Gipsarm ragen: die Fingernägel scharlachrot und glänzend. Niemand fragt, was mit ihrem Arm geschehen ist. Man fragt uns, was wir zum Nachtisch haben möchten. Ros und Geraldine nehmen Windbeutel. Die Männer bestellen alle Eis: nichts Besonderes. Ich bestelle einen Gin. Beim Nachtisch reden wir über Sex, Geld, Religion, Familie. Es gibt keine Tabus. Wir sind alle jenseits von Gut und Böse. Wir sind auf Nachbarstationen. Wir haben Dr. Drei gemeinsam. Wir kennen uns in anderer Stimmung, anderer Umgebung. Bei der zweiten Runde Kaffee erscheinen plötzlich viele Leute: Reste einer Betriebsfeier. Mit einigen der Männer habe ich schon getanzt, aber sie erkennen mich nicht wieder. Es handelt sich um Pauls Betriebsfeier.

Jedes Jahr bin ich mit Paul zur Betriebsfeier gegangen. Es kam mir sehr erwachsen vor: ich trug immer ein Abendkleid und brauchte Stunden, um mich aufzudonnern. Meine Mutter fand das komisch. Ich weiß nicht, was du die ganze Zeit mit deinem Gesicht anstellst. Harmlosigkeiten.
Der Betrieb bestellte immer einen Bus, weil davon ausgegangen wurde, daß wir am Ende betrunken waren. Manche nahmen einen Sechserpack mit in den Bus und waren schon am Anfang betrunken. Wir aßen zu Abend und standen herum, dann tanzten wir. Wie bei einem Hochzeitsempfang. Jedes Jahr wurde ich Pauls Arbeitskollegen vorgestellt und

brüllte sie an, während *Tie a Yellow Ribbon* oder *Green green grass of Home* spielte. Manchmal verschwanden die Männer alle, und ich mußte mich mit den Frauen, die ich nicht kannte, begnügen, die sich wiederum mit mir begnügen mußten. Zwischendurch mußte ich aufpassen, daß keine Haarnadeln aus der kunstvollen Frisur rutschten und der rote Mund nicht aussah, als hätte ich gerade drei Dosen Tomatensuppe gegessen. Ich fühlte mich wie ein Animiermädchen, nur unbezahlt. Jedes Jahr beim Betriebsfest fragten mich bierselige Männer, wann wir uns verabreden würden, und ich stellte mich taub.
Nun sind wir alle wieder da. Wie gehabt.

Eine Gruppe wie aus dem Denver-Clan steht im Foyer, aber Paul ist nicht dabei. Wenn er hier ist, will ich ihn zuerst sehen. An einem Tisch voller Leute bin ich einsam. Ich habe keinen Wein mehr. Phil geht zur Toilette, und Ros folgt ihm. Ich tue so, als folgte ich ihr, und bestelle an der Bar einen doppelten Gin. Als ich den zweiten kippe, sehe ich Phil und Ros im Raum hinter der Bar. Sie küssen sich. Ich möchte zurück auf die Station. Das hohle Echo und der Chlorgeruch machen mir Kopfweh. Aber so ist es jetzt. Ich sitze am Tisch mit Leuten, die ich nicht kenne, und versuche sie mehr zu lieben. Wir teilen uns die schrecklichen Minuten. Daran ist doch etwas Rührendes. Muß es sein. John verläßt eilig den Tisch und rammt meinen Ellenbogen. Ihm ist übel.

Der letzte Bus, der mit wenig Licht fährt und keine Fahrgäste mehr will, muß halten. Mina steht sicherheitshalber mitten auf der Straße. Phil singt hinten im finsteren Bus Lieder von den Bay-City-Rollers. Shang-a-lang ist sein Lieblingslied. Ros singt mit. Janey steigt zwei Haltestellen vor dem Krankenhaus aus, um im Fisch-und-Chips Zigaretten zu holen. An der gleichen Bushaltestelle ist ein Schnapsladen, der noch geöffnet hat, und sie erklärt Geraldine, sie kommt zu Fuß nach. Geraldine verdreht die Augen. Sie weiß genau, was ist, sagt aber nichts.

Im Krankenhaus ist es dunkel, also gehen wir auf Zehenspitzen, kichern und sagen Schschhhh, wie von uns erwartet wird. Schließlich möchte die Nachtschwester den Kopf schütteln und staunen, wieviel Spaß wir hatten. Wir tun ihr den Gefallen. Sie darf die letzte sein, die lacht. Keine Medikamente, weil wir getrunken haben. Sie verscheucht uns zu laut und weckt andere auf. Sie drehen sich unter ihren Decken, grunzen wie Seehunde im dunklen Naß. Die Laken sind eiskalt, ich rolle mich zusammen, lege die Handflächen auf die Beine. Bewegung wie seidiges Reißen, als Ros im Nachthemd hinaushuscht, um irgendwo Phil zu treffen, dann stolpert Janey, Kannengeklapper. Ich atme tief durch. Keine Medizin. Ich drehe mich auf meinem Kissen, das noch naß vom Nachmittag ist, ersticke mich mit dem Krankenhausmonogramm. Es dauert so lange, bis ich die einfachsten Wahrheiten begriffen habe.

SO IST ES JETZT.

Nach einer halben Stunde bitte ich die Schwester um das Schlafmittel, das mich betäubt. Ich bin nicht stoisch. Die Schwester ist stoisch.
Sie gibt mir nichts.

ooo

Tom kommt mit der großen Glocke.
Er hat ein Stück Papier und eine Reisetasche.
Ich bin entlassen.

Innerhalb einer Viertelstunde wird Dr. Dreis Scherz rückgängig gemacht. Ich warte den restlichen Morgen, horche auf seinen Plattfußgang. Ich möchte Dr. Drei tief in die Augen sehen. Ich möchte den Bastard mit meinen Blicken töten.

Ich warte den ganzen Morgen. Er kommt nicht.

ooo

Dr. Zwei kommt, als Ros und Kathy Schweinefleisch süßsauer essen. Redselig. Er fragt, ob unser Abend im Restaurant nett war.

Ja, sage ich. Wunderschön. Wie aus einem existentialistischen Roman.

Dr. Zwei lächelt wäßrig und überreicht mir ein Buch mit dem Titel *Mut und Verlust*. Er hat es extra ausgesucht. Der Umschlag ist lila mit Tauben und Wolken, noch warm und flachgedrückt von seiner Jackeninnentasche. Ich sage danke und bedaure, nichts Netteres über unseren Abend gesagt zu haben. Steuerzahler haben mir diese schreckliche Zeit ermöglicht. Ich habe Ros verschreckt. Kathy gibt kein Urteil ab. Sie ist mit ihrem zweiten Pudding beschäftigt.

Ich gehe wieder in den Warteraum und schreibe:
JE MEHR ETWAS WEH TUT, DESTO MEHR KANN ICH DARAUS LERNEN.

Ich finde, so entschädige ich die Steuerzahler.

> Endlich die Gelegenheit, auf die Sie gewartet haben. Es hat lange gedauert, aber jetzt können Sie sicher sein, daß es so bleibt. Lassen Sie zur Abwechslung Ihr Herz regieren: Sie müssen wissen, manches wendet sich zum Besten! Glück und Liebe kommen reichlich und rechtzeitig zu Ihrem Geburtstag in diesem Monat. Bitte lächeln!

Ich warte immer noch. Er kommt nicht.

> *Mut und Verlust*: Im Einklang mit dem Tod.
> **Erstes Kapitel**: Ich bin geschockt und wütend. Ich brauche mir keine Sorgen zu machen. Es ist normal, geschockt und wütend zu sein. Viele Leute empfinden so.
>
> **Kapitel 2**: Ich überwinde mit der Zeit den Schock und die Wut, darf aber keine plötzliche Änderung erwarten. Ich überwinde Schock und Wutgefühl, wenn ich mir Zeit lasse und der Trauer Zeit lasse zu wirken.

Kapitel 3 sagt, ich soll Zuflucht bei meiner Familie suchen. Meine Familie ist eine große Kraft- und Trostquelle, wenn ich es zulasse. Blut ist dicker als Wasser.

Kapitel 4 sagt, ich soll mich mit Freunden umgeben und reden. Darüber reden. An den Menschen denken, wie er im Leben war und wie er mich zum Lachen gebracht hat. Lachen. Lachen ist die beste Medizin.

Kapitel 5 sagt, ich soll mich vor Leuten vorsehen, die versuchen, mich zu schnell zu heilen, um sich ihr eigenes Unbehagen zu ersparen. Ich muß darauf gefaßt sein, daß manche Leute sich seltsam benehmen. Vielleicht verliere ich Leute, die ich für Freunde gehalten habe. Das soll mir egal sein, denn ich habe meine Familie und meine wahren Freunde. In dieser Zeit wird Altes auf seinen Wert überprüft. Ich soll keine Angst vor Veränderungen haben.

Kapitel 6 sagt, ich soll Einladungen annehmen und MIR MÜHE GEBEN. Ich soll Hilfsangebote annehmen und MIR MÜHE GEBEN. Ich soll mir kleine Belohnungen kaufen. Ich soll mir neue Hobbys suchen und mich selbst finden. Ich soll Ferien machen und Dinge entdecken. Eine neue Umgebung kann Wunder wirken.

Kapitel 7 sagt, ich soll mit Leuten sprechen, die in der gleichen Lage sind, und von ihnen lernen. Ich darf mich nicht gehenlassen. Ich soll auf mein Äußeres achten und keinen Anlaß zur Besorgnis geben. Es sagt, ich soll dieses Buch lesen.

Kapitel 8 sagt, ich soll mit meinem Hausarzt sprechen. Ich soll mit einem Priester oder Pastor oder Rabbi sprechen. Ich soll mich vor Alkohol und selbstzerstörerischem Verhalten vorsehen. Es sagt, ich soll keine Zuflucht bei Beruhigungsmitteln oder anderen Drogen suchen. Sie bewirken nichts.

Kapitel 9 erzählt mir Geschichten, wie sie das Leben schreibt. Es erzählt mir, daß ich nicht allein bin. Die Autorin erzählt ihre eigene Geschichte. Ihr Bruder starb bei einem Autounfall. Sie brauchte fünfzehn Jahre und drei Jahre Psychoanalyse, bis sie ihm vergeben konnte. Ich soll mit jemand Vertrautem in ein warmes Zimmer gehen und ihn oder sie an den Händen fassen. Dann muß ich schreien. Ich soll meine ganze Wut aus mir herausschreien. Dann soll ich sagen: ICH VERZEIHE DIR.

Amerikanischer Verlag. Ich hätte es gleich wissen können.

Kapitel 10 ist ein Gedicht. Die Autorin wünscht mir viel Glück.

Ich lese das Buch in zweieinhalb Stunden und weine die ganze Zeit.
Als sähe ich Bambi.

ooo

Die Bushaltestelle sieht gar nicht wie die Traumhaltestelle aus. Nicht, wenn du wirklich hinsiehst. Wechselgeld hüpft in meiner Hand. Ich lasse die Flasche mit meiner Wochenendration tief in die Tasche gleiten und finde mein Notizbuch.

ICH WILL GUTEN RAT ANNEHMEN UND MIR MEHR MÜHE GEBEN.
AUF DAS SCHLIMMSTE GEFASST SEIN HEISST, SPÄTER WENIGER ENTTÄUSCHT SEIN.
JE MEHR ETWAS WEH TUT, DESTO MEHR KANN ICH DARAUS LERNEN.

Ich sollte mich weigern, wieder zu Dr. Drei zu gehen. Er macht alles immer nur schlimmer. Mein Notizbuch ist besser als jeder Arzt. Ich muß lernen, für mich selbst zu sorgen und in den Sätzen Rat zu holen. Vielleicht war das schon das ganze Problem.

Ich schreibe:

AUSDAUER IST ALLES.

Ich habe vergessen zu schreiben:

HÜTE DICH VOR DER NORM.

SAUBERE SÄTZE VERBERGEN HARTE ARBEIT.

WAS SICH WIRKLICH LOHNT, IST IMMER HART.

Ich habe vergessen, daß Vergessen seinen Preis hat.

ooo

Tony war guter Laune. Ich sagte dankeschön für die Blumen, und er erzählte mir einen Witz:

Frage:	Wie viele Psychiater braucht man, um eine Glühbirne zu wechseln?
Antwort:	Einen. Aber die Glühbirne muß es wollen.

Er griff nach meiner Hüfte, als ich lachte, dann sagte er mir, ich sei zu dünn.

Siehst du? drückte mich am Hintern: Nichts dran. Bei dem Gedanken bekam er Hunger. Er fischte unter der Theke eine Tüte Chips hervor und riß sie auf, lehnte sich nachdenklich zurück. Vielleicht sollten wir essen gehen. Tanzen.

Tony, sagte ich. Warum nimmst du nie deine Frau mit? Er war beleidigt.

Sie hat ihre eigenen Freunde, sagte er. Sie hat es nicht schlecht.

Danach fühlte ich mich schlecht. Egal was ich mache, hinterher fühle ich mich schlecht. Verstehe, dachte ich, Tony ist kein übler Mann. Er ist freundlich. Ich sollte die Freundlichkeit annehmen, wie sie gemeint ist, mehr tun, was mir hilft. Und David hat bald Prüfung: er braucht Zeit zum Lernen. Ich darf nicht klammern. Ich muß Einladungen annehmen usw. usw. Die Telefonzelle taucht am Straßenende auf. Tony sagt, er holt mich um sieben ab.

manchmal
Vorahnungen
die jetzt
aufhören
bevor es zu
spät aber oft
achte nicht
auf die
Warnung

Sterne im Schiebedach. Sein Auto roch nach Zigarren und Rasierwasser. Ich fragte: Wie alt bist du, Tony?, gewöhnte mich an nichtssagende Gespräche. Damit es gut lief. Seine Zähne glitzerten unterm Schnurrbart und sagten mir, er sei siebenundzwanzig. Er sah zurück auf die Straße, und ich sah ihn an. Kamelhaarmantel und grauseidene Krawatte. Siebenundzwanzig. Mein Gott. So alt wie ich. Er tätschelte meine Hand und spielte eine Country-und-Western-Kassette.

When you think I've loved you all I can
I'm gonna love you a little bit more

Der Ober kannte ihn beim Namen. Tony bestellte zu jedem Gang eine neue Flasche. Ich tupfte damenhaft meinen Mund an der Serviette ab und ging nach dem Essen zu Damen. Tony begrüßte mich überschwenglich, als ich wiederkam. Wir gingen tanzen.

oft achten wir
nicht
auf die
Warnung

Er lud sich in mein Wohnzimmer ein, saß auf dem lakenbezogenen Sofa und schnipste Zigarrenasche in den Hals einer leeren Flasche. Ich sagte nicht nein. Sein Mund über meinem war warm und machte mich einsam. Die Lippen waren warm, aber nicht voll. Sie hatten keine Oberfläche. Ich wollte nicht auf seinem Schoß sitzen, aber Küssen war selbstverständlich. Er hatte gutes Geld bezahlt, immerhin. Ein Essen, Tanzen, Blumen. Es ging auf Sonntagmorgen zu.

achte nicht auf die Warnung

Ich vergaß, daß er keinen Kaffee trinkt. Ich hätte es nicht vergessen dürfen. Ich sagte: Wundert sich deine Frau nicht, wo du bist?, und er legte mir die Hand auf den Mund. Ich drehte meinen Kopf weg, und er küßte meinen Hals. Ich sagte: Wirklich, du solltest ans Gehen denken, und er sagte: Zeig mir, wo du schläfst. Ich will wissen, wo du schläfst, damit ich an dich dort denken kann. Ich wollte lachen, aber ich war zu müde. Er sagte: Du gehst mir nicht aus dem Sinn. Ich denke die ganze Zeit an dich. Was bedeutet das? Was bedeutet das? Mir blieb, als er redete, etwas im Hals stecken. Ein Funken entsetzlicher Wut, daß er es wagte, so etwas zu sagen, und dabei erwartete, daß ich zuhörte. Ein Funken. Ich schluckte und sagte nichts. Ich entschuldigte ihn. Vielleicht dachte er, Frauen wollten so etwas hören.

Warnungen wenn das Schlimmste geschieht

Ich zog mich nicht zurück, als er seine Zunge in meinen Mund steckte, er über meine Brustwarzen unterm Stoff strich. Ich gab nach. Ich nahm ihn mit nach oben und zeigte ihm die bloßen Dielen und den Staub am Boden, die Stange mit den schwarzen Kleidern, den einzelnen Vorhang. Es machte nichts. Er lehnte gegen meine Schulter und küßte meinen Hals, schob zum Bett, lockerte mit einer Hand sein Hemd. Ich fiel nach hinten, und er breitete sich auf mir aus, lag schwer auf meinem Gerippe. Seine Hände bewegten sich leicht über meinen Kleidern, wie behandschuhte Chirurgenhände. Keine wirkliche Substanz. Aber ich wußte, er war wirklich. Ich war es, die keine Substanz hatte, unter der Haut nichts. Als ich redete, bedeckte er wieder meinen Mund, sein Speichel schmeckte nach Zigarre. Der Gürtel rutschte unter meinen Rücken. Er fand nicht in mein Kleid hinein. Ich knöpfte es auf, damit es schneller ging.
Ist es das, was du willst? fragte ich. Macht dich das glücklich?

das
Schlimmste
geschieht
können wir
nur uns
die Schuld
geben

Er küßte mich immer tiefer und antwortete nicht. Er gab vor, nicht zu hören, als ich ihn bat, das Licht auszuknipsen. Ich knipste es selbst aus und drehte mich weg, um ihn nicht anzusehen. Er mißdeutete das heftige Atmen und schob sich schwerer gegen mich, öffnete meine Beine mit seinen Knien. Ich war zu eng: Muskeln angespannt vom Weinen, schwer, einzudringen. Aber er gab nicht auf. Drei stumpfe Stöße, dann benutzte er seine Spucke, und ich war locker wie ein Schaukelpferd. Er flüsterte: Sag, daß du willst, wenn ich komme.

uns die
Schuld geben

Hinterher sagte er, ich hätte lieber mehr reden sollen. Ich hätte ihm Sachen sagen sollen. Und jetzt solle ich endlich aufhören zu weinen. Er wischte sich mit seinem weißen Taschentuch ab und sagte, jetzt sei alles in Ordnung. Hör auf zu weinen. Er seufzte. Vorher sei er besser dran gewesen. Er wünschte, ich würde aufhören zu weinen. Als er angezogen war, hielt er mich und sagte, es würde mir gleich bessergehen. Er sagte, es würde mir gutgehen, wenn ich ausgeschlafen hatte. Ich hatte zuviel getrunken. Ich hörte, wie er mich einschloß, hörte den Schlüssel durch den Briefkasten auf den Beton fallen.

allein

ooo

Sonntagmorgen.

Das nasse Viereck auf dem Laken verfolgt mich. Ich stehe auf und wasche es im Halbdunkel. Das leere Glas neben dem Bett zerschellt am Holz, knistert wie elektrisch aufgeladen.
ich blute

Gefühl von

döse auf dem feuchten Laken
Nachrichten und Morgenandacht, Pick of the Week, Desert Island Discs.

Unten ist der Garten weiß. Überzogen mit einem pelzigen Frostfilm, wie Schimmel. Bevor wir nach Spanien fuhren, hatte Michael draußen das gröbste Unkraut mit dem Spaten umgegraben, die Erde mit dem Fuß umgedreht: kalte Kuchenstücke mit flachen Kanten. Er schleppte Dreck in die Küche, kam auf mich zu, hielt etwas rundes Weißes in der Hand.

Sieh doch, sagte er. Sieh doch.

Ein Vogelschädel. Bleiche Knöchelchen, die Augenhöhlen sauber. Ich hätte auf die Hand darunter sehen sollen, die Linien und Zeichen. Ich hätte genauer hinsehen sollen. Ich sah nur den Schädel. Er tränkte den übrigen Boden mit Unkrautvertilger, vergiftete das ganze Stück Land. Als ich wiederkam, ragten nur noch Stöcke, verdorrte Zweige aus dem Lehm. Und ein Fußabdruck voller Regenwasser. Er hätte jedem gehören können.

Weißer Winter hell in meinen Augen. Ich mache Tee und versuche ruhig zu sitzen.

Es ist nicht Tonys Schuld. Es muß an mir liegen.

Ich mache Tee und versuche nicht mehr zu zittern.

Ich möchte nicht hier sein. Ich möchte die alten Damen am Morgen und das Licht von der Station in den Augen, Ros und Geraldine, Nassim und Moira, denen alles egal ist. Ich möchte meinen Kopf zerpflücken und aufhören, mich so zu fühlen. Du kommst nicht aus deinem Kopf heraus. Sieh doch, ich bin keine schlechte Frau. Ich habe nichts Böses getan. Aber alles, was ich anfasse, wird schlecht. Weihnachten kommt, und ich habe nichts zu geben. Das Haus ist schmutzig und verrottet. Draußen der Abfluß ist verstopft von verfaultem Apfelmark, den Resten vom letzten Marmeladekochen. Ich weiß nicht, wie der Abfluß zu öffnen geht. Es wird täglich schlimmer.

JE MEHR ETWAS WEH TUT, DESTO MEHR KANN ICH DARAUS LERNEN.

Aber ich will in den hinteren Raum, wo die Heizung glühendheiß ist und es draußen regnet, Licht Tag und Nacht. Die Schlüssel sind vom Boden ganz kalt, wimmeln von unsichtbaren Spinnen und Atomen von Tonys Händen. Draußen fehlen Latten am Zaun. Ich möchte laufen.

ooo

Wochen folgen Wochenenden: Fünfer- und Zweierrhythmus wie in der Schule. Es kann nicht wahr sein. Einfach die Zeit verbringen.

Mein Vater kommt mich besuchen. Mein Vater ist seit zweiundzwanzig Jahren tot, aber er macht sich die Mühe. Geraldine sagt, er wartet hinten im Flur.
Mein Vater ist in einen schwarzen Mantel verpackt, als sei es hier kalt. Ich trage ein Polohemd. Vielleicht liegt es in der Familie. Dann schaut mein Vater auf und verwandelt sich in Mr. Peach, aber älter. Seine Haut ist wächsern, und seine Augen sind blaß. Ich setzte mich nicht.

Wie geht es? ist alles, was er zunächst sagt. Er weiß auch nicht genau, warum er hier ist.

Das ist schwer herauszufinden, sagte ich. Niemand will es mir sagen.
Er lächelt ungewiß.

Ich wollte sehen, wie es Ihnen geht, sagt er. Damit Sie keinen falschen Eindruck hegen.

Falschen Eindruck?

Von der Schule. Der Trauerfeier und so weiter.

Oh.
Es gibt eine Pause, in der meine Zähne zucken.

Menschen machen Fehler, sagte er. Sie hegen vielleicht einen falschen Eindruck.

Ja, sage ich. Vielleicht.

Keiner von uns beiden weiß, was nun kommt. Ich lande bei Marianne in den Blue Ridge Mountains, Essenslisten, Besuchszeiten und dem nahenden Weihnachtsfest, eher, als er denkt, bin ich wieder in meinem Raum in Cairdwell, heiliger Bimbam, wie die Zeit vergeht. Mein Mund läuft wie eine Nähmaschine. Er betrachtet mich unsicher, ob ich richtig ruhiggestellt bin, dann gibt es einen grauenhaften Lärm. Ein Brüllen innen aus Block E, und Linda schwankt in ihrem Bademantel herbei. Sie macht halt und wirft uns einen Blick zu, dann jammert sie weiter. Mr. Peach rührt sich im Sessel neben mir. Als ich hinsehe, streckt er seine Hand aus.

Hallo, Linda, fast geflüstert. Sie linst ihn an, mißtrauisch.

Linda hat früher nebenan gewohnt, nicht wahr? sagt er. Sie kommt näher, wenn auch unwillig, als sei die Hand eine Mine und könnte uns alle zur Hölle jagen, aber dennoch muß sie berührt werden. Sie muß sich der Hand nähern.

Lange her, nicht?

Früher hat er sie im Kinderwagen gefahren, sagt er. Ich stelle mir ein Cartoon vor, Mr. Peach-als-junger-Mann, grinsend einen blauen Kinderwagen schiebend. Sie hält seine Hand noch, als Tom kommt und sich entschuldigt. Sie geht ohne Widerrede. Mr. Peach findet auch, es ist Zeit zu gehen. Ich sage ihm, er soll gut auf sich aufpassen, und er weiß nicht, wohin mit seinem Gesicht.

Ich erkläre Geraldine, er ist nicht mein Vater, und sie sagt Oh.

Oh. Vor vierzehn Tagen hat auch jemand nach Ihnen gefragt. Um elf. Wir haben sie fortgeschickt.

Sie schaut schuldbewußt, aber erzählt mir trotzdem alles. Eine fremde Frau und ein Mann. Sie prüften die Unterlagen, aber ich hatte keine nahen Verwandten auf dem Einlieferungsformular. Wer das wohl war?

Ich habe keine Ahnung, sage ich und schaue ihr in die Augen. Ich habe keine Ahnung.

Liebe Marianne,
Es schneit. Ich habe geplatzte Äderchen von der Hitze hier drinnen und der Kälte draußen und sehe aus wie Rotbäckchen. Das blühende Leben. Am Wochenende kam viel Post: ich habe nur Deine Karte behalten. Die beiden anderen Briefe waren vom Rechtsanwalt und ein Kostenvoranschlag von einem Handwerker, und ich habe sie verbrannt. Ich bin ein bißchen weniger unsichtbar, als ich dachte.

Ich fühle mich zur Zeit nicht besonders gut. Bald habe ich Geburtstag. Bald ist Weihnachten. Ich habe in den letzten vierzehn Tagen drei verschiedene Ärzte zu Gesicht bekommen, keinen zweimal.
Dr. Vier sagt, ich brauche Elektroschocks, Dr. Zwei findet, ich brauche richtige Ferien und eine bessere Stelle, Dr. Drei findet, ich nehme zuviel Koffein zu mir – ein bißchen weniger, und es ginge mir gut. Sogar ein Dr. Fünf tauchte auf und meinte, wir sollten mal ein Schwätzchen halten. EIN SCHWÄTZCHEN. Sie haben alle Beruhigungsmittel erhöht. Das bedeutet, meine Hände und Beine wischen mir manchmal eins aus: ich muß mich daran erinnern, daß sie an mir hängen. Gestern rempelte mich Dr. Vier im Flur an und wußte nicht, wer ich war. Das fand ich im nachhinein ziemlich heftig. Jedenfalls finden sie, ich sollte noch ein Weilchen bleiben. Deswegen geben sie mir wahrscheinlich die Antidepressiva.

Sehr bald kommt eine kritische Zeit. Ich muß an alles mögliche denken, an das ich eigentlich unmöglich denken kann. Es muß mir wieder bessergehen. Es muß mir wieder bessergehen a) weil dann die anderen aufhören, sich zu sorgen; b) weil ich die staatliche Krankenversicherung nicht mehr ruiniere: c) besser als hier muß es einfach sein. Leider alles Theorie. Ich muß nur fest daran glauben.

Entschuldige, daß die Briefe immer gleich sind. Bitte schreib mir und erzähl, was Du unternimmst, wie Du den Tag verbringst. Und schreib mir Witze.

Mühsam schaffe ich es, unten auf den Brief *Liebe* zu schreiben.

ooo

Hallo

Die flachen Stiefel klatschen über die weißbeleuchteten Fliesen. Noch dunkel draußen: Tageslicht kommt spät und geht früh. Eine weiße Hand winkt im geschwärzten Glas.

Meine Hand.

Mina kommt den Flur entlang, flach auf dem Rücken, lächelt mit schiefem Gesicht. Zwei Männer in Weiß schieben die Bahre. Tom kommt auch. Er ist böse auf Mina, und er will nicht sprechen. Aber ich. Ich sage laut HALLO, TOM. HALLO und beobachte, wie er glotzt. Mina soll diese Woche gehen. Mina wird immer wieder aufgenommen, wenn sie gehen soll. Ihr letzter Trick waren Drohungen. Diesmal ein blutiges Handgelenk und zwei Schnitte im Oberarm. Sie sagen: Mina, warum gehst du nicht ins Ailsa-Krankenhaus? Im Ailsa haben sie mehr Ärzte. Dies ist keine Langzeitstation. Aber im Ailsa ist die Sicherheit auch besser, und da will Mina nicht hin. Diesmal wird sie hingebracht, ob sie will oder nicht. Ihr Mann kriegt das Fahrgeld nicht zusammen, um sie in Ayr zu besuchen. Aber ihr Lächeln bleibt auch, als die Bahre über die Teppichfliesen rattert. Sie ist glücklich über die intravenösen Leitungen an ihrem Handgelenk. Sie ist zu betäubt, sie muß lächeln.

Im Tagesraum trägt Mrs. Morrison eine hübsche Strickjacke und eine saubere Bluse. Sie trägt neue Hausschuhe, ein Geschenk ihrer Enkelin. Heute sitzt sie geduldig da. Moira von 4F will ihr die Haare schneiden. Etwas Besonderes. Ihr Gesicht ist gerötet. Aber auf Mrs. Morrison mußt du achtgeben, sonst schnappt sie nach der Schere. Ihr Rock ist hochgerutscht, und ihr Schlüpfer ist zu sehen. Sie weiß es, aber es ist ihr egal.

Stanley ist ein neuer Junge. Er steht vor dem Fernseher und wartet: dieselbe Stelle die ganze Woche über. Der Fernseher ist noch nicht eingeschaltet, aber er wartet dort trotzdem. Stanleys Narbe blutet nicht mehr durch den Kragen, aber die Wunde näßt noch. Sie sieht wie eine geplatzte Pflaume aus. Er trägt karierte Hemden, damit die Flecken nicht auffallen. Sein Kragen ist immer klebrig. Er glänzt, wenn er den Kopf bewegt. Er kann sich nicht am Hals kratzen, sonst reißt der Schorf auf. Er zuckt mit geschlossenen Augen und wartet, daß der Fernseher eingeschaltet wird.

Violet trägt ein ordentliches Kostüm mit passender Bluse. Sie händigt den alten Damen Bücher aus und hilft dem Pflegepersonal Aschenbecher einsammeln. Vor fünf Wochen sabberte sie auf ihren Bademantel, schlurfte über den Flur, verfolgte unsichtbare Insekten. Sie biß. Jetzt erinnert sie sich daran nicht mehr und wundert sich, wenn jemand davon spricht. Wir alle sehen den Unterschied. Der Unterschied kommt von den Elektroschocks. Dr. Vier schwört auf Elektroschocks und Violet jetzt auch. Violet geht bald nach Hause, hat mit der Elektrizität Freundschaft geschlossen.

Ich gehöre zum Abendessensdienst. Geraldine zeigt mir ihre Referate für die Abendschule, im Vertrauen, daß ich Rat weiß. Kathy spricht mit mir. Die stille Kathy. Vergangene Woche wollte sie einen Rock von mir haben.

Der Vater kommt, sagte sie.

Ich wußte nicht, ob sie ihren eigenen Vater meinte oder den Vater des Babys, aber den Rock habe ich ihr gegeben. Sie sprengte die Naht am Reißverschluß, als sie ihn über die Hüften zog.

Er paßt wunderbar, er ist wunderbar, sagte sie und legte sich wieder aufs Bett. Niemand kam. Sie sagt jeden Tag, wie sehr sie den Rock mag.

Ros' Freund sagt hallo.

Die Leute kennen mich.

ooo

Nancy kommt und holt uns zur Beschäftigungstherapie ab. Heute malen wir Weihnachtsbilder. Die besten werden vielleicht in der Kinderstation aufgehängt, die von unserer Station mit Elektrodraht abgetrennt ist. Es ist unwahrscheinlich, denn bis Weihnachten sind es noch vier Wochen, aber am besten du hältst den Mund. Nancy runzelt die Stirn, als ich frage, ob ich zeichnen darf und ihre Plakatfarben und die verkrusteten Borstenpinsel nicht will. Aber sie erlaubt es. Ich bekomme zwei Blatt Papier und werde ermahnt, damit zufrieden zu sein. Ich zeichne

und nichts sonst.

Ich wollte eine Landschaft zeichnen, aber es wurde nichts daraus.

Nancy fragte, was das mit Weihnachten zu tun hat? Ich verstehe nicht, was es damit überhaupt zu tun hat.

Isa malt einen Kinderweihnachtsbaum, bunte Ovale schwanken auf Zickzackzähnen. Ros spritzt Blau zwischen weißblauen Kartoffelbrei. Dem Spritzer wachsen Beine und ein gelber Schnabel. Die rote Ellipse kommt zuletzt. Rotkehlchen im Schnee, sagt sie: Ich kann nicht gut zeichnen. Sie zerreißt es. Nancy füllt die Farbbüchsen nach und bittet uns aufzupassen.

Janey, dummes Mädchen, sagt sie. Wie soll einer erkennen, was das sein soll? Du hast erst zwei gemalt. Wie viele Könige gibt es, Janey? Wie viele?

Janey geht weg, läßt die Farbe trocknen. Ich frage Nancy, warum die Männer keine Weihnachtsbilder malen müssen. Sie wird wütend.

Ich weiß nicht, was das wieder heißen soll. Fräulein Besserwisser. Wenn Sie Ärger machen, können Sie gleich gehen.

ooo

Norahs Bett ist seit Tagen leer. Bettys seit zwei. Kathy darf vielleicht auch gehen. Je näher Weihnachten rückt, desto mehr gehen nach Hause. Alle stehen unter Druck, gesund zu werden, nicht zu enttäuschen. Letztes Jahr waren wir bei Ellen. Sie schenkte Michael eine gestrickte Krawatte, und Marianne schenkte ihm einen dicken Packen goldfarbenen Kordstoff, damit wir sein schäbiges Sofa beziehen konnten. Fünfzehn Meter Kordstoff. Ich dachte, er würde gleich weinen.

Bald ist Weihnachten.
Zwei Mädchen aus der Oberstufe bringen eine Einladung, eine Karte zum Schulball. Ihre Wangen sind makellos, Augäpfel rund und weiß. Ich lächle, bis mein Mund ausfranst, fange meinen Blick auf in der Glasverkleidung über ihren Schultern und gebe angespannt Obacht auf meinen Atem. Als sie fortgehen, werde ich hysterisch. Es kommt noch schlimmer. Ich rase nach unten mit klingelndem Portemonnaie, um Kekse und Schokolade zu kaufen, getrieben von einem unkontrollierbaren Drang. Kekse und Schokolade werden ihn nicht stillen, aber sie sind süß und tilgen alles außer meinen Mund. Kurze Zeit lang. Ich esse soviel Kekse, wie ich bezahlen kann, und übergebe mich vierzehn Minuten später. Geräuschlos.

Bald ist Weihnachten.
Ich nehme den Pullover, den ich aus aufgeribbelter Wolle für David stricke, und mache es mir auf dem Stuhl im Tagesraum bequem. Mrs. Morrison begutachtet mein Muster und erklärt mir, es ist wunderschön, sie schreit, weil sie schwerhörig ist. Sie strickt die ganze Zeit weiche Baby-

schals, obwohl sie keine Babys hat. Zweifädig und winzige Nadeln für niemanden, den sie kennt. Ben und Moira stellen die Stühle um, bis alle gut sehen, dann beginnt der Film. ZOMBIE FLESH-EATER. Ich tue so, als sähe ich die meiste Zeit nicht hin, und starre auf mein Strickzeug, wobei mein Rücken steif wird: das Video macht mir angst. Weniger der Film als die Männer, die daran ihren Spaß haben. Ich wage nicht, die alten Damen anzusehen. Niemand fragt, was sie gern sehen würden. Als es vorbei ist, stellt Ben die Nachrichten an. Spielkarten werden verteilt, als die Erkennungsmelodie erklingt. Ich mache die Kaffeemaschine ausfindig und stibitze drei Tassen, bevor ich in die Küche gehe und Butterbrote für das Abendbrot im Tagesraum schmiere. Zwei Sorten Brot. Die alten Damen bekommen Weißbrot.

FRAGE: Wie viele Psychiater braucht man, um eine Glühbirne zu wechseln?

ANTWORT: Einen. Aber die Glühbirne muß es wollen.

Egal, wie rauh mein Hals oder wie stark das Sodbrennen, es spielt keine Rolle. Meine Zähne beginnen sich aufzulösen, Zerfall des Zahnschmelzes durch Speichel als Korrosionsmittel, Hirnerweichung. Haha. Löcher in den Zähnen wandern von ihrem Stammplatz an andere Stellen, wo sie kein Recht haben zu

Eine der Schwestern hört, wie ich im Badezimmer Butterbrote auskotze, und ich rufe, während ich Luft hole. Alles ist gut. Herrgott, laß mich in Frieden. Die kleine Blonde steht da, mit großen Augen, als ich, die Hände auf dem Rücken, herauskomme.
Ich lächle zu breit und schwanke, gehe schneller, als höflich ist. Ich muß in den hinteren Raum gehen.

Ich möchte festgehalten werden
    gefunden

    nicht denken

es gibt
kein Zurück nur vorwärts
zurück nur vorwärts

Jesus
sag nichts ist
sag nichts
Jesus
Jesus
auf einem grauen Tisch, Augen weit
im weißen Licht.
Seine Brust leblos voller gelber Flecken, wo sie
sein Herz
versucht haben

Halskette voller Wasser wie Fischaugen
Fingerspitzen blau
will nicht wieder
was war?

die Vergangenheit machte mich

Eine Uniform macht kehrt, öffnet die Tür und schaut herein.
Sie geht.

Ich krieche unter der Fensterbank vor, aber ich bin starr, so habe ich mich verkrampft, und ein Assistenzarzt sieht mich noch. Er ist fremd. Dunkle Haut, weißer Kittel. Er redet in geübtem Singsang, bis ich aufhöre zu zittern. Er ist ruhig und nett zu mir. Ich kann ihn nicht ansehen, aber er läßt mich sitzen, teilt mit mir die Stille.

Er sagt, vielleicht möchte ich über etwas sprechen

ein Wartezimmer nach vielem Türenöffnen und Schließen. Ich fühlte mich angespannt und eingeschlossen. Zu viele Menschen waren auf dem Flur. Der Arzt winkte, und ein Junge mit gelblicher Haut, vielleicht sechzehn oder so, trat aus dem Wirrwarr weißer Kittel. Ich flehte: Sagen Sie, er ist gesund, sagen Sie, er ist gesund, konnte nicht aufhören. Der spanische Junge streckte die Hand aus.

Wie war sein Name?

Jesus

Seine Stimme übertönte alles. Seien Sie ruhig. Versuchen Sie ruhig zu sein.

Das einzige, was Sie tun können, ist ruhig sein.

Ich habe ihm nicht einmal gedankt.

Ich sehe den Assistenzarzt an, und er schaut zurück, wartet.
Ich sage, ich habe ihm nicht einmal gedankt.
Er nickt.

Die Uniform bringt mich zu Bett. Bald darauf klappern wieder meine Zähne. Die Zähne schlagen aufeinander, schütteln das Bett, bis du aufstehst aus diesem verdammten Ding
es
fängt wieder an

es

fängt
wieder an

besonders für seine *Ehefrau*

besonders seine Ehefrau

when you're in
love with a beautiful woman *manchmal habe ich das*
it's hard *Gefühl*
dein trügerisches Herz
verrät
dich
Es kann noch etwas
etwas

wenn du meinst, ich habe dich so sehr
ich konnte, geliebt kann immer
noch etwas
KOMMEN

Ich werfe die
Laken beiseite und suche, durchstöbere das Durcheinander aus Kosmetikbeutelinhalt, Zeitungen, Papier und Stiften. Die Pillen fehlen. Eine Extra-Sammlung über Wochen, und jemand hat die Pillen genommen. Die Schwester kommt, die irische mit dem Gesicht, das Blasen schlägt, und rollt meinen Schrank weg, kommt mit einer Spritze, wieder die verdammte Ziege verdammte Ziege. Ich beobachte, wie das blaue Stationslicht ein weißes Gitter in den Gang zeichnet, Rädergeräusch draußen. Janey stöhnt im Schlaf, Betten knarren, während die Droge
sich kalt schlängelt
der Länge nach
einen
Arm hinauf

Mein Arm.

Mir dämmert, wo ich bin.

hoppla

Die versiegelten Verschlüsse brechen einer nach dem anderen unter dem Seidenpapier auf. Rosa Seidenpapier. Neben dem Glas die klobige Papiertüte mit einem Wochenendeinkauf. Das Glas schwingt auf meiner Unterlippe, bis es warm wird und die Dämpfe mir in der Nase brennen. Ich hebe das Glas wieder, proste der Karte auf dem halbfertigen Regal zu.

Herzlichen Glückwunsch zum Geburtstag.

Ich erhielt:
zwei Rechnungen
eine Weihnachtskarte von einem indischen Restaurant
einen Brief für jemanden, der hier nicht wohnt
und eine Karte von Marianne. George Washington starrte von der Briefmarke und kann nicht lügen.

> Liebe Marianne,
> ich verbringe das erste lange Wochenende zu Hause. Ein Versuch. Ich weiß nicht, was ich mit mir anfangen soll. Ich weiß nicht, was ich schreiben soll

Unsicher. Ich sehe mir über die Schulter, beobachte den Stift, der in meiner schauderhaften Schrift schreibt

Als ich ein Teenager war, suchte meine Mutter immer nach meinem Tagebuch. Ich merkte, die Unterwäsche lag anders, zu ordentlich, und wußte Bescheid. Manchmal fand sie etwas, das ihr wirklich gefiel, und überraschte uns damit im Wohnzimmer, las beim Fernsehen zu Myras Vergnügen daraus vor. Ich war zu dumm und schrieb weiter. Ich fand nur bessere Verstecke. Sie fand es immer. Eines Tages las sie etwas, und daraufhin verbrannte sie es. Als ich nach Hause kam, zeigte sie mir die Asche und sagte, sie könne mir nie wieder vertrauen.
Paul hatte sich angewöhnt, mein Tagebuch zu lesen. Ich brauchte keine Angst zu haben, es irgendwo liegenzulassen, weil wir keine Geheimnisse hatten. Paul führte kein Tage-

buch. Einige Monate, nachdem ihm aufgefallen war, daß es nicht mehr herumlag, stöberte er es einfach auf. Er sagte nicht direkt, er könne mir nicht mehr trauen oder mir geschähe recht: das war selbstverständlich. Als ich ins Cottage zog, lag neben dem Bett ein Tagebuch, so dick wie ein Straßenatlas. Aber ich wußte nicht mehr, für wen ich es führte. Ich überging ganze Wochen. Ganze Monate. Nachdem Michael eingezogen war, hatte ich nicht mehr viel Zeit zum Schreiben. Ich warf das Tagebuch weg. Sein Tagebuch konnte ich nicht entziffern. Er benutzte einen Code.

> Liebe Marianne
> Ich verbringe das erste lange Wochenende zu Hause. Ein Versuch. Ich weiß nicht, was ich mit mir anfangen soll. Ich weiß nicht, was ich schreiben soll.
> Danke für die Karte. Sie kam gerade rechtzeitig und bewahrte mich vor Schlimmerem als

Mir ging es heute morgen gut. Mir ging es den ganzen Nachmittag gut, dann bekam ich es auf dem Heimweg im Bus mit der Angst zu tun. Ich ging zu Ellen und wartete vor ihrer Tür. Ich wartete, bis ich mich überwand und anklopfte. Der erste Schlag riß die Haut an einem Fingerknöchel auf, aber ich preßte die Augen zu und klopfte weiter. Ich gebe mir verdammt Mühe. Das Haus roch nach Lammcurry. Wenn sie mir nicht zum Geburtstag gratuliert hätte, wäre es mir weiter gutgegangen. Angesichts der Sachlage tätschelte sie mir steif den Arm und sagte, es ginge mir bald wieder gut, ich sagte, ich weiß, sagte ich
ich weiß.

Ich GEBE MIR MÜHE verdammt

Also dann ging ich zum SUPERMARKT, wo du ALLES WAS DU BRAUCHST UND NOCH MEHR kaufen kannst. Ich kaufte eine Zeitung
einen Becher Joghurt
Gin
und wartete in der

Schlange an der Kasse, als ich ihn durchs Fenster starren sah. Ich erschrak und ließ das Geld fallen, und als ich es wieder aufgehoben hatte und herausging, kam er auf mich zu

Lange nicht gesehen!

So ein dicker Schnurrbart und
Lederhandschuhe

eigene Praxis in
Stirlingshire, besuche
gerade meine Leute

so glatte Haut, vielleicht hat
er sein Kinn mit der Pinzette
bearbeitet

es geht ihr gut, danke

rotweinfarbene Wolle und
Tweed,
kein Rasierwasser

und natürlich verheiratet,
warte übrigens gerade auf
sie

der gleiche Mund aber

ich wußte nicht mehr wie er

Na. Was hast du in letzter Zeit so angestellt. Immer noch Theater?

Wir waren zusammen in der Schule. Ich wußte nicht mehr, wie er hieß.

Er kratzte sich an der Nase: goldene Uhr, römische Ziffern.

Bist sicher mittlerweile berühmt?

Ich sagte: Mir geht es in letzter Zeit nicht so gut.

Nein, sagte er und lächelte klebrig. Nein. Gut. Er sah auf seine goldene Uhr. Immer noch mit diesem langen Typen verlobt? Paul Wiehießernoch?

Nein, sagte ich. Es geht mir nicht so gut.

Er winkte jemandem hinter meinem Rücken zu und zog mit beiden Händen seinen Schal gerade. Dann sagte er im Fortgehen: Laß es dir gutgehen.

Ein breiter Spiegel breitete sich hinter dem Fleck aus, wo der Mann gestanden hatte. Eine Frau war darin zu sehen, mit offenem Mund, hinter ihrem Rücken sprudelte der Springbrunnen. Sie hörte, wie weiter weg ein Kinderkarussell *Scotland the Brave* spielte. Ihr Mantel war falsch geknöpft, so daß der Kragen nicht richtig saß, die Stiefel ausgetreten und mit schlappender Sohle. Die Haare ungewaschen und ungekämmt, und meine Augen waren dunkelrot. Ich sah wie eine Irre/Pennerin/stark geschminkte Hure aus. Ich sah noch einmal lange hin und ging in die Drogerie, obwohl sie gerade schloß, und kaufte die größte Flasche Schmerztabletten, die es gab. Spontankauf. Sie mußten die Kasse wieder öffnen, damit ich zahlen konnte.

In letzter Minute, sagte ich und lächelte den Mann an, der abschließen wollte.

Immer in letzter Minute. Das kennen Sie sicher.

Ich schlürfte an meinem Glas.
Zeit heilt keine Wunden. Ich habe ein gutes Gedächtnis. Rasiermesserscharf.

Gin in Seidenpapier
braune Glasflasche voll Tabletten
Plastikbecher Joghurt
Geburtstagskarte
Kochbuch
Zeitung

Jetzt muß ich Entscheidungen treffen.

Es war zu kalt, um von den Geschäften nach Hause zu laufen. Ich saß neben einer Frau mit einem Kind, einem kleinen Mädchen. Das kleine Mädchen riß die Augen weit auf, ihr Kopf schwang jedesmal heftig hin und her, wenn der Busfahrer schaltete, wackelte auf dem dünnen Hals, als bräche er gleich ab und rollte den Gang entlang. Schokoladenverschmierte Mundwinkel. Die Frau tupfte mit einem Papiertaschentuch auf ihren Mund, wischte dann den Mund des Kindes: Mund zu Mund

ein Holländer
ein Deutscher

Mund zu Mund/Mutter zu Kind. Es heißt, man erinnert sich immer an den Geschmack von Mutters Spucke auf dem Taschentuch.

Sieh dir das an, sagte sie, wie du wieder aussiehst. Wen habe ich da großgezogen. Manchmal glaube ich, sie haben dich vertauscht.

Ziege.

Ein alter Mann lehnt über meine Schulter und hat eine Whiskyfahne

Alte Ziegen. Laß dir eins gesagt sein, Küken, nur eins. Bleib ledig.

Die Geburtstagskarte auf dem Regal kippt um, als ich lache. Eine Geburtstagskarte, die über den Atlantik geflogen ist. Ellens Karte kommt zerknittert aus meiner Manteltasche. Jemand hat sich Zeit genommen, etwas für mich auszusuchen, und so gehe ich damit um.

Ich kann mich nicht entscheiden, was ich tun soll.

Ich habe immer viel gewartet. Frauen tun das gern. Frauen meinen manchmal, wenn sie länger warten, wird alles besser zum Beispiel, wenn

- ich von meiner Mutter weggehe
- wenn ich mit dem Mann meiner Träume lebe
- wenn ich den Mann meiner Träume verlasse
- wenn meine Mutter mich mehr liebt
- ich überhaupt mehr geliebt werde
- wenn ich die Diät gemacht habe / neue Kleider gekauft habe / eine neue Frisur habe / neues Make-up gekauft habe / freundlicher bin / sexy / toleranter / anders geworden bin

Tatsache ist, du kannst soviel Zeit mit dieser Zukunftsphantasie verbringen, du verpaßt, was zum Teufel direkt vor deiner Nase geschieht: Die Gegenwart. Dieser Augenblick und Die Zeit. Was Jetzt ist. Ich habe mir die grauen Haare ausgerissen, und die meiner Mutter sind mir nicht aufgefallen, weil sie immer schon da waren. Als sie krank wurde, habe ich es nicht geglaubt. Sie versuchte nur sich aufzuspielen, mir Schuldgefühle zu machen. Paul redete nicht gern. Als ich ihm sagte, ich liebe ihn, verzog er den Mund und fragte, wieso ich ihn verunsichern wollte. Der Mund blieb bald öfter so. David küßte mich, und sein Mund war anders als Pauls Mund. David war zehn Jahre jünger als ich. Etwas machte klick. Etwas, das sich nicht genauer bestimmen ließ. Ich wurde älter. Ich riß mir mehr Haare aus und verließ Paul.

Ich habe viel Zeit damit vertrieben, die Zeit zu vertreiben. In der Zeitung stand, ich sollte mein Bewußtsein erweitern. Ich wachte morgens auf und dachte, der Tag war für mich gemacht. Ich bin JUNG, DYNAMISCH, EINE FRAU VON HEUTE. Ich kann einen Orgasmus nach dem anderen haben. Ich muß aus dem Vollen leben.

Ich wußte nicht, was das heißt, aber ich dachte dennoch so. Jeden Morgen. Es wurde anstrengend. Ich machte mir Sorgen, wenn ich nichts Neues unternommen hatte, entdeckt hatte, herausgefunden hatte, wie mein Leben laufen sollte. Ich schrieb ein Tagebuch voll, das ich eigentlich nicht wollte, aber ich dachte, es müsse sein, damit ich die Veränderungen festhielt, die geschahen, jetzt wo ich unabhängig und frei war.

Heute bin ich
allein am Strand spazieren gegangen
habe ich herausgefunden, wie man Okra zubereitet
schwarzen Nagellack gekauft
Lauch gepflanzt usw. usw. Alles

große Taten. Ich sah mir allabendlich in die Augen, ob das Alter seine untrüglichen Spuren hinterlassen hatte, las in Zeitungen, wie ich meine Gesichtsmuskeln entspanne, wie meine Taille schmal bleibt, mein Busen fest. Ich trainierte beim Fernsehen die Muskeln meiner Vagina, übte Zugreifen. Michael war zehn Jahre älter als ich: graue Schläfen. Wir redeten über Sex/Liebe/Wie du am besten ans Ziel kommst. Natürlich hatten die Gespräche eine logische Konsequenz. Zu der wir kamen. Die Gespräche wurden weniger

und der Sex mehr. Telefonanrufe mitten in der Nacht/ Blicke und Gesten/zärtliche Worte: Spiele.
Spielerei, die nichts kostete, bevor einer von uns

Ich hatte Geburtstag. Er war spät nach Hause gegangen. Paul kam und brachte mir ein Geschenk, als das Bett noch klamm war. Ich war verwirrt und erfreut, daß Paul gekommen war. Dann läutete das Telefon. Es war Michael. Er sagte

Sie weiß es.

Paul sah, wie ich blaß wurde.

Kann ich diese Nacht zu dir. Ich weiß nicht wohin?

manchmal
wenn
Vorahnungen
bevor es zu
das Gefühl

Als er einhing, wurde mir schlecht.
Paul wischte die Sauerei auf, ich weinte nämlich. Als ich seine Hand berührte, erstarrte er. Armer Paul. Große Tränen, wenn ich an Paul denke. Ich war nicht darauf gefaßt, daß von Liebe reden nur noch weh tat. Mein Gott. Armer Paul.

Na gut.

Michael kam in jener Nacht mit einer Plastiktüte voll Socken, Jeans zum Wechseln und sonst nichts. Wir tranken den Gin, eine Flasche billigen Wein und den Sherry aus. Am nächsten Tag suchten wir im Cottage unsicher einen Platz für seine Sachen, machten Listen, welches Essen er für meinen Vorrat einkaufen wollte. Wir planten seine Emanzipation, damit er sich von mir nicht abhängig fühlte. Neue Frau, neuer Mann. Kein Neid, kein Besitzdenken, keine Ansprüche. Wir füllten seinen Wohnungsantrag aus, sorgten für Tage, an denen er allein sein konnte. Unerwartetes kam von Leuten, von denen ich es nicht erwartet hatte. Bosheit läßt sich nicht erklären: du glaubst immer, die Leute haben Besseres zu tun. Ein paarmal brüllte ich plötzlich die Kinder in der Klasse aus keinem ersichtlichen Grund an, starrte beim Läuten auf der Treppe ziellos vor mich hin. Aber ich kam zurecht, mir ging es gut. Niemand brauchte sich um mich Sorgen zu machen.

Dann

Mein Körper wußte, daß Michael tot war, bevor ich es wußte. Er rief und schrie und schubste die Schwester, die mit der Spritze kam, schlug die Fäuste gegen die Wand und brüllte, um wachzuwerden. Mein Mund versprach nie wieder zu tun, was immer ich auch falsch gemacht hatte. Aber es ist schwer, wenn du nicht weißt, was du falsch gemacht hast in

Dr. Stead wollte, daß mir alles bewußt wird. Ich auch. Ich wollte alles auf einmal fühlen. Ich dachte, das hätte ich.

das Gefühl
vorauszusehen

Zuviel Wissen auf einmal ist gar kein Wissen.

FALSCH

Ich schreibe ein einziges Wort auf den Brief und sehe es an.

FALSCH

Es ist wichtig, Dinge aufzuschreiben. Das geschriebene Wort ist wichtig. Die Form der Buchstaben: Bedeutung zwischen Bögen und Strichen. Du suchst sie nach Wahrheit ab. Ich habe *Der Prophet*, Gide, Kafka und Ivor Cutler, *Vom Winde verweht, Das Anti-Diät-Buch*, Norman MacCaig und Byron, *Lanark*, Muriel Spark, *Was tun bei Nervosität/Einsamkeit/Angst*, Antonia White und Adrian Mole gelesen. Das *Francis-Gay-Friendship-Buch* und James Kelman, ee cummings, *Unerklärliche Geheimnisse* und *Leben nach dem Tod*. Ich las Zeitschriften, Tageszeitungen, Anschlagtafeln, Zigaretten mit offizieller Warnung vor Gesundheitsschäden, Reklamebeilagen, Ketchup-Flaschen, Bohnendosen, Schottische Märchen und Die Bibel. Sie zeigen mir einen Hauch des Unbegreiflichen, aber nie die ganze Wahrheit. Ich falle und drehe mich jeden Morgen im Kreis, nachdem

Der Morgen nachdem

die Freundin des Boten mich durch den Wald zu den Duschkabinen führte. Ich weiß noch, wie schrecklich es war, allein aufrecht zu gehen, so benommen war ich, als dieser Mann plötzlich auf der Straße vor uns auftauchte. Ein Holländer oder ein Deutscher. Ich sah ihn, erinnerte mich, daß er am Beckenrand Michael Mund zu Mund beatmet hatte. Er muß fünf Minuten unter Wasser gewesen sein, Madam, Madam. Derselbe Mann heute morgen in anderer Umgebung. Und ich lächelte. Ich spielte mit in neuer Szenerie. Ich lächelte, und der Mann lächelte zurück. Wir wußten beide, wir verhielten uns merkwürdig, aber keiner von uns wußte was sonst. Wir lächelten einander unsicher an, und ich konnte mich nicht rühren. Die Frau führte mich an der Hand weiter.

Wir gingen an den Beckenrand, und ich sah ins Wasser: der Mörtel zwischen den Fliesen, graue Umrisse wie Möwen von der weißen Oberfläche. Wie Schrift. Bei der Beerdigung war es drückend heiß und ich war ganz in Schwarz. Ich habe spiritistische Sitzungen besucht, den Toten beweihräuchert, habe den Duft der Kleider und Flaschen geatmet, ich habe die Tarotkarten befragt und Gottdemallmächtigen versprochen, was ich auch falsch gemacht habe, nie wieder

Manchmal wird es schlimmer, bevor es besser wird.

manchmal

Manchmal wird es nur schlimmer. Manchmal vergeht einfach nur die Zeit.

Liebe Marianne,
Ich verbringe das erste lange Wochenende zu Hause. Ein Versuch. Ich weiß nicht, was ich mit mir machen soll.
Ich weiß nicht, was ich schreiben soll.
Danke für die Karte. Sie kam pünktlich an und bewahrte mich vor Schlimmerem als

FALSCH

Der Gin fängt an, ölig zu schmecken. Ich muß aufpassen, damit mir nicht schlecht wird, vielleicht brauche ich einen stabilen Magen. Den Fehler habe ich schon früher gemacht. Ich brauche einen stabilen Magen, solange es geht. Ich möchte vernünftige Entscheidungen treffen.

Bald ist Weihnachten.
Das Cottage schmilzt unter rotem Sporenstaub weniger als zwei Meilen entfernt. Ich habe eine Zeitung zum Lesen und zwei Plastiktüten mit Wäsche, die nach Foresthouse und entfernt nach Erbrochenem stinkt. Die Welt braucht Ordnung. Ich sitze und erstarre auf diesem kalten Fußboden und bin zu faul, mir mehr anzuziehen, blicke mich um, wer mir wohl zusieht.

Die andere Seite des Atlantik.

Es ist zwei Uhr nachmittags im Blue Grass Staat. Sie wird gerade arbeiten/unterrichten/die Fernsehgeneration mit Büchern überschütten. Marianne glaubt an Bücher. Ich auch. Ich stelle mir Marianne in dieser frommen Gegend vor, wie sie von Burns und Shelley erzählt und lacht, wenn einer sie Kommunistin nennt. Marianne ist umgänglich und extrovertiert. Sie geht mit den netten Männern Kanufahren und Zelten und tauscht mit den Frauen Rezepte aus. Sie kommt herum und sieht Klavierspieler in Einkaufszentren. Abends geht sie manchmal mit ihren Kollegen von der Jackson-High-School zu Shoneys oder Jacksons Restaurant und ißt Tacos, Pizza und Rocky Road Eiscreme: an anderen Abenden geht sie allein nach Hause und ißt vor dem Fernseher und sieht die Wiederholungen von *I love Lucy*. Auch dazu macht sie eine gute Miene. Man wird ihr von Eheproblemen erzählen, aufmüpfigen Kindern und phantasierten Affären. Sie ist vertrauenerweckend. Sie sitzt spät mit kurzen Ärmeln auf der Veranda, genießt die Nähe der Nachtluft, den Duft der glühendheißen Erde und Magnolien. Briefeschreiben.
Aber ich gebe mir große Mühe verdammtnochmal.
Ich gebe mir so große Mühe

Andere Leute. Andere Leute interessieren mich. Wie sie zurechtkommen. Es gibt mehrere Möglichkeiten.

1. Sie sind genauso durcheinander wie ich, aber sie zeigen es nicht.
2. Sie wissen nicht, daß sie nicht wissen, was der Sinn der Sache ist.
3. Sie verstehen nicht, daß sie nicht wissen, was der Sinn der Sache ist.
4. Es ist ihnen egal, daß sie nicht wissen, was der Sinn der Sache ist.
5. Sie wissen nicht einmal, daß es irgendwelche Fragen gibt.

Das erste ist zu paranoid. Paranoia ist ein Witz. Ich möchte kein Witz sein. Abgelehnt aus Gründen der Geschmacklosigkeit. Das zweite ist unwahrscheinlich: es basiert auf der unangenehmen Vorstellung, andere Leute schaffen etwas, das ich nicht schaffe. Weil ich als Frau zu angemessener Bescheidenheit neige, verwerfe ich das zweite. Das dritte ist interessant und beneidenswert, aber es führt zu nichts. Man kann kaum etwas *unwissen,* zum Beispiel kann ich die Tatsachen nicht ändern. Das fünfte macht mich einsam und wird aus gleichen Gründen der Bescheidenheit wie Punkt zwei abgelehnt (siehe oben).
Bleibt also Punkt vier.

Der Unterschied liegt darin, ob es dir etwas *ausmacht.* Mir macht die Tatsache etwas aus, daß es keine Antworten gibt und daß daraus ein moralisches Dilemma entsteht. Ich vergesse die verdammten Fragen nie. Sie sind immer da, ich empfinde es als Vorwurf, daß ich noch keine Antworten weiß. Gibt es keine Antworten, gibt es keinen Sinn: absurder Terror. Die Logik zwingt mich, Dinge zu tun, wo die Lust keine Chance hat. Was uns dazu führt

Die Sache hat keinen Sinn, ergo

Es hat womöglich etwas mit der Familie zu tun, deshalb ist womöglich auch meine Mutter schuld. Vielleicht ist es erblich, daß manche Dinge mir etwas ausmachen.

Der Beweis:

1. Meine Großmutter mütterlicherseits starb in einem Feuer. Sie legte ihre Heiratsurkunde, ihre Zähne und das Glasauge in Reih und Glied, bevor sie ins Bett ging und den Heizofen in der Zimmerecke anließ. Die Straße war voll Rauch. Der Untersuchungsrichter sagte, es war ein Unfall. Sie war einundachtzig.
2. Tante Connie nahm eine Überdosis Schmerztabletten. Sie hatte wochenlang das Essen verweigert und war im Krankenhaus auf einen Hirnschlag untersucht worden. Sie hinterließ einen Zettel, auf dem stand, niemand hatte schuld. Sie war achtundsechzig.
3. Meine Tante Iris sprang über ein eisernes Geländer auf die Eisenbahngeleise. Sie trug nur einen Unterrock und ihren Ehering. Die Familie fand es unerklärlich. Sie war achtundfünfzig.
4. Eine meiner Kusinen (ich weiß nicht mehr welche) fuhr mit 70 Stundenkilometern gegen eine Mauer. Niemand durfte die Leiche sehen. Es geschah an ihrem zweiundvierzigsten Geburtstag. Keine verdächtigen Umstände.
5. Meine Mutter ging ins Wasser. Nicht das erste Mal, daß sie es versuchte, aber das ungewöhnlichste Mal. Daran starb sie nicht. Sie kam noch einmal zu sich und hatte dann im Krankenhaus vier Herzanfälle. Auf den Stationen war viel los, bei einem Besuch stand das Bett auf dem Gang. Krankenhäuser haben wenig Geduld mit Selbstmordversuchen. Zwei Tage, nachdem sie wieder zu Hause war, hatte sie noch einen Anfall und stieß sich den Kopf am Kamingitter. Sechs Monate nach ihrem sechsundsechzigsten Geburtstag. Keine verdächtigen Umstände.

Die Männer sind weniger interessant: Thrombosen, Bronchialkrankheiten, Unfälle im Bergbau. Sogar natürliche Ursachen. Bei meinem Vater war es das Saufen. Da heißt es womöglich etwas.

Ich liebäugle mit Selbstmord. Ich liebäugle mit Pillen, der neuen Sammlung in meinem Schrank, für Notfälle. Ich liebäugle mit Scherben und Rasierklingen, Lastwagen und hohen Treppen. Ich liebäugle. Aber ich bin nicht begeistert dabei. Meine Familie hat auf dem Gebiet kein echtes Talent. Immer wenn ich mir ausmale, wie ich es am besten anstelle, bekomme ich gute Laune. Es gibt immerhin einen Ausweg, wenn es zuviel wird. Dieser Widerspruch unterhält mich stundenlang, bis ich glaube, ich werde verrückt. Witz.

Zeit der Entscheidung. Betrachte die Tatsachen.
Heute bin ich achtundzwanzig.
Letztes Jahr war ich siebenundzwanzig.
Dieses Jahr ist es anders.

WEITER

Die Angeklagte ist ängstlich, depressiv, leicht paranoid und leidet an mangelndem Selbstbewußtsein. An allem ist sie selbst schuld, und wieso auch nicht? Die Angeklagte weigert sich, den Sinn der Sache zu begreifen oder zu akzeptieren, was akzeptiert werden muß, obwohl ihr die Tatsachen vorliegen. Sie weiß Bescheid, meine Damen und Herren, aber zwischen Wissen und Wissen, das Verhalten ändert, liegt ein himmelweiter Unterschied.

WEITER

Du kannst nicht aus deinem Kopf. Du kannst den Wagen, der sich selbständig macht/das Karussell/die Lichtgeschwindigkeit/die Sonne/Ebbe und Flut und das Meer nicht aufhalten. Oder den Schnee, was das betrifft. Nichts macht diesen Dingen etwas aus. Sie sind größer als das Individuum.

Frage: Wie viele Psychiater braucht man, um eine Glühbirne zu wechseln?
Antwort: Einen, aber die Glühbirne muß es wollen.

Das ist wesentlich. Die Angeklagte hat Angst vorm Gesundsein. Im Kranksein liegt eine Macht, die sie nur zögernd aufgibt, aus genau dem Grund, weshalb manche Leute verrückt werden. Leute besuchen keine Nichtkranken. Das völlig selbstsüchtige Interesse der Angeklagten am Zustand des Krankseins steht nicht in Frage. Ergo

Die Logik der Geschichte ist

Die Logik der Geschichte

Die Logik ist

Ich mache überall das Licht aus.

Die Knipser unter meinen Fingerspitzen.
Die Vorhänge sind zugezogen, aber dazwischen ein Spalt, der es möglich macht hereinzuschauen, wenn jemand will. Vielleicht will jemand. Ich überlege, ob ich Musik mache, dann überlege ich es mir anders. Gin, soviel ins Glas geht, ist gut. Dann die Papiertüte. Versiegelter Verschluß und ein Watteröllchen. Die Tabletten hinterlassen pudrige Spuren auf den Handflächen. Du sollst etwas schreiben. Traditionsbewußtsein. Ich schreibe mit einer Tablette DANKESCHÖN auf die Dielen, aber es ist unleserlich.

Wenn du es ernst meinst, dann darfst du dir keinen Ausweg lassen. Du nimmst sie alle. Die ganzen verdammten

Prost

Ich habe Geburtstag.

Ich bin achtundzwanzig.
Ich friere in diesem höllischen Wohnzimmer.

Was soll ich tun, wenn ich durchhalte, Marianne? Was soll ich tun?

Es wird kälter.

und jemand klopft
ans Fenster

Es könnte jemand sein, der etwas verkauft
könnte jemand sein, der sich verlaufen hat

Es ist kein Licht an, kein Zeichen, daß ich zu Hause bin.
Wenn ich warte, geht er fort.

Wenn ich aufmache, muß ich annehmen, was es für mich bedeutet.
Daß ich nicht sterben will. Daß ich nicht besonders gern leben will, aber daß ich nicht sterben will.

Es klopft wieder.

Meine Knie knirschen und krümmen sich
zwingen mich zu laufen, als es wieder klopft, lauter. Und meine Hände wählen, ziehen den Vorhang beiseite, bis Atem die Scheibe vernebelt.

Durch die Wolke sieht jemand herein, ein weißes Gesicht auf indigoblauem Grund. Ich brauche nicht genau hinzuschauen. David hält eine Flasche in einer behandschuhten Hand. Er formt Worte gegen das Glas.

Herzlichen Glückwunsch zum Geburtstag.

Das Telefon zählt Sekunden.

Du klingst glücklich. Ich weiß nie, in welcher Stimmung du gerade bist. Was hast du

hast du genommen? Hör mal, kannst du mir etwas schicken? Käse. Käse. Kannst du dir vorstellen, sie haben noch nie etwas von Cheddar gehört? Vielleicht auch Haferkekse. Bist du noch da? Hör mir zu. Ist David da? Laß mich mit David reden. Es ist so gut, dich zu hören, nicht alles zweimal sagen zu müssen. Sie behaupten immer, sie verstehen nicht, was ich sage

bist du noch da?
Es ist so gut, deine Stimme zu hören.

Die Verbindung blubbert und rülpst wie ein Fisch. Marianne lacht.

ooo

Davids Handschuh auf dem Treppengeländer.

Eisfarne am Fenster. Durch das Blattwerk ist immer noch ein rosa Spielzeug zwischen den weißen Gräsern zu sehen. Ich habe bei jedem Wetter immer Wäsche draußen gelassen, tagelang. Einmal kam ein kleines Mädchen von nebenan an den Zaun, linste herüber und beobachtete mich. Sie gab immerzu diesen Singsang von sich – Lady Lady –, sang und rückte etwas gegen den Maschendraht, während ich die Sachen aufhing, Hemden, Jeans, Kleidungsstücke, die nicht verrieten, daß ich allein war. Als ich beim letzten Hemd angekommen war, rief jemand nach ihr, und sie ließ einfach das Spielzeug fallen und lief. Es fiel auf meine Seite des Zauns. Immer noch da: der rosa Fisch mit blauen Flossen taucht auf zwischen aufgeworfener Erde. Das einzige farbige Ding draußen. Der Frost zeigt seine malerische Seite.

Samstag
Der Tag nach meinem Geburtstag.
Bald ist Weihnachten.

Ich bewege mich durch ein Haus voll abwesender Geräusche. Der Becher Tee warm in meinem Hals. Seidenpapierfetzen, leere Gläser, Plattenhüllen, Fotos im ganzen Laden verstreut. Laden Laden Laden mein Gott. Ich muß arbeiten gehen. Tony wird da sein. Könnte ein Dutzend halber Entschuldigungen und Ausreden von mir geben, aber sie verschleiern nur die eigentliche Tatsache. Ich muß gehen. Ich muß ihm ins Gesicht sehen. Sieh mal, jeder macht einen Fehler. Jedem passiert so etwas. Du solltest dir Fehler zubilligen und sie nicht überbewerten. Nur weil vergangene Woche
weil er
nur weil

Der Trick ist, nicht denken. Tu einfach was, verdammtnochmal.

ooo

Tony lächelt butterweich, als ich an den Schalter komme, aber er sagt nicht viel. Wir sind alle sehr beschäftigt, wenigstens tun wir so. Allan ist stark erkältet, und ihm ist elend. Macht nichts, sagt er, es kann nur besser werden. Ich runzle die Stirn, und er lächelt durch sein Taschentuch. Eigentlich müßte er es besser wissen. Er sagt, er hat einmal einen Mann gekannt, der von seiner Frau verlassen wurde, und am selben Tag starb seine Mutter. Eine Woche später hatte er einen Herzanfall, und im Krankenhaus stellten sie fest, daß er auch Diabetes hatte. Allan besuchte ihn im Krankenhaus, um ihn aufzumuntern. Macht nichts, sagte er, es kann nur besser werden. Am selben Abend brannte das Haus des Mannes ab. Seitdem ist Allan vorsichtig bei weisen Sprüchen.

Tony lacht mit, als ich lache. Wir vergessen, wo wir sind. Er sagt, ich soll mit ihm die Wettkarten abrechnen. Allan ist beschäftigt. Im Hinterzimmer umarmt er mich und versucht mich gegen die Wand zu drücken. Ich schaue ihm ins Gesicht, aber nicht lange genug, entwinde mich seinem Arm.

Nicht, sage ich beschämt. Ein Flüstern. Ich weiß nicht einmal, ob er mich hört. Als ich Tee koche, steht er in der Zimmerecke und beobachtet mich, knabbert Schokolade.

Immer noch zu dünn, sagt er und faßt mit der Hand nach meiner Hüfte. Als ich seine Hand wegschiebe, beugt er sich über mich und hält mir das stumpfe Ende der Schokolade vor den Mund. Ich bin abweisend, bis ich mein Geld bekomme, dann laufe ich. Ich fühle die Scheine in meiner Hand und sehe sie mir an. Ein Extrafünfer.

Liebe Joy,
Ich sehe mir bei Heidi im Fernsehen die Thanksgiving-Parade an. Es ist entsetzlich. Es gibt eine 25 Meter hohe Olivia-Öl-Puppe. Draußen regnet es, um das Bild zu vervollständigen. Heidi ist restlos begeistert: sie liebt Thanksgiving. Sie hat mich schon mit Melone mit Käse, Puter mit Maisbrot und Preiselbeersoße, zwei Sorten Squash und drei Sorten Kartoffeln und gebratenen Okra gefüttert. Sie war beleidigt, weil ich meinen Kürbiskuchen nicht aufessen konnte. Jedesmal, wenn sie auf dem Sofa herumwackelt, denke ich, mir wird schlecht. Sie meint es bestimmt gut.
Dein Geschenk ist unterwegs
Alles liebe Mxxxxx

Ellen lacht, als sie die Karte liest. Wir erzählen uns gegenseitig, was wir übers Wochenende unternommen haben. Ich berichte ihr von David und der Fahrt über die Autobahn, der Kneipe, mache die Geschichte so sentimental wie möglich. Ellen mag sentimentale Geschichten, wenigstens sieht es so aus. Genau weiß ich es nie. Sie lädt mich zu Weihnachten ein, und ich sage vielleicht, verspreche nichts. Ich sitze da, bis es spät ist, und schaue ins Feuer, während sie strickt und sagt, ich soll bleiben. Sie gibt mir Mariannes Bademantel und Mariannes Pantoffeln. Ich liege in Mariannes Bett, die warme Milch, die mir ihre Mutter gemacht hat, bekommt eine Haut. Als Ellen fest schläft, gehe ich zur Toilette im Treppenhaus und gieße die lauwarme Milch ins Waschbecken. Ritzen zwischen den Dielen, und das große Haus knarrt im Gebälk. Im Treppenhausfenster verheißt der Himmel die kommende Woche, die Woche darauf. Dieses große Haus oben auf dem Berg. Sieh mal, Mama, freihändig. Drei Badezimmer, du großer Gott. Nachts kühlt es gehörig aus.

> Entscheidungen sollten nicht länger aufgeschoben werden. Sie können es gar nicht erwarten, etwas hinter sich zu lassen; vielleicht kleiden Sie sich neu ein oder steuern exotische Ziele an. Aber kann Ihr Portemonnaie diese Belastung verkraften? Überdenken Sie lieber alles doppelt und dreifach, bevor Sie in diesem Monat etwas unternehmen. Genießen Sie in Maßen!

Die Mannequins sehen komisch aus. Als ich das Titelblatt betrachte, weiß ich wieso. Typisch für Marianne, eine neun Jahre alte Zeitung unterm Bett zu haben. Ihr Spiegel glitzert, als ich mich umdrehe. Buckel unterm Federbett mit Rosenbezug. Der Buckel bewegt sich, wenn ich mich bewege. Ich überlege, wie spät es in Kentucky ist, ob Marianne auch wach ist. Ich betrachte die Nacht über Mariannes Spiegel, der sich gelegentlich bewegt. Es gibt mich noch.

ooo

Bei TESCO gibt es Berge von roten und grünen Knallbonbons, Hängekörbe voll Walnüsse und Mandeln, winzige kernlose Clementinen, Weihnachtskakteen, Plastikgrünzeug. Ich wühle in den Äpfeln, Birnen und Zwiebeln, Apfelsinen und Zitronen, Resten von herbstlichen Kürbissen, hake die Liste der Zutaten aus Ellens Kochbuch ab. Dörrobst, Zitronat, drei Sorten Zucker und Malzessig. Nelken und Muskat. Bin versucht zu prassen angesichts der Plumpuddings und Adventsstiefel für unsere vierbeinigen Freunde, Luxus – Knallbonbons, du großer Gott. DIESES WEIH-

NACHTSFEST WIRD DAS ALLERBESTE! auf jeder Titelseite steht dasselbe.

Das Telefon läutet unerhört, während ich mir nachmittags in die Finger schneide und meine Nägel abreibe. Zitronensaft beißt in den Wunden und tropft aufs Linoleum. Im Radio Fischer von den Shetland Inseln. Saft sickert in Zucker wie Wasser in Sand. Ein paar Äpfel und Zwiebeln bleiben übrig, zwei überreife Tomaten. Von den Zwiebeln bekomme ich Sodbrennen.

Die Liebenden, kopfunter.
Die Welt.
Der Einsiedler.
Stärke. Die zweite der vier Tugenden.
Ich kann nur raten.

Das Telefon läutet spät.

TELEFON:	[Männerstimme. Amerikanischer Akzent] Hallo. Ich wußte, du bist noch auf.
ICH:	Wer ist da? Mit wem spreche ich?
TELEFON:	Na, rate mal, Rätst du nicht? Ich bins.
ICH:	Nein, ich rate es nicht. Wer ist dort? David?
TELEFON:	Wer zum Teufel ist David? [Die Stimme ändert sich abrupt] Nein, hier spricht kein verdammter David. Ich bins, Tony.
ICH:	[Erleichtert, daß es nicht irgendein Spanner ist] Natürlich. Hallo, Tony. Aha.
TELEFON:	Hallo. Kann ich mir denken. David. Wer ist dieser David?
ICH:	Nur ein Freund. Früherer Schüler. Was willst du?
TONY:	[Wieder zahm] Wie geht es dir in dieser lieblichen Nacht?
ICH:	[Irritiert] Okay. Wieso rufst du an? Es ist nach zwölf.

TONY: Das ist doch nicht spät. Die Nacht ist jung. Du klingst komisch. Habe ich dich aus dem Bett geholt.

ICH: [spitz] Ja.

TONY: Kein Problem. Was hast du an?

ICH: Hör mal, Tony, was willst du?

TONY: Nichts, nichts. Langsam. Kein Grund zur Aufregung. Wollte nur deine Stimme hören/wissen wie es dir geht/was du in dieser schönen Nacht machst/ ob ich vorbeikommen kann. Ich bin nur eine Meile entfernt, eine Telefonzelle. Bin in einer Minute da.

ICH: [deutlich] Aber ich bin im Bett, Tony. Ich bin müde.

TONY: Wenn ich da bin, bist du nicht mehr müde. Ich habe eine Flasche Champagner und dein Geburtstagsgeschenk dabei. Etwas Hübsches für eine hübsche Lady.

ICH: Hör mal, Tony. Ich bin müde. Ich gehe wieder ins Bett.

TONY: Um so besser. Laß die Tür angelehnt und geh nach oben. Du wirst kaum merken, wenn ich komme.

ICH: [zögernd] Hast du getrunken?

TONY: Ein bißchen. [Männliches Kichern] Gerade so viel, daß ich an dich denke. Ich möchte dich mit diesem Armband sehen. Laß mich zu dir, und du probierst es an, na?

ICH: Tony, ich bin müde. Nein.

TONY: [Pause] Was hast du gesagt?

ICH: [Neuer Versuch] Nein.

TONY: Was heißt das, NEIN? NEIN? Mach kein Theater. Los. Ich bin gleich da.

ICH: NEIN. Ich meine es ernst. Ich gehe jetzt ins Bett und schlafe. Ich sehe dich im Laden. Ruf mich nicht mehr an.

TONY:	Was heißt das verdammtnochmal, nein? Stell dich nicht an.
ICH:	Ich meine NEIN, Tony.
TONY:	Los mach schon, *OKAY*?
ICH:	NEIN. Ich hänge ein, wenn du nicht aufhörst.
TONY:	[Pause] Hör doch nur
ICH:	Ich meine es ernst.
TONY:	OKAY OKAY. Ich habs verstanden. [Geräusch wie Federplustern]
ICH:	Bis nächste Woche, *OKAY*? [Pause] OKAY

Das Telefon schnurrt.

Klebrige Füße auf dem Küchenfußboden. Ich mache im Dunkeln Tee, gieße das Wasser nach Gefühl in die Tasse. Ich bin von draußen zu gut zu sehen, wenn Licht ist. Ich weiß nicht, woher er angerufen hat. Ich prüfe jedenfalls, ob Türen und Fenster geschlossen sind. Zwölf Deckel liegen golden im Straßenlicht neben den abkühlenden Orangenmarmeladengläsern.

Die gewundene Straße führt in einen dichten Wald. Etwas versteckt sich im Wald: Ich höre es atmen. Unter dem Vollmond fällt die Straße hinter uns ab wie ein verlorenes Band. Es gibt keinen Weg zurück.

Er hält meine Hand, während wir über den Zaun auf die Felder sehen. Ich weiß, daß jemand hier beerdigt liegt, aber er darf es nie wissen, nie herausfinden. Sein Profil, die Haarlocke auf dem Kragen. Im Mondschein sind seine Zähne unnatürlich lang, seine Augen hell. Sein Griff

schmerzt. Jemand liegt in diesem purpurroten Feld begraben. Ich bin die einzige, die es weiß. Michaels Griff wird härter, und mein Arm ist steif.
Ich habe Angst, er ahnt etwas.

Mein Hals ist auch steif.
Bald geht die Sonne über dem Berg auf und es wird zum Reden zu spät sein. Mein Mund kann sich dann nicht mehr öffnen. Der Himmel hat rosa Flecken. Ich weiß plötzlich nicht mehr, ob es wirklich Michael ist. Ob er wirklich da ist.

Über meine leeren Hände läuft etwas Nasses. Er ist nicht

Sein ferner Rücken verschmilzt
mit dem Wald.

ooo

Es ist keine Milch da. Nur ein Paket weichgewordener Kekse, die alles im Küchenschrank feucht machen. Ich gieße schwarzen Tee in die Kanne und stecke den Tauchsieder ein, als Schritte auf der Veranda zu hören sind. Ich in meinem übergroßen Hemd mit bloßen Beinen lasse fast die Tasse fallen. Meine Augen sind rot, meine Haare fettig und meine Zehennägel abgesplittert. Und jemand steht vor der Tür. Lieber Gott, bitte, laß es keinen Mann sein.
Die Schritte kommen wieder, und die Tür wird aufgestoßen. Ich stehe hilflos in einem Riesenhemd auf dem Teppich und beobachte

Paul.
Paul schiebt sich
rückwärts
durch die Tür
mit einem Karton in den Armen.

Groß und dünn und zu schön, um wahr zu sein. Pauls Entgegenkommen über den Teppich. Daß er mich schon in so einem schrecklichen Zustand kennt, ist kein Trost.

Das ist für dich gekommen, sagt er und läßt den Karton auf den Boden plumpsen.

Sein Gesicht verrät nichts. Am Griff ein Zettel mit meiner Handschrift, die Adresse auf dem Zettel ist eindeutig in meiner Handschrift. Völlig normale Handschrift. Paul zeigt mir, daß eine Seite des Kartons geplatzt und neu verklebt ist:

gestempelt ZOLLAMT DOVER. Es lag nicht an ihm, daß der Karton geplatzt ist. Das ZOLLAMT DOVER übernimmt die Verantwortung.

Ich lächle tapfer.

Danke fürs Bringen.

Das sagt man sonst zum Paketboten / Polizist / Essensdienst. Er merkt nichts oder sagt nichts dazu.

Keine Ursache. Hör mal. Er schaut auf seine Uhr. Ich muß mich beeilen.

Ach, du hast doch sicher Zeit für einen Kaffee. Ich setzte einen auf. Es klingt wie Werbung, aber er nimmt an.

Solange es schnell geht. Nur einen.

Er kommt nicht mit mir in die Küche. Ich weiß, er will keine Tuchfühlung, und das deprimiert mich. Der Klang seiner Füße auf den bloßen Dielen ist peinlich. Das Haus ist ein Chaos. Zu Essen gibt es nur weiche Kekse und Chutney, einen Tag alte Orangenmarmelade.

Vielleicht besser doch nicht.

Seine Stimme dringt durch die Wand.

Oh? Ich habe nicht genug Stimme, um laut zu schreien, und er hört mich nicht richtig, also weiß er nicht, ob ich ihn gehört habe. Er kommt an die Küchentür, um es zu wiederholen. So sind wir uns näher. Unsere Stimmen werden leise, fast Geflüster. So klingen wir freundlicher.

Besser nicht, danke. Er zieht die Schultern hoch. Beste Manieren.

Oh? sage ich. Mein Lid juckt auf dem Augapfel. Schwere

zwischen den Wimpern wie Schlaf macht mich müde. Auf der Stelle hinlegen und

Nein, sagt er. Sollte nach Hause. Viel zu tun.

Oh, sage ich. Sonst fällt mir nichts ein.

Gleichzeitig sagen wir: Naja. Hoppla. Betretenes Lächeln. Ich habe kaum noch Zeit.

Wie geht es dir denn? sage ich.

Gut. Gut. Er schafft es, cool zu bleiben, höflich. Wie gehts dir?

Ich komme zurecht. Ich komme zurecht.

Wir bewegen uns und atmen übertrieben ruhig, als horchten wir auf etwas in weiter Ferne.

Hör mal, möchtest du, daß ich dir die Sachen nach oben trage? Es sind Sachen aus Spanien. Hm. Wenn du willst, kann ich dableiben, wenn du auspackst.

Ich sage: Nein, es geht schon. Ich komme schon zurecht.

Bestimmt? Kommst du damit klar? Bestimmt?

Ja, ja. Bestimmt. Es geht gut. Ich will ihm die Wahrheit sagen. Es sind nur meine Sachen. Seine habe ich damals alle mitgebracht. Nur meine Sachen.

Oh, sagt er.

Er sieht aufs Linoleum.

Ich vermute, wenn ich nichts sage, wird er lockerer. Ich habe unrecht. Er dreht sich um und sieht bedeutungsvoll zur Tür.

Ich gehe besser.

Kein Kaffee?

Wirklich nein, besser nicht.

Trotzdem bleibt er bewegungslos zwischen Tür und Angel. Jedesmal wenn ich Paul treffe, ist es so: vieles bleibt ungesagt. Ich soll raten. Wenn ich direkt werde, erschrickt er und läuft weg. Ich weiß nicht, was er

Dich seh ich in letzter Zeit überhaupt nicht mehr, sage ich.

Er sieht aus, als hätte ich ihn geschlagen. Unser beider Benehmen wird steifer.

EXLIEBSTER: Nein. Ich bin... mhm... ziemlich beschäftigt.

[Lange Pause]

WRACK: So. Du willst los.

EX: Jawohl. [Wirft lässig die Schlüssel in der Hand hoch]

WRACK: Naja. [Pause. Draußen vor dem Fenster ruft jemand HUUHUU. EX atmet tief durch. WRACK überschreitet die Grenze der Diskretion] Kann ich dich etwas fragen? Ich weiß nie, was ich nicht zu dir sagen darf? Kann ich dich etwas fragen? [Denkt an die Zeiten, wo sie gesagt haben, sie blieben immer Freunde, und wie hoffnungsvoll es damals klang. Verstehe den Unterschied nicht.]

EX: [Gespielte Verwirrung] Klar. Klar. [Denkt an die Zeiten, wo sie gesagt haben, sie blieben immer Freunde, und wie naiv sie damals waren. Verstehe nicht, warum sie das nicht versteht]. Was du willst.

WRACK: [Frontalangriff] Gehts dir gut? Bist du glücklich?

EX: [Denkt eine Sekunde nach. Versucht ruhig zu erscheinen, während er panisch überlegt und sein Blick glasig wird] Ganz glücklich.

WRACK: [Spuckt noch mehr aus] Ich frage mich, wie es dir wohl geht. Du kommst nie vorbei. Mache ich etwas falsch? Gib mir einen Tip. Soll ich lieber so tun, als… Ich weiß nicht. Wie soll ich mich bei dir verhalten?

EX: [Seufzt] Nein. Das ist es nicht.

WRACK: Ich kann mit dir nicht mehr reden. Ich habe Angst, das ist genau, was du willst. Kann ich dich anfassen? [Gefühl, als zerbreche Glas] Ich will nur deinen Arm anfassen. Mir ist so, als würde ich dich nicht wiedersehen.

EX: [Errötet und sieht zu Boden] Sei nicht dumm. Sicher siehst du mich wieder. [Beide wissen, daß es nicht wahr ist, aber keiner darf es aussprechen. Sie müssen das Spiel zu Ende spielen. Alles andere wäre unfein].

WRACK: [Wie Wachs] Ja. Wie ist denn deine neue Wohnung?

EX: Genau das Richtige. Toll. Würde dir gefallen.

WRACK: Ich mochte die alte. Du hast nicht gesagt, wann du umgezogen bist. Ich hätte sie gern nochmal gesehen.

EX: Habe nicht dran gedacht.

WRACK: Nein. [Bedeutungsvolle Pause. Hat Angst, ihr Gesicht zerbricht]

EX: Na dann.

[Der Kessel im anderen Zimmer jault und stellt sich selbst ab. Sie stehen jetzt an der Haustür: er hat den Rückzug angetreten, und sie verfolgt]

WRACK: [Heldenhafte Anstrengung] Ich habe gehört, man darf gratulieren. [Schwaches Lächeln überzieht das Gesicht und erstarrt. Regungslos].

EX: Was? [Errötet bis an die Haarwurzeln. Reißt mit der Schuhspitze Loch in Teppich] Hoppla. Guck mal. Hoppla.

WRACK: Darf ich dir nicht gratulieren? [Lächeln wird sogar breiter. Umfaßt seine Hand. Wie warm und empfänglich]

EX: Klar. Sicher.

WRACK: Wißt ihr schon wann?

EX: Nein. Noch nicht. Hm. [Sieht sich suchend nach Ablenkung um. Die es nicht gibt] Also ich muß los. Der Wagen wartet. Ich habe den Stuhl von deiner Mutter mitgebracht. Den du aus der alten

Wohnung haben wolltest. Den habe ich mitgebracht. Ich gehe ihn holen.

WRACK: [Schreit fast, aber das Lächeln kommt ihr in die Quere]
Gut.

[Pause. Keiner von beiden rührt sich. Er friert mit dem Rücken zu ihr, blockiert den Eingang; sie starrt zu Boden]

Sag, du bist glücklich.

EX: [Bleibt im Eingang stehen. Dreht ihr die ganze Zeit den Rücken zu] Ich heirate bald.

WRACK: JA.

EX: Ich weiß, was ich tu. Mir gehts gut.

WRACK: Gut. [Weiß, daß er furchtbar lügt] Ich wollte es nur wissen.

EX: Joy. [Pause] Hör jetzt damit auf. Du brauchst dir um mich keine Sorgen mehr zu machen. [Geht hinaus]

Der Eiswagen fährt draußen vor und spielt *Raindrops Keep Falling on My Head.* Ich warte unten an der Treppe, während Paul sich mit dem Korbstuhl meiner Mutter abmüht.
Wohin damit? sagt er und kann nichts sehen.
Egal. Wohin du willst.
Er stellt ihn auf den Teppich, und es ist kaum noch Platz.
Viel Glück, sage ich. Ich wünsche euch beiden Glück.
Ich höre ihn schniefen, aber ich schaue weiter zu Boden.

Der Karton, den er dagelassen hat. Der Korbstuhl.
Das Geräusch des Wagens im falschen Gang, wieder Schalten, Motorstottern fort woandershin: die Straße hinten entlang, die Hauptstraße, die Autobahn und gottweißwohin.
Badeanzüge und Handtücher, Kleider, ein Wörterbuch.

Schreien wäre gut. Aber ich schreie nie. Ich kann es aufschreiben, aber das mache ich nie, tatsächlich nie. Los. Die

Faust schlaff gegen die gelbe Wand: Verputz drückt weich gegen meine Hand, dann hart, innendrin winziger Steinschlag, wimmelt wie Ratten. Meine Stirn an der verputzten Wand hinterläßt einen Fleck. Niemand ist da, und das Haus ist voll Lärm. Keiner würde merken, wenn ich, wenn ich einfach meinen Mund öffne und. Nur schreien. Lungen arbeiten, Singen steigt mir in den Hals, mein Pulsschlag in die Schläfen. Wie ich stöhne, wenn ich

nur ich und
wie hieß er noch

also schreie ich, verdammtnochmal.

Ich schreie

Es ist kalt.
Kichern von nebenan.
Schmerzende Glieder, Langeweile vor Bewegungslosigkeit.
Man kann nicht lange an einer Stelle stehen. Banaler menschlicher Drang zu pinkeln. Der Körper setzt um und verarbeitet. Er tut, was er kann.

ICH WERDE RAT ANNEHMEN UND MIR MEHR MÜHE GEBEN.
AUSDAUER IST ALLES.
JE MEHR ETWAS WEH TUT, DESTO MEHR KANN ICH DARAUS LERNEN.

Das Krankenhaus erwartet mich um halb fünf. Vier Stunden.

ooo

Bürsten und Schraubenzieher klirren, als ich nach dem Schlüssel greife. Die Tür ist nach der langen Zeit nicht so klebrig wie vermutet. Aber so viele Zeitungen: großer Stapel unerwünschter Kram direkt hinter der Tür. Ich weiß nicht, wie ich diese Sachen abbestelle.

Ich schließe mich ein, gehe weiter in die feuchte und pfeffrige Höhle: Pilzduft. Das Cottage verwandelt sich in einen Salat.

Farbkombinationen. Die Vorhänge passen noch zur Tapete, aber schmutziger. Die Fenster sind monatelang nicht geöffnet worden. Ich ziehe ein Buch aus dem von mir weiß gestrichenen Regal, blättere und sehe Schlimmstes. Mehltau und kriechende Nässe, Schimmel und Fäulnis. Der Sessel ist kalt bis ins Mark. Eine alte Zeitung steht erstarrt im Zeitungsständer, und das Telefonkabel kriecht die Wand entlang.

HOME SWEET HOME

Ein Deckchen überm Kamin. Ich ziehe die Umrisse mit dem Finger nach. Geschenk von Marianne am Tag des Einzugs. Ein Witz. Wir haben im Badezimmer gesessen und Wein getrunken und die ganze Tapete abgerissen.
Das Radio ist in der Tasche mit dem Nachtzeug. Ein bißchen Musik, bevor ich die Tür öffne zum Rest der Räume und allem, was da mittlerweile sonst noch ist. Das Erste Programm bringt Golden Oldies. *Blue Suede Shoes,* so laut es ohne Dröhnen geht. Elvis kommt mit mir.
Ich drücke die Klinke herunter. Sehe hinein.

Paprikapuder umstäubt meine Schuhspitze. Weiter drinnen sind die Glasschiebetüren des Schranks verstopft, das gleiche ziegelrote Puder auf den Fußleisten. Und auf dem Türsturz zum Badezimmer bewegt sich etwas.

Ein flachschirmiger Pilz, feuchte Perlen glitzern in der Krause an der Unterseite, weil es hier drin so dunkel ist. Ich schwöre, er dreht sich um, als er mich kommen hört. Meine Hand ertastet in der Tasche Papierstreifen und Kaugummihüllen, dann den hart umrissenen Griff. Im Wohnzimmer ist Elvis höflich aggressiv. Die Schraubenzieherspitze verfängt sich in der Taschenecke und rutscht nach draußen. Meine Hand hebt sich so hoch wie der Pilzschirm. Ich sehe, wie der Stiel sich leicht in den Schirm bohrt, sich mit schwachem Klicken dreht. Der Pilz schlittert der Länge nach am Metall entlang, hebt sich dann und fällt, dreht sich einmal auf dem Teppich, bevor er ruhig daliegt. Küchenpilze verstecken sich an der Fußleiste und über der Türleibung. Heute sind sie sicher, aber viel länger nicht. Ich lasse den Schraubenzieher auf dem Teppich und mache kehrt. Elvis geht beschwingt direkt zu *Hound Dog* über.

Die Schlafzimmertür ist in Ordnung, aber überall sonst ist es glitschig. Tapete löst sich und schlägt mitten in den Bahnen Beulen. Egal, ich reiße zwei Streifen bis zur Fußleiste restlos herunter, mache absichtlich ein Chaos. Die Kleider im Schrank riechen wie nasse Hunde. Ich hebe seinen Morgenmantel auf und wickle den Hammer und das übrige Werkzeug ein. Die Trockenblumen und der Nippes, die Bücher neben dem Bett sind beschichtet. Briefe auf dem Kleiderschrank ringeln sich im Gummiband.

Elvis ist völlig fertig, als ich fertig bin. Ich drehe die Discomusik ab und gehe durch die Hintertür davon, gehe im Bogen zur Bushaltestelle, wo früher die Leute von draußen in mein Haus sahen. Auf der anderen Straßenseite stellt der Zeitungshändler die Tafeln mit den Nachmittagsschlagzeilen auf. Er steigt geübt mit den Tafeln auf eine Leiter. Er winkt her und überlegt, wo er mich schon einmal gesehen hat.

Übrigens, ich winke zurück.

ooo

Vier Straßen laufen aus den umgebenden Feldern zusammen. Foresthouse liegt oben auf den Bergen. Du kannst es meilenweit sehen. Die Windschutzscheibe umfängt es weit, während ich gebeugt auf der Plattform stehe.

Besuchen Sie wen? Jemand krank?

Die Schaffnerin ist redselig. Ich sage ja, jemand krank.

Jemand Nahes? Ich sage nein. Nur eine Freundin.

Sie nimmt mir kein Fahrgeld ab.

Die plötzliche Übelkeit überrascht mich. Ich atme tief und nehme die trockne Luft und den kränklichen Mief auf dem Gang wie etwas Neues wahr. Adern pochen auf den Wangen nach dem Draußensein. Diese Treppe ist endlos.

Ros spricht beim Chop-suey die ganze Zeit die Rs wie Ls aus und macht dazu Schlitzaugen. Sie ist ganz depressiv. Bramwell kommt heute abend nicht. Vielleicht ist er sie leid.

Bramwell? frage ich. Bramwell?

Die ganze Zeit habe ich nicht gewußt, wie ihr Freund heißt.

Huuhuu.

Sean platzt strahlend in den Tagesraum. Eine Topfpflanze wedelt über blickdichtem Tagesraumnebel, gelbe Chrysanthemen. Ich lasse mein Strickzeug fallen und sehe die Nadeln auf den Teppich purzeln, die Reihe alter Frauen auf- und abschwappen wie Köpfe auf dem Wasser.

Huuhuu.

Mrs. Morrison winkt Sean wieder zu. Ist das dein Mann, Schätzchen?

Ich sage nein, er gehört einer anderen.

Als wir allein sind, wissen wir nicht, was wir reden sollen, und befingern die Pflanze. Ich frage, ob er einen Witz weiß. Er erzählt gern Witze: nie sehr gute, aber ich will, daß Sean Witze erzählt. Ich frage ihn, wie viele Psychiater man braucht, um eine Glühbirne zu wechseln, und er kennt ihn schon.

Ich sehe zu, wie er lacht, und halte die Pflanze fest.

Später spüre ich nicht, wie die Pillen runterrutschen.
Ich spüre gar nichts.

ooo

Nancy kommt gutgelaunt und früh zur Beschäftigungstherapie, ihre letzte Veranstaltung, bevor sie Frau March wird. Wir nennen sie aber immer noch Nancy. Heute gehen wir nach unten und drucken in der Druckerei Party-Einladungen. Janey und Phil sammeln blaufärbende Buchstaben und schieben sie in die hölzernen Leisten. Sie waren schon mal hier. Nancy weiß genau, wozu ich gut bin.

Du bist Lehrerin, du kannst gut buchstabieren. Du bleibst hier und kontrollierst, ob die Rechtschreibung stimmt, wenn sie die Buchstaben setzen.

Phil erzählt mir, er war in der Schule nicht gut in Englisch. Er war in der Schule nirgends gut.

Ich warte, während sie alles zusammenstellen, und begreife gar nichts. Alles steht rückwärts und auf dem Kopf. Ich vermute, das soll so sein, aber ich sehe den Sinn nicht. Nancy findet mich lästig.

John nimmt den Buchstabenblock und sucht chamoisgelbes Papier aus. Nancy findet das dumm.

Doch nicht diese Farbe. Die ist für diese Jahreszeit vollkommen falsch. Findest du nicht? Finde ich schon. Rot ist am besten, aber wir haben kein Rot. Rot wegen Weihnachten. Weihnachtseinladungen, verstehst du? Aber Rot ist nicht da. Hier wird nämlich geklaut. Letzte Woche war noch reichlich Rot da. Nimm Rosa. Das ist am ähnlichsten. Nimm Rosa. Sie sind doch nicht für einen Männerabend bestimmt?

John fängt an und druckt auf Rosa. Einer der Buchstaben steht falsch herum, aber das stört niemanden. Janey und Phil fangen einen neuen Druckstock an. Kathy will gar nichts tun und ist eingeschnappt. Nancy findet, sie ist faul, und Kathy nennt Nancy eine dumme Kuh. Alle schauen auf.

John kichert nervös und ist dann still. Einen schrecklichen Augenblick ist völlige Stille, dann schreit Nancy. Sie hat genug. Gee-nugg. Ihr Mund zittert. Und keiner von uns ist so anständig und gibt ihr eine Karte.

Janey redet auf dem Weg nach oben ununterbrochen und ist sich dessen auch bewußt. Nebeneffekt eines Mittels, das sie ausprobiert. Wenn das nicht hilft, bekommt sie Elektroschocks. 1D macht zu Weihnachten einen Basar, braucht Extraeinnahmen. Mina ist dafür zuständig. Deshalb zieht Nancy so ein Gesicht. Janey würde sich nicht wundern, wenn sie aus Bosheit bei der Beschäftigungstherapie die Restepuppenstrickerinnen und das Badesalzkomitee sabotiert. In Beschäftigungstherapie wird nie etwas für den Weihnachtsbasar gebastelt. Nie machen wir etwas Sinnvolles in Beschäftigungstherapie. Nie machen wir etwas Nettes.

Nassim kommt unter dem Vorwand vorbei, uns rauszuschicken, eigentlich aber um mitzumachen. Er hält gern ein Schwätzchen mit den Mädchen. Ros kommt und setzt sich auf Isas Bett: sie kichern wie Mädchen hinterm Fahrradschuppen. Isa ist neu.

Ros sagt: Ärger dich nicht über den Weihnachtsmarkt. Rate was?

Sie darf Weihnachten nach Hause. Wir turteln wie die Tauben, und Isa reicht Black Magic herum. Ich halte die Schachtel und schwanke wohlwissend, nichts zu nehmen ist schlechter Stil. Ich reiße mich zusammen und nehme die Paranuß mit Schokolade. Ohne Vorwarnung wirbelt Janey herum und kommt mir mit ihrem Gesicht zu nah.

Du magst uns nicht oder?

Ich gucke nur. Ich weiß nicht, was ich sonst tun soll.

Hältst dich für besser als die anderen wie? Hältst dich für besser als mich. He? Verfluchte Lehrerin. Verflucht nochmal.

ICH WILL RAT ANNEHMEN UND MIR MEHR MÜHE GEBEN.
AUSDAUER IST ALLES.
JE MEHR ETWAS WEH TUT, DESTO MEHR KANN ICH DARAUS LERNEN.

Wiederhole zweimal nach jeder Mahlzeit.

JEDER HAT MAL EINEN SCHLECHTEN TAG.
DU KANNST NIEMANDEN ZWINGEN, DICH SO ZU LIEBEN,
DASS DU LEBENDIG WIRST.
WAS SICH LOHNT, IST IMMER HART.

Ich rede endlos mit mir, und es ist mir egal.

ooo

Feiern Sie DAS BESTE WEIHNACHTEN Ihres Lebens!
Überall im Krankenhaus liegen Zeitungen. In allen steht dasselbe.
Feiern Sie DAS BESTE WEIHNACHTEN Ihres Lebens!

Geschenkvorschläge für den Mann meines Lebens, Spiele für die Kinder, Rezepte für den BESTEN KUCHEN Ihres Lebens, Tips, wie die Gans tranchiert wird (machen Sie es dieses Jahr einmal anders). Neue Verpackungen für besondere Gaben, wie man den großen Tag streßfrei begeht, hübscher Baumschmuck, der ewig hält und einst zum kostbaren Erbstück wird. Ein Fernsehfestvergnügen kommt auf mich zu. Ich mache die Bekanntschaft wärmender Winterlieblingsgarderobe. Was Sie für den PARTY-Punch vorrätig haben müssen, die flottesten neuen Frisuren, Abendmake-up, Tricks für feurige Augen, Lippen, denen jeder unterm Mistelzweig begegnen möchte, was mir die Weihnachtskarten sagen, ob ich noch gefragt bin.

> Liebe Kathy,
> Bitte hilf mir. Immer wenn ich an die bevorstehenden Feiertage denke, bekomme ich es mit der Angst zu tun. Ich bin seit Anfang des Jahres im Ruhestand, kurz nach der Hochzeit meiner jüngsten Tochter. Das Alleinleben (ich bin geschieden) hat mir eine Zeitlang gefallen. Aber der Gedanke an Weihnachten und Neujahr macht mich

Liebe Kathy,
Ich bin eine alleinerziehende Mutter und arbeitslos. Darüber mache ich mir sonst keine übermäßigen Gedanken, nehme das Leben, wie es kommt (habe genug Sorgen). Aber Weihnachten ist besonders schwierig. Mein Ex-Ehemann will die Kinder bei sich haben und kann ihnen kaufen, was

KATHY SCHREIBT

Oje, wie belastet ein Frohes Weihnachtsfest sein kann: und das ist nur eine kleine Auswahl aus meinem Postsack! Betrachten wir die ganze Sache einen Augenblick genauer. Betrachten wir den Sinn dieser Zeit gegenseitigen Wohlwollens. Denn darum geht es. Und das wird zu leicht in dieser extremen Konsum-, Fernseh- und Kaufhauswelt vergessen. Die beste Methode, mehr aus der Weihnachtszeit zu machen, ist, ihr wieder ihren ursprünglichen Sinn zu geben. Warum besuchen Sie an Weihnachten nicht einfach ein Heim oder Krankenhaus? Sie brauchen nichts mitzubringen: nur Zeit und ein freundliches Lächeln. Oft wünscht sich ein Kind nur deshalb ein üppiges Geschenk, weil es sich etwas wünscht, das es das Jahr über von Ihnen nicht bekommt. Mehr Beachtung vielleicht oder einfach nur ein bißchen Spaß mit Ihnen. Lassen Sie sie mitmachen: Christbaumschmuckbasteln, Weihnachtsliedersingen, ein Schneespaziergang kosten nichts und bringen mehr echte Freude als Spielzeug, das bald entzweigeht (und obendrein häufig teuer ist). Wie wär's mit einer selbstgemachten Überraschung in einem hübschen Weihnachtsstiefel oder einem Brief vom Weihnachtsmann? Ein kleines Zeichen, mit Liebe geschenkt, selbst eine aufrichtige Umarmung und ein Kuß sind – ganz offensichtlich – Ihren Lieben mehr wert. An die anderen denken. Das ist der Trick, der Ihr Weihnachtsfest fröhlich macht.

Dies ist Ihr Geburtstagsmonat, also sehen Sie lebhaften Veränderungen entgegen, die sich am Horizont abzeichnen. Es gibt reichlich Überraschungen, nicht nur angenehme, aber bestimmt anregende. Geben Sie sich einmal dem Chaos hin!

Ich möchte bereit sein, wenn die Überraschungen kommen. Ich muß lernen, mich ohne Zaudern ins beängstigende Chaos zu stürzen.

Liebe Kathy,
Mein Philodendron (bis vor wenigen Monaten völlig gesund) wird ganz orange und verwelkt aus keinem ersichtlichen

WAS WIRD AUS DEN GEBROCHENEN HERZEN? Geschichten, die Ihr Herz zu Weihnachten höher schlagen lassen.

Ich muß aufhören, die verfluchten Zeitungen zu lesen.

Ich träume
eine weiße Bank, kaltes Metall von unten gegen meinen Rücken. Wir berühren uns nicht. Mir ist unwohl. Motorengeräusch dringt durch meine Schuhsohlen, und hinter den Wänden stampft die See.

Seine Stimme oben klingt hohl.
Er muß jetzt gehen. Er wird versuchen mich bald wiederzusehen, aber wann ist ungewiß. Seine Frau ist irgendwo an Bord. Berührung ist riskant.

Aber ich habe Angst davor, dich nie wiederzusehen: was geschieht, wenn ich dich nie wiedersehe?
Er sagt Schsch, führt einen Finger an die Lippen. Schsch.

Mein Kopf füllt sich mit platzenden Blasen.

Es ist etwas Schreckliches geschehen.
Ich kann mir nicht denken was.

Ich greife nach seiner Hand, und er ist nicht mehr da. In der Ferne zergeht sein Rücken in der namenlosen Menge. Ich rufe, und er hält inne. Er dreht sich langsam um.

Sein Mund ist ein weites O, Augen zum Himmel geöffnet.
Niemand sonst sieht es, und ich merke, daß es gar nicht da ist. Ich bin ganz allein auf dem Schiff, das durch fremdes Wasser stampft. Das Motorengeräusch füllt meine Ohren.

ooo

Isa weint. Sie hat Ihre Entspannungskassette verloren.

JEDER HAT MAL EINEN SCHLECHTEN TAG.
ALLES ZU SEINER ZEIT HEISST IMMER LANGSAM.
WAS SICH WIRKLICH LOHNT IST IMMER HART.

Das sage ich Isa, und sie hört zu. Nassim platzt schlechtgelaunt in die Therapiestunde. Jemand ist mich besuchen gekommen, und nie bin ich, wo ich sein soll. Ob ich Besuch nicht mag? Wir sollten uns freuen. Er haßt es hier.

Tut mir leid, sage ich. Tut mir leid, daß die Arbeit so schrecklich ist.
Er sagt, ich soll nicht frech werden.

Frank wartet schüchtern hinten im Flur in seiner Lederjacke und Halstuch. So schüchtern habe ich ihn noch nie gesehen. Er reicht mir eine Schachtel Pralinen, bevor er etwas sagt.

Ich habe den Brief bekommen, sagt er. Was willst du besprechen?

Ich sage, alles mögliche. Wie ist die Schule? und er sagt: Das weißt du doch, genau wie immer.

Die Kaffeemaschine klappert im Flur, verstreut Teelöffel. Ich habe auf Frank gewartet, aber jetzt, wo er da ist, fällt mir der Anfang schwer. Ich kenne ihn nicht: nur zufällige Begegnungen im Lehrerzimmer.

Hör mal, sagte er, müssen wir über die Arbeit sprechen. Das ist verdammt langweilig.

Das hilft. Ich lächle und sage Nein. Rede einfach mit mir. Was du willst.

Was denn? sagt er und sieht hoch.

Irgendwas. Ich weiß was. Verreisen.

Einfach so. Aber als ich es ausspreche, weiß ich, es ist genau das Richtige. Verreisen wäre gut. Frank ist Pole, vielleicht kennt er sich mit dem Verreisen aus. Du mußt einfach losfahren. Ganz einfach. Tu es einfach. Denk nicht daran, ob du genug Geld hast. Ich lache, und er sagt, er weiß, wo ich damit anfangen kann. Sean ist befördert worden, und bei der Arbeit gibts ein Fest.

Fahr hin, sagt er. Fang groß an. Nein wirklich. Du solltest kommen.

Ich sehe ihn genau an, falls es ein Witz sein soll.

Ich meine es ernst, sagt er. Komm. Beweise einfach, daß du nicht plemplem bist. Die Hälfte von ihnen denkt vermutlich, du verbringst die meiste Zeit in der Zwangsjacke. Sie wissen es nicht besser. Komm und rede mit den Leuten.

Ich werde darüber nachdenken.

Nein, sagt er, denk nicht darüber nach. Komm. Tu es einfach.

Auf dem Weg hinaus hält er an, sieht sich um.

Ich bin trotzdem überrascht. All das hier.

Alles was?

Das hier. Dieser Ort und alles. Als du von hier geschrieben hast. So habe ich es mir nicht vorgestellt. Ich dachte, du hast mehr auszuhalten als das hier.

Darüber denke ich nach, als er fort ist.

Vielleicht ist an mir weniger dran, als viele denken.

Ich träume *wir zerfallen.*

Michael flüstert, ich soll niemandem unser Geheimnis erzählen. Er tut nur so. Wir können uns immer in diesem verfallenen Gebäude treffen, aber ich darf es nicht erzählen. Der Mann berührt meinen Arm, aber er sieht nicht wie Michael aus. Als ich genau hinsehe, merke ich, sein Mund ist anders. Ich frage, wann ich auch sterben kann, und er lacht. Es ist ja nur ein Witz. Immer muß ich aus diesen Träumen erwachen und weiß, er ist schließlich richtig tot. Er lacht beim Sprechen. Es ist ja nur ein Witz.

ooo

Eine Karte von Marianne mit einer Pute als Aufkleber für meinen Schrank.

Laß dich nicht von den Puten unterkriegen.

Ich behalte die Karte und gebe die Pute Isa. Sie braucht sie mehr als ich.

Dr. Zwei taucht pünktlich auf, aber ich lächle nicht.

So, sagt er, wie geht es Ihnen?

Ich zögere und sage: Wie geht es *Ihnen*?

Er spielt nicht mit. Er fragt mich wieder, wie es mir geht.

Wie sehe ich aus?

Er sagt, ich sehe gut aus. Ich sage: Dann fühle ich mich auch gut/okay/den Umständen entsprechend. Ich lächle nicht.

Wie war das lange Wochenende?

Ich sage, gut/okay/den Umständen entsprechend.

Er vermutet einen Witz.

Ich sage: Ja, ich mache Witze, aber er ist immer noch verunsichert.

Wie geht es Ihnen wirklich?

Ich sage gut/okay/den Umständen entsprechend. Wirklich und wahrhaftig. Dann lächle ich. Ich scherze. Darauf hat er nur gewartet.

Noch ein langes Wochenende, meint er, dann zu Weihnachten entlassen. Was meine ich dazu?

Ich reagiere wie erwartet.

ooo

Liebe Marianne,
Dein Geschenk ist heute morgen angekommen. Ich weiß, Du hast es bestimmt gekauft, damit ich es hier trage, aber das werde ich doch nicht. Am Ende riecht es noch nach Krankenhaus. Jedenfalls, in einem roten Bademantel habe ich hier garantiert nur Ärger, so kurz vor Weihnachten.

Ich gehe in vierzehn Tagen auf ein Fest. Sean ist befördert worden. Ich verspreche, nicht mit den Augen zu rollen, zu sabbern oder mit den Fingern zu essen. Vielleicht fällt mir etwas Originelleres ein. David ist unsicher, ob die Idee gut ist, aber ich muß anfangen, allein etwas zu unternehmen. Warum also nicht jetzt? Die Psychiatrie veranstaltet nächste Woche ein Weihnachtsliedersingen. Ich lege eine Karte bei. Sie haben mir zehn Stück gegeben, aber ich wußte niemanden, der eine kauft. Neun muß ich zurückgeben und spende statt dessen Mince Pies. Die kann ich in der Beschäftigungstherapie machen. Ich habe allen, die mich besucht haben, geschrieben, daß ich von nun an die meiste Zeit zu Hause bin. Die Erlaubnis dazu habe ich nicht, aber ich bin fest entschlossen. Und ich habe ein Maklerbüro beauftragt, das Cottage zu verkaufen. Ich weiß nicht, ob die Entscheidung gut und richtig ist. Ich treffe die Entscheidung einfach. Das ist ein Fortschritt. Ich versuche mir nicht den Kopf zu zerbrechen, ob ich Fehler mache.

PS Deine Mutter hat mich zu Weihnachten eingeladen. Sie wird versuchen mich zu füttern, bis ich platze. HILFE.

Ich schreibe *In Liebe*. Ich unterschreibe.

ooo

Neun Briefumschläge hinter der Tür.
Eine verspätete Geburtstagskarte von Sam, fünf Weihnachtskarten. Eine ist nicht für mich. Das HAFENZOLLAMT DOVER nimmt den gesamten Teppich in Beschlag. Ich balanciere am Rand entlang zur Küche, lasse die Briefe fallen.

1. Am Montag ein Termin beim Makler.
2. Ein Einspruch der Leute von der Ferienversicherung, Fahrkartenabschnitte, eine Taxiquittung.

Das Telefon läutet, und David ist dran, will wissen, wie es mir geht. Er lernt für die Prüfungen und kann erst am Sonntag kommen. Ich sage: Natürlich. Toll. Komm, wenn du kannst.

Oh?

Er ist unsicher, wie ich mich anhöre. Ich lache wie ein kleines Mädchen: bringe immer noch dieses Lachen dazwischen.

Ja sage ich. Mir gehts gut. Du brauchst dir um mich keine Sorgen zu machen.

Ich weiß, sagt er. Ich weiß.

Als er gerade einhängen will, lasse ich es heraus.

Hör mal, du brauchst mich da nicht mehr zu besuchen. Ich werde wohl bald entlassen. Danke für… Einfach danke. Und hänge schnell ein. Er denkt sicher, ich bin verrückt.

Draußen läuft ein großer weißer Kater über die Zaunspitzen, tappt vorsichtig auf die Latten, den Schwanz so gerade wie eine Luftballonschnur. Auf halbem Weg macht er halt und sieht nach unten. Keine Chance. Er blickt nach vorn und geht weiter.

Mhairi kommt auf die Minute pünktlich. Farbe im Haar und hinter den Fingernägeln.

Vielleicht hätte ich saubermachen sollen, sagt sie. Neuer Stein usw.

Sie kann die merkwürdigsten Dinge sagen. Keiner von uns will Kaffee. Wir steigen ins Auto und fahren Meilen.

Der Friedhof liegt in einem weiten Tal, die Berge auf beiden Seiten mit erleuchteten Häusern und Kühen besprenkelt. Als wir ankommen, ist Zwielicht und wir können die Tiere nicht deutlich erkennen. Wir hören sie sich bewegen. Die Häuser leuchten in Reihen. Wir müssen an -zig Reihen vorbei, bis wir zum neuen Feld kommen. Erster in einem neuen Abschnitt. Eine Zeitlang war er hier allein: jetzt sind vier dazugekommen. Der Stein ist schwarz mit weißen Buchstaben, nur der Name und die Daten. Anfang und Ende: beides bekannte Größen.

Ich rechne. Neun Jahre zwischen uns: mein Geburtstag hat den Abstand verkürzt. Es bedeutet auch, daß ich ihn eines Tages überholen werde. Das ausgestochene Viereck im Rasen ist noch sichtbar, aber es heilt. Ich denke an ihn dort unten, aber ich fühle nicht viel. Über mir sammeln sich Wolken: Staub ballt sich am Himmel zu einem schmutzigen Knäuel. Ich habe vergessen, Handschuhe mitzunehmen. Der Wind peitscht und packt Mhairis Blumen, bläst sie übers Gras, einzelne Stengel Schleierkraut. Sie läuft ihnen nach und sammelt sie ein, beschwert sie mit einem Stein. Gemeinsam gehen wir an den marmornen Grabsteinen vorüber, zittern. Ich bin hier und Michael nicht. Ich möchte aus der Kälte fort.

ooo

Sam lehnt wartend an der Tür, als wir zurückkommen. Hat seine Prüfungen hinter sich. Mhairi wird munter und sagt, wir gehen etwas trinken. Sie geht nie in die Kneipe, aber diesmal macht sie eine Ausnahme. Sam folgt auf dem Fahrrad. Sie kennt sich nicht aus, und wir landen irgendwo Seltsames. Früher Freitagabend. Das Lokal ist voll Männer, die mit ihren Kollegen das Wochenende begießen, Lederjacken und offene Hemden, todschick. Vereinzelte Frauen sitzen in den Ecken und rücken ihr Dekolleté zurecht, Schmuck blitzt im Mief. Happy Hour: Pina Colada und Midori Smoothie kosten die Hälfte. Wir müssen gegen den Discomischmasch aus der Musikbox anschreien: nur etwas trinken, sonst nichts. Etwas Normales um Gottes willen. Mhairi verzieht das Gesicht angesichts ihres Biers. Sie fühlt sich hier auch nicht wohl. Ich kippe den Gin, versuche nicht panisch zu wirken, als wollte ich nur fort. Dann fällt mir im Rauch etwas auf, eine bekannte Gestalt am Chromgeländer um die Theke.
Norma Fisher.

Ich fröstele und taste sie mit meinen Blicken ab.
Unter den Lampen sind ihre Pupillen rot, sie weiß, etwas stimmt nicht, aber sie weiß nicht was. Sie trägt auch Schwarz: dünner und eine neue Frisur. Hält den Glaskelch, als wollte sie ihn mit einer Hand zerbrechen. Jemand ruft ihr etwas ins Ohr, und der Kopf neigt sich, suchender Blick, wer wohl die Fußspuren auf ihrem Grab hinterlassen hat. Hypnotisiert wie ein Kaninchen im Scheinwerferlicht. Hörte sie mir so zu, als ich anrief, die Telefonzelle in Heathrow, als ich auf den Flug nach Glasgow wartete und schrie, damit sie mich hörte. Damals hat sie nicht eingehängt. Aber jetzt bin ich machtlos. Ich begreife zum erstenmal, daß ich vor Norma Fisher Angst habe, daß womöglich auch sie vor mir Angst hat.

Mhairi schubst mich am Arm.
Sie hat ausgetrunken und möchte gehen. Als die Platte auf-

hört, stellt Sam sein Glas mit einem Ruck hin, an diesen Ort voller Leute, die wissen, sie reden zu laut, und so tun, als wäre es ihnen gleich. Und Norma dreht sich um.
Unsere Blicke küssen sich und zerbrechen.
Sonst nichts.
Die Sache hat keinen Sinn. Norma Fisher kann mich auch nicht so lieben, daß ich lebendig werde. Ich muß sie in Ruhe lassen. Sam versucht meinen Arm zu nehmen, aber ich schiebe ihn fort und gehe allein hinaus, die Absätze tot im dichten rosa Plüsch.
Kopf hoch, hoch. Tu es einfach. Handle.

Sam fährt mich nach Hause.
Wir drücken uns vor der Tür herum, ich schaffe es nicht, ihm durch den Helm einen Gutenachtkuß zu geben. Statt dessen presse ich seine Hand. Seine Hand ist ein großer Handschuh. Im Losfahren schiebt er das Visier hoch und spitzt die Lippen wie ein Wels. Er mag es, wenn ich lache.

Die Nacht, bevor er starb, gingen wir am Meer entlang.
Der Rückweg führte an einem Waldrand vorbei, einem Gebüsch. Sieh mal, sagt er. Sieh mal. Lichter gehen an und aus.
Glühwürmchen.
Perlen auf einem leuchtenden Faden.

Wir kamen zurück und setzten uns ans Schwimmbecken, sahen hinaus, tranken etwas. Jemand schwamm, zerschnitt mühelos wie ein Hai die feste schwarze Wasserhaut. Er sagte, du bist sehr still, und ich zuckte die Achseln. Es gab nichts zu sagen.

Billiger Brandy in gläsernen Liegestühlen. Wir schauten übers Schwimmbecken, und die weißen Arme des Schwimmers dort hoben sich und versanken vor uns, gerade noch sichtbar im Dunkeln.

Das Zelt unter den Bäumen.
Wir lagen nebeneinander und berührten uns nicht, weil es so heiß war. Morgens liebten wir uns, und ich weinte. Nichts Alltägliches, aber es geschah manchmal. Dann wuschen wir uns an der Wasserstelle, machten uns fürs Schwimmbad fertig. Ich trug ein Taschenbuch und drei Sorten Sonnencreme. Vorsichtig, wie ich war, paßte ich auf, damit ich keinen Sonnenbrand bekam. Sein Samen quellte in mir, als ich mich aufs Handtuch rollte. Sein Mund berührte meinen Hals, dann wurde der Schatten länger, bewegte sich fort in die Sonne.

Ich gehe schwimmen.

Die Schritte gleichmäßig, als er ging.

ooo

Dampf.
Das Badezimmer im Nebel. Ich weiche bis zum Hals ein, dann schrubbe ich meine Haut wund, spüle nach und wasche meine Haare. Zweimal. Mit einer Schneiderschere stelle ich mich vor den Spiegel und schneide mir die Haare kurz. Fransig. Ich färbe sie purpurrot mit Haarfarbe, die ich vor Urzeiten gekauft und nie gebraucht habe. Während die Farbe wirkt, benutze ich die Schere, um meine Nägel zu schneiden. Ich färbe meine Augenbrauen schwarz. Morgen

lasse ich mir Ohrlöcher stechen, zwei an einer Seite. Ich werde David zu Tode erschrecken.
Allan ruft Tony, obwohl ich ihn bitte, es nicht zu tun. Am anderen Ende der Leitung höre ich den Laden ohne mich arbeiten, jemand klimpert draußen wartend mit Kleingeld. Die Telefonzelle ist eiskalt. Tony stößt mit seiner Uhr an den Hörer und hustet. Er klingt besorgt.

Allan sagt, du kommst heute nicht, alles okay? Ist alles in Ordnung?
Ich erkläre ihm, mir geht es gut und er braucht sich keine Sorgen zu machen. Nichts Bedeutendes. Er will wissen, ob ich nächste Woche vorbeikomme, sie brauchen mich unbedingt nächste Woche. Ich erkläre, er kann mit mir rechnen, und er klingt erleichtert. Er bleibt noch eine Weile am Apparat und hustet. Ich muß zuerst einhängen.

Ein Haufen Kleider auf dem Küchenfußboden.
Ich weiche sie in kleinen Mengen im Waschbecken ein, verstreue Waschpulver. Meine Hände werden rauh, aber ich wasche weiter. Ich wasche den ganzen Tag: rubble Stoff gegeneinander, wringe Fasern aus, befreie alles vom Foresthousegestank. Ich nehme Waschpulver und Eau de Cologne und wasche alles doppelt, bis meine Hände wie gegart sind und meine Finger schrumpeln. Sieh an. Die Haut sieht an meinen Handgelenken ganz durchsichtig aus, wie Zellophan. Du kannst die Arterien darunter sehen. Ich hänge die saubere Wäsche draußen in der frostigen Luft auf, damit sie noch frischer wird. Der rosa Plastikfisch liegt immer noch zwischen Unrat und hohem Gras. Er quiekt, als ich ihn hochhebe und zur anderen Seite durchschiebe.

HAFENZOLLAMT DOVER läßt sich leicht mittendurch teilen. Riecht nach Bäumen und Sonnenöl, Aftershave, vermodertem Stoff. Die Gegenstände sind nur vage wiederzuerkennen: ein Rock mit Punkten, gemusterte T-Shirts, dünne kleine Streifen Unterwäsche und schlechte Bücher. Ich mache aus allem außer der Sonnenbrille und einem Hemd einen zweiten Haufen, behalte dann doch noch eins der T-Shirts. Alles übrige kommt zurück in den geplatzten Karton, ein ordentliches Paket. Auf dem Weg zum Mülleimer wird mir vom Geruch schwindlig. Hat mit mir nichts mehr zu tun.

Ich wechsle die Bettwäsche und fege die Dielen. Ich schüttle die Teppiche aus. Mit dem Handfeger entferne ich die Spinnweben oben in den Ecken, ich nehme die Vorhänge ab. Ich putze alle Fenster und reibe sie mit Zeitungspapier nach, damit sie sauber werden. Es ist im Handumdrehen spät, und ich muß mich beeilen.

Nur fünf Minuten.
Die Schwester am Empfang ist mißtrauisch, aber Dr. Stead ist für mich zu sprechen: Nur fünf Minuten. Ich erkläre ihm, ich komme bald aus dem Krankenhaus, und für ihn scheint es kein Wunder zu sein. Er hat es zwar für einen Fehler gehalten, aber vielleicht wars doch keiner. Er sagt, es macht ihm nichts aus, wenn er nicht recht behält. Als ich frage, wie es ihm geht, sagt er, er plant auszuwandern. In Neuseeland werden Ärzte noch gut behandelt und das Klima ist auch besser. Ich sage ihm, er hat bestimmt recht. Die beiden Gläser Marmelade machen ihn verlegen, aber das ist mir egal.

Die Läden sind voller Kuchen und Zuckerguß und Mince Pies mit Plastikstechpalmenzweigen. Weiße Rüben und Mandarinen. Ich kaufe eine Flasche Whisky (in Weihnachtsverpackung), und an der Kasse stehen sauber gestapelt Christbaumlichter. Billig. Kleine Feenkerzen mit Frostglimmer. In einem Artikel über Depressionen habe ich gelesen, du sollst dir selbst etwas Gutes tun: unterbrich den Alltagstrott / verwöhn dich ein bißchen. Der kleine Junge im Einkaufswagen vor mir beobachtet, wie unentschlossen ich bin, verschmiert sich den Mund mit einem schmelzenden Schokoladenriegel. Ich schaue noch einmal auf den Preis und denke, was solls.

ooo

Die Heizung ächzt unsicher. Das ganze Haus bebt.
Diese Dielen sind entsetzlich. Vielleicht sollte ich einen Teppich aus dem Cottage holen, damit die Wärme drinnen bleibt. Jetzt habe ich den Whisky.

Der Whisky. Die Christbaumlichter. Kleine Extras. Ich hole mir ein Glas, bevor ich mich hinsetze, dann öffne ich die Geschenke der Reihe nach. Eins nach dem anderen. Die Schachtel mit der Lichterkette verstreut Glimmer vorn über meine Jeans und auf den Teppich. Sehr festlich. Aber ich muß den Stecker vom Plattenspieler herausziehen, um sie auszuprobieren. Ein Schluck Whisky, dann ein erwartungsvoller Schritt zurück. Sie funktioniert auf Anhieb. Schönes Rosa und Grün, Gelb und Blau, der Glimmer auf den Schirmchen funkelt. Ich drehe mich zum Fenster und sehe das Hausinnere gespenstisch gegen das Schwarz draußen gespiegelt: die gelben Wände brodeln vor Farbe.

Kein Radio.
Ich brauche einen Augenblick, bis mir einfällt, daß ich es im Cottage gelassen habe, neben der Flurtür. Dort ist es sicher dunkel. Die abgerissene Tapete, die von den Schlafzimmerwänden hängt. Ich kann jederzeit den schlimmsten sichtbaren Schaden beseitigen, die Tapete ganz abreißen und die Wände abwaschen, die Türen aufsperren und frische Winterluft hereinlassen. Ich kann auch alle Fenster offen lassen: dort gibts nichts zu stehlen. Ich kann die Fensterrahmen wieder weißen, mir einen Schal über Mund und Nase binden und die Teppichfliesen im Flur hochnehmen. Ich mache Listen. Was in der nächsten Woche alles getan werden muß. In der Woche darauf.

Danach.

Morgen.
David kommt. Vielleicht besuche ich Ellen.

Aber heute abend habe ich kein Radio.

Ich finde den Walkman und sehe meine Kassetten durch. Ein bißchen Debussy. Ich lege das Band ein, setze den Kopfhörer auf. Das rote Lämpchen blutet. Es knackt in den Ohren, und mein Atem kommt als weißer Kringel. So kalt, es schneit vielleicht. Ich könnte das Federbett holen. Christbaumlichter werfen Farben auf die Wand, und Whisky spült mich innen ganz weit, als
die Musik kommt.

Die Lichter und diese Töne.

Vielleicht

Vielleicht könnte ich schwimmen lernen.

Noch ein Schluck, ich stelle mir die See vor. Mit langen Armstößen durch das ruhige Wasser. Ich bin nackt, Haar lang wie eine Flosse das blasse Rückgrat entlang, geschmeidig wie ein Fisch, das weiße Profil gegen schwarze Wellen, schnappe nach Luft.

Eine leichte seichte Phantasie.

Schatten in der Zimmerecke verraten mich. Ich bin unbeholfen, keine geborene Schwimmerin. Aber ich kann darüber lesen, mir Rat holen. Irgendwo habe ich gelesen, der Trick ist, einfach weiteratmen, begreifen, es ist eigentlich ganz natürlich. Es heißt, Übung ist alles.

Ich trinke noch einen Schluck Whisky, drehe mit dem Finger an der Lautstärke. Wellen rieseln durch die Kopfhörer. Und noch etwas.
Die menschliche Stimme. Ich höre und sehe die bunten Lichter, die wie Seeanemonen die Zimmerdecke fächeln, bis die Musik vorbei ist.
Klicken und Schwirren, und das Band ist abgespult.

Die Stimme ist noch da.

Ich verzeihe dir.

Ich höre es ganz deutlich, meine eigene Stimme im leeren Haus.

Ich verzeihe dir.

Niemand braucht zu wissen, daß ich es gesagt habe. Niemand braucht es zu wissen.

Das Band spult ins Leere weiter. In den Kopfhörern höre ich Ebbe und Flut, die Brandung in meinen Lungen. Greif nach der Flasche. Sieh die Lichter.

Doris Lessing

Das goldene Notizbuch
Roman
Fischer Sonderausgabe
634 Seiten. Broschur und Fischer Taschenbuch
Band 5396

Afrikanische Tragödie
Roman. 240 Seiten. Geb. und Fischer Taschenbuch
Band 5747

Anweisung für einen Abstieg zur Hölle
Roman. 287 Seiten. Leinen und Fischer Taschenbuch
Band 5397

Die Memoiren einer Überlebenden
Roman. 227 Seiten. Leinen und Fischer Taschenbuch
Band 5202

Mit leiser, persönlicher Stimme
Essays. 223 Seiten. Broschur und Fischer Taschenbuch
Band 10705

Die Terroristin
Roman. 460 Seiten. Leinen und Fischer Taschenbuch
Band 9259

Shikasta
Canopus im Argos Archive. Betr.: Kolonisierter Planet 5
Roman. 519 Seiten. Leinen und Fischer Taschenbuch
Band 9146

Die Ehen zwischen den Zonen Drei, Vier und Fünf
Canopus im Argos: Archive II
Roman. 302 Seiten. Leinen und Fischer Taschenbuch
Band 9147

Die sirianischen Versuche
Canopus im Argos: Archive III
Roman. 367 Seiten. Leinen und Fischer Taschenbuch
Band 9148

Die Entstehung des Repräsentanten für Planet 8
Canopus im Argos: Archive IV
Roman. 181 Seiten. Leinen und Fischer Taschenbuch
Band 9149

Die sentimentalen Agenten im Reich der Volyen
Canopus im Argos: Archive V
Roman. 230 Seiten. Leinen und Fischer Taschenbuch
Band 9150

Fischer Taschenbuch Verlag

fi 148/11

Nobelpreis für Literatur 1991

Nadine Gordimer

Anlaß zu lieben
Roman
456 Seiten. Leinen und Fischer Taschenbuch Band 5948

Der Besitzer
Roman. 335 Seiten. Leinen und als Fischer Taschenbuch Band 10708

Burgers Tochter
Roman
446 Seiten. Geb. und Fischer Taschenbuch Band 5721

Clowns im Glück
Erzählungen
Fischer Taschenbuch Band 5722

Der Ehrengast
Roman. 869 Seiten. Broschur und als Fischer Taschenbuch Band 9558

Ein Spiel der Natur
Roman. 535 Seiten. Leinen und als Fischer Taschenbuch Band 11298

Eine Stadt der Toten, eine Stadt der Lebenden
Eine Novelle und zehn Erzählungen
315 Seiten. Leinen und Fischer Taschenbuch Band 5083

Etwas da draußen
Erzählung
Fischer Bibliothek
143 Seiten. Geb.

Entzauberung
Roman. 504 Seiten. Broschur und als Fischer Taschenbuch Band 2231

Fremdling unter Fremden
Roman. Band 5723

Gutes Klima, nette Nachbarn
Sieben Erzählungen
Fischer Bibliothek
144 Seiten. Geb.

Julys Leute
Roman. 207 Seiten. Geb. Fischer Bibliothek und Fischer Taschenbuch Band 5902

Die endgültige Safari
Erzählungen. 317 Seiten. Leinen. S. Fischer

Die Geschichte meines Sohnes
Roman. 320 Seiten. Leinen. S. Fischer

Leben im Interregnum
Essays zu Politik und Literatur
288 Seiten. Leinen
S. Fischer

Fischer Taschenbuch Verlag

fi 161/15

»In Zukunft wird man Djuna Barnes zu den ganz wenigen rechnen müssen, die die Welt mit Weltliteratur zu erhalten suchen.«

Peter Hamm

Djuna Barnes

Ladies Almanach

Aus dem Amerikanischen von Karin Kersten. Band 10337

Im Jahre 1928 machte in den Bohème-Kreisen von Paris ein »Almanach« Furore, verfaßt und illustriert von einer »Lady of Fashion«. Daß sich dahinter die Autorin Djuna Barnes verbarg und der Almanach eine Persiflage auf den berühmten lesbischen Zirkel der Amerikanerin Natalie Clifford Barney war, sprach sich schnell herum.

Leidenschaft

Neun Erzählungen

Aus dem Amerikanischen von Karin Kersten. Band 10338

Die neun Erzählungen dieser Sammlung, 1923 unter dem lapidaren Titel »A Book« erschienen, begründeten den Ruhm der amerikanischen Schriftstellerin. Es sind Portraits von Menschen, die nicht die allgemeine Kontaktunfähigkeit, sondern ihre Individualität voneinander trennt.

New York

Geschichten und Reportagen aus einer Metropole

Aus dem Amerikanischen von Karin Kersten. Band 10339

Reportagen und Geschichten der berühmten amerikanischen Autorin aus den zwanziger Jahren. Ein unentbehrlicher Führer für alle, die das heutige New York kennenlernen und verstehen wollen.

Saturnalien

Zwölf Erzählungen

Aus dem Amerikanischen von Karin Kersten. Band 10340

»Ich liebe die Kirchen, wenn gerade eine Braut hineingeht oder eine Leiche herauskommt.« Sätze wie diese charakterisieren den Gesprächston und die abgründige Atmosphäre zwischen den Figuren, die Djuna Barnes in den zwölf Erzählungen dieses Bandes vorführt.

Fischer Taschenbuch Verlag

fi 1549 / 2

Jayne Anne Phillips

Das himmlische Tier

Short-Stories, 255 Seiten, geb. und als Fischer Taschenbuch Band 5169

»Jayne Anne Phillips' Sprachgebrauch ist äußerst sinnlich. Bei ihr wird die Gassensprache zur Poesie, an der Grenze zum Surrealismus schwebend ...
Ob sie ein Kind beschreibt, das dem Wind zuhört oder Liebende, die im Drogenrausch gemeinsam baden, immer hat sie die Fähigkeit, uns zur tiefsten körperlichen Empfindung zu bringen. Sie kann schreiben: mit der größten Schlichtheit und mit metaphorischer Könnerschaft.
Diese Prosa geht unter die Haut.«

Times Literary Supplement

Maschinenträume

Roman. 504 Seiten, geb. und als Fischer Taschenbuch Band 9199

Ein Familienroman von großer Intensität, der den Einfluß zweier Kriege, des Zweiten Weltkrieges und des Vietnamkrieges, auf das Leben in einer amerikanischen Kleinstadt wiedergibt.

Überholspur

Short-Stories, 192 Seiten, geb. und als Fischer Taschenbuch Band 10172

Mit der Erzählungssammlung *Black Tickets* wurde Jayne Anne Phillips in den USA berühmt. Die Literaturkritik bescheinigte ihr bereits bei diesem Debüt, eine Meisterin dieser amerikanischsten aller Kunstformen zu sein: der Short-Story.

S. Fischer

fi 135/6

Bobbie Ann Mason

Geboren in Amerika
Roman
Aus dem Amerikanischen von Harald Goland
331 Seiten. Leinen. S. Fischer
und Band 9505

Liebesleben
Erzählungen
Aus dem Amerikanischen von Hannah Harders
327 Seiten. Geb. S. Fischer
und Band 11643

Shiloh und andere Geschichten
Erzählungen
Aus dem Amerikanischen von Harald Goland
320 Seiten. Leinen. S. Fischer
und Band 5460

Spence und Lila
Aus dem Amerikanischen von Hannah Harders
176 Seiten. Geb. Fischer Bibliothek

S. Fischer

fi 430 / 2

Das Leben ist herzzerreißend

Vierunddreißig Erzählungen

Herausgegeben von Ursula Köhler
Band 10825

»Das Leben ist herzzerreißend« – dieser Satz könnte, so oder ähnlich formuliert, in beinahe jeder der hier versammelten Erzählungen stehen. In seiner starken Gefühlsbetontheit ist es ein zutiefst weiblicher Satz. Mehr als dreißig Texte von Autorinnen aus den verschiedensten Ländern beschreiben Frauenleben und spezifisch weibliche Erfahrungen, zeigen den weiblichen Blick auf das eigene Ich und die Welt: sie stehen für rund ein Jahrhundert weiblicher Erzähltradition.

Kate Chopin · Virginia Woolf · Katherine Mansfield
Djuna Barnes · Jean Rhys · Elizabeth Bowen · Marie
Luise Kaschnitz · Marguerite Yourcenar · Luise Rinser
Marguerite Duras · Elsa Morante · Doris Lessing
Ilse Aichinger · Grace Paley · Nadine Gordimer
Clarice Lispector · Ingeborg Bachmann · Alice Munro
Sylvia Plath · Susan Sontag · Dacia Maraini
Margaret Atwood · Danièle Sallenave · Brigitte Kronauer
Monika Maron · Bobbie Ann Mason · Cristina Peri Rossi
Pierrette Fleutiaux · Helen Garner · Mary Flanagan
Keri Hulme · Katja Lange-Müller · Jayne Anne Phillips
Jamaica Kincaid

fi 1590 / 1

Russell Hoban
Kleinzeit

Roman. Aus dem Englischen von Joachim Kalka
Band 11418

»Kleinzeit« ist die Geschichte einer Krise, dargestellt als verrücktes Puzzle. An einem Tag wie jeder andere wird Kleinzeit, 45, Angestellter einer Werbeagentur und »Jedermann«, gefeuert, weil sein TV-Spot für Bonzo Zahnpasta nicht gefiel, und wegen eines befremdlichen Dauerschmerzes zur Beobachtung ins Krankenhaus eingeliefert. Völlig seiner normalen Wirklichkeit entrückt, gerät Kleinzeit an die Ränder seiner Existenz und erfährt eine Unterwelt des Bewußtseins in einer phantastisch-allegorischen Bilderfolge. Einziger Lichtblick für Kleinzeit im Krankenhaus: die schöne Nachtschwester. Kleinzeit verliebt sich in sie und findet in ihrer Wohnung einen zweiten Zufluchtsort. Zwischen Krankenhaus, U-Bahnschacht und den beiden Wohnungen hin und her kreuzend, erlebt Kleinzeit eine Mystery-Tour durch sämtliche Bereiche und Gründe seiner Existenz, durch physische und metaphysische Welten. Dabei kommuniziert alles und jedes mit allem und jedem, die Personen, die Dinge, die Naturerscheinungen mit den Motivationen, Erinnerungen und Gefühlen – mit Gott und dem Tod. Alles schwirrt nur so vor Anspielungen, aufblitzenden Bedeutsamkeiten, frecher Ironie in diesem witzigen philosophischen Slapstick auf den Zeitgeist und unseren hellen Wahnsinn.

Fischer Taschenbuch Verlag

fi 1150 / 3

B.S. Johnson

Christie Malrys Doppelte Buchführung

Roman. Aus dem Englischen von Michael Walter
Band 11370

Christie Malry, »ein einfacher junger Mann«, der zu Geld kommen, wenigstens sein Glück machen will und dies erst als Lehrling bei einer Bank, dann als Buchhalter in einer Süßwarenfabrik – vergeblich – versucht, erkennt eines Tages die überragende Bedeutung der Doppelten Buchführung für sein Leben. Er wird ein Konto ganz besonderer Art eröffnen: auf der linken Seite werden die empfangenen Belästigungen, auf der rechten Seite die entsprechenden Entschädigungen verbucht. Aber die Saldierung dieses aparten Privatkontos stellt Christie vor arge Probleme: es erweist sich nämlich als immer schwieriger, die ihm durch die Gesellschaft zugefügten Belästigungen angemessen zu erwidern. Schlagen anfangs noch Kratzer auf der polierten Bürohausfassade zu Buche, genügen später kaum noch kriminelle Großaktionen wie Bombenanschläge und Sabotageakte, zumal es natürlich auch den Gesichtspunkt der Weiterentwicklung und des Wachstums zu berücksichtigen gilt. Christie stirbt an Krebs, die Schlußabrechnung fällt katastrophal zu seinen Ungunsten aus: sein Konto wird gelöscht.

Fischer Taschenbuch Verlag

fi 1017 / 1